Sabine Tofahrn   **Strafrecht Besonderer Teil I**

JURIQ Erfolgstraining
Herausgegeben von JURIQ® Juristisches Repetitorium, Köln

Strafrecht Besonderer Teil I

Straftaten gegen Persönlichkeitswerte

von
Sabine Tofahrn

4., neu bearbeitete Auflage

C.F. Müller

Bibliografische Information der Deutschen Nationalbibliothek
Die Deutsche Nationalbibliothek verzeichnet diese Publikation in der
Deutschen Nationalbibliografie; detaillierte bibliografische Daten sind
im Internet über <http://dnb.d-nb.de> abrufbar.

ISBN 978-3-8114-5619-8

E-Mail: kundenservice@cfmueller.de
Telefon: +49 89/2183-7923
Telefax: +49 89/2183-7620

www.cfmueller.de
www.cfmueller-campus.de

© 2018 C.F. Müller GmbH, Waldhofer Straße 100, 69123 Heidelberg

Satz: TypoScript, München
Illustrationen: Mattfeldt & Sänger, München
Druck: Westermann Druck, Zwickau

Liebe Leserinnen und Leser,

die Reihe „JURIQ Erfolgstraining" zur Klausur- und Prüfungsvorbereitung verbindet sowohl für Studienanfänger als auch für höhere Semester die Vorzüge des klassischen Lehrbuchs mit meiner Unterrichtserfahrung zu einem umfassenden Lernkonzept aus Skript und Online-Training.

In einem ersten Schritt geht es um das **Erlernen** der nach Prüfungsrelevanz ausgewählten und gewichteten Inhalte und Themenstellungen. Einleitende Prüfungsschemata sorgen für eine klare Struktur und weisen auf die typischen Problemkreise hin, die Sie in einer Klausur kennen und beherrschen müssen. Neu ist die **visuelle Lernunterstützung** durch

- ein nach didaktischen Gesichtspunkten ausgewähltes Farblayout
- optische Verstärkung durch einprägsame Graphiken und
- wiederkehrende Symbole am Rand

  ⟳ = Definition zum Auswendiglernen und Wiederholen

  (P) = Problempunkt

  @ = Online-Wissens-Check

Illustrationen als „Lernanker" für schwierige Beispiele und Fallkonstellationen steigern die Merk- und Erinnerungsleistung Ihres Langzeitgedächtnisses.

Auf die Phase des Lernens folgt das **Wiederholen und Überprüfen** des Erlernten im **Online-Wissens-Check**: Wenn Sie im Internet unter **www.juracademy.de/skripte/login** das speziell auf das Skript abgestimmte Wissens-, Definitions- und Aufbautraining absolvieren, erhalten Sie ein direktes Feedback zum eigenen Wissensstand und kontrollieren Ihren individuellen Lernfortschritt. Durch dieses aktive Lernen vertiefen Sie zudem nachhaltig und damit erfolgreich Ihre strafrechtlichen Kenntnisse!

Frage 1 (Punkte: 1)

Der Alimente-Vater V schickt unter einem Vorwand den Babysitter B aus dem Kinderzimmer. Unmittelbar danach erstickt er das anderthalb Jahre alte Kind und freut sich über den monatlich gesparten Kindesunterhalt.

Antwort

Aussagen	Antwort	Aussagerichtigkeit und Kommentar
a) V hat einen Habgiermord begangen.	☑ ✓	Richtig, da der ersparte Unterhalt Ausschlag gebend für die Tat war und V damit das Mordmerkmal der Habgier verwirklicht hat, da das Ziel, Unterhalt zu ersparen, ein rücksichtsloses Streben nach Gewinn um jeden Preis darstellt.
b) V hat die Arg- und Wehrlosigkeit des Kindes zur Tötung ausgenutzt.	☐ ✓	Falsch, da Kleinkinder keine Fähigkeit zum Argwohn besitzen, mithin auch nicht arglos sein können.
c) V hat heimtückisch gehandelt.	☑ ✓	Richtig, da V die Arg- und Wehrlosigkeit des Babysitters zur Tötung ausgenutzt hat. Heimtücke setzt nicht notwendig eine Ausnutzung der Arg- und Wehrlosigkeit des Opfers voraus. Ausreichend ist auch, wenn ein schutzbereiter Dritter arg- und wehrlos war.
→ **Richtig**		
Punkte für diese Antwort: 1/1.		

Schließlich geht es um das **Anwenden und Einüben** des Lernstoffes anhand von Übungsfällen verschiedener Schwierigkeitsstufen, die im Gutachtenstil gelöst werden. Die JURIQ **Klausurtipps** zu gängigen Fallkonstellationen und häufigen Fehlerquellen weisen Ihnen dabei den Weg durch den Problemdschungel in der Prüfungssituation.

Das **Lerncoaching** jenseits der rein juristischen Inhalte ist als zusätzlicher Service zum Informieren und Sammeln gedacht: Ein erfahrener Psychologe stellt u.a. Themen wie Motivation, Leistungsfähigkeit und Zeitmanagement anschaulich dar, zeigt Wege zur Analyse und Verbesserung des eigenen Lernstils auf und gibt Tipps für eine optimale Nutzung der Lernzeit und zur Überwindung evtl. Lernblockaden.

Dieses Skript behandelt die Straftaten gegen Persönlichkeitswerte mit einem bei § 240 verorteten Exkurs zu den §§ 113 bis 115, der Band „Strafrecht Besonderer Teil II" die Straftaten gegen Vermögenswerte und im „Strafrecht Besonderer Teil III" setzen wir fort mit denjenigen gegen Gemeinschaftswerte.

Auf geht's – ich wünsche Ihnen viel Freude und Erfolg beim Erarbeiten des Stoffs!

Und noch etwas: Das Examen kann jeder schaffen, der sein juristisches Handwerkszeug beherrscht und kontinuierlich anwendet. Jura ist kein „Hexenwerk". Setzen Sie nie ausschließlich auf auswendig gelerntes Wissen, sondern auf Ihr Systemverständnis und ein solides methodisches Handwerk. Wenn Sie Hilfe brauchen, Anregungen haben oder sonst etwas loswerden möchten, sind wir für Sie da. Wenden Sie sich gerne an C.F. Müller GmbH, Waldhofer Straße 100, 69123 Heidelberg, E-Mail: kundenservice@cfmueller.de. Dort werden auch Hinweise auf Druckfehler sehr dankbar entgegen genommen, die sich leider nie ganz ausschließen lassen. Oder Sie wenden sich direkt an die Verfasserin unter team@juriq.de.

Köln, im Juli 2018   *Sabine Tofahrn*

JURIQ Erfolgstraining –
die Skriptenreihe von C.F. Müller
mit Online-Wissens-Check

Mit dem Kauf dieses Skripts aus der Reihe „**JURIQ Erfolgstraining**" haben Sie gleichzeitig eine Zugangsberechtigung für den Online-Wissens-Check erworben – ohne weiteres Entgelt. Die Nutzung ist freiwillig und unverbindlich.

Was bieten wir Ihnen im Online-Wissens-Check an?

- Sie erhalten einen individuellen Zugriff auf **Testfragen zur Wiederholung und Überprüfung des vermittelten Stoffs**, passend zu jedem Kapitel Ihres Skripts.
- Eine individuelle **Lernfortschrittskontrolle** zeigt Ihren eigenen Wissensstand durch Auswertung Ihrer persönlichen Testergebnisse.

Wie nutzen Sie diese Möglichkeit?

Online-Wissens-Check

Registrieren Sie sich einfach für Ihren kostenfreien Zugang auf **www.juracademy.de/skripte/login** und schalten sich dann mit Hilfe des Codes für Ihren persönlichen Online-Wissens-Check frei.

Ihr persönlicher User-Code: 479883217

Der Online-Wissens-Check und die Lernfortschrittskontrolle stehen Ihnen für die **Dauer von 24 Monaten** zur Verfügung. Die Frist beginnt erst, wenn Sie sich mit Hilfe des Zugangscodes in den Online-Wissens-Check zu diesem Skript eingeloggt haben. Den Starttermin haben Sie also selbst in der Hand.

Für den technischen Betrieb des Online-Wissens-Checks ist die JURIQ GmbH, Unter den Ulmen 31, 50968 Köln zuständig. Bei Fragen oder Problemen können Sie sich jederzeit an das JURIQ-Team wenden, und zwar per E-Mail an: info@juriq.de.

Inhaltsverzeichnis

Literaturverzeichnis

Arzt/Weber	Strafrecht Besonderer Teil, 2. Aufl. 2009
Fischer	Strafgesetzbuch, 65. Aufl. 2018
Hillenkamp	40 Probleme aus dem Strafrecht Besonderer Teil, 12. Aufl. 2013
Jäger	Examens-Repetitorium Strafrecht Besonderer Teil, 8. Aufl. 2017
Joecks/Jäger	Strafgesetzbuch. Studienkommentar 12. Aufl. 2018
Krey/Heinrich	Strafrecht Besonderer Teil I. Bd. 1, 15. Aufl. 2012
Küper/Zopfs	Strafrecht Besonderer Teil. Definitionen mit Erläuterungen, 10. Aufl. 2018
Lackner/Kühl	Strafgesetzbuch, 29. Aufl. 2018
Leipziger Kommentar	Strafgesetzbuch, 11. Aufl. 1992 ff.
Maurach/Schroeder/Maiwald	Strafrecht Besonderer Teil I. Tb. 1 Straftaten gegen Persönlichkeits- und Vermögenswerte 10. Aufl. 2009
Münchener Kommentar	Strafgesetzbuch, 2003 ff.
Nomos Kommentar	Strafgesetzbuch, 1995 ff.
Otto	Grundkurs Strafrecht. Die einzelnen Delikte, 7. Aufl. 2005
Systematischer Kommentar	Strafgesetzbuch, Band II, 5.–7. Aufl. 2002
Schönke/Schröder	Strafgesetzbuch, 29. Aufl. 2014
Wessels/Beulke/Satzger	Strafrecht Allgemeiner Teil, 48. Aufl. 2018
Wessels/Hettinger/Engländer	Strafrecht Besonderer Teil 1 Straftaten gegen Persönlichkeits- und Gemeinschaftswerte, 42. Aufl. 2018
Wessels/Hillenkamp/Schuhr	Strafrecht Besonderer Teil 2 Straftaten gegen Vermögenswerte, 41. Aufl. 2018

Tipps vom Lerncoach

Warum Lerntipps in einem Jura-Skript?

Es gibt in Deutschland ca. 1,6 Millionen Studierende, deren tägliche Beschäftigung das Lernen ist. Lernende, die stets ohne Anstrengung erfolgreich sind, die nie kleinere oder größere Lernprobleme hatten, sind eher selten. Besonders juristische Lerninhalte sind komplex und anspruchsvoll. Unsere Skripte sind deshalb fachlich und didaktisch sinnvoll aufgebaut, um das Lernen zu erleichtern.

Über fundierte Lerntipps wollen wir darüber hinaus all diejenigen ansprechen, die ihr Lern- und Arbeitsverhalten verbessern und unangenehme Lernphasen schneller überwinden wollen.

Diese Tipps stammen von *Frank Wenderoth*, der als Diplom-Psychologe seit vielen Jahren in der Personal- und Organisationsentwicklung als Berater und Personal Coach tätig ist und außerdem Jurastudierende in der Prüfungsvorbereitung und bei beruflichen Weichenstellungen berät.

Wie lernen Menschen?

Die Wunschvorstellung ist häufig, ohne Anstrengung oder ohne eigene Aktivität „à la Nürnberger Trichter" lernen zu können. Die modernen Neurowissenschaften und auch die Psychologie zeigen jedoch, dass Lernen ein aktiver Aufnahme- und Verarbeitungsprozess ist, der auch nur durch aktive Methoden verbessert werden kann. Sie müssen sich also für sich selbst einsetzen, um Ihre Lernprozesse zu fördern. Sie verbuchen die Erfolge dann auch stets für sich.

Gibt es wichtigere und weniger wichtige Lerntipps?

Auch das bestimmen Sie selbst. Die Lerntipps sind als Anregungen zu verstehen, die Sie aktiv einsetzen, erproben und ganz individuell auf Ihre Lernsituation anpassen können. Die Tipps sind pro Rechtsgebiet thematisch aufeinander abgestimmt und ergänzen sich von Skript zu Skript, können aber auch unabhängig voneinander genutzt werden.

Verstehen Sie die Lerntipps „à la carte"! Sie wählen das aus, was Ihnen nützlich erscheint, um Ihre Lernprozesse noch effektiver und ökonomischer gestalten zu können!

Lernthema 3

Leistungsfähigkeit, Ernährung und individueller Tagesrhythmus

Jura Lernen ist Kopfarbeit, die mit emotionalen und motivationalen Zuständen verbunden ist. Diese mentalen Prozesse sind physiologisch betrachtet elektrische Aktivität der Hirnzellen – also Körperarbeit. Und Körperarbeit erfordert und verbraucht Energie. Sie brauchen für eine erfolgreiche Lernarbeit eine angemessene Energiezufuhr durch passende Ernährung. Und weil es Tagesschwankungen in der Leistungsfähigkeit gibt, ist es für Sie wichtig, Ihre Lern- und Pausenplanung an einem individuell passenden Rhythmus auszurichten.

Lerntipps

Optimieren Sie Ihre Ernährung!

Zum Lernen ist es günstig, sich gut zu fühlen und geistig konzentriert zu sein. Nudeln zum Beispiel kurbeln das „Glückshormon" Serotonin an und sind eine Langzeitenergiequelle, da der Körper die Kohlehydrate aus dem Mehl nur langsam abbaut. Aufmunternd wirken Brot, Fisch und Kartoffeln. Bananen wirken leicht beruhigend durch ihren Magnesiumgehalt. Durch zu wenig Nahrung sinkt der Blutzuckerspiegel ab, bewirkt eine Konzentrations- und damit Leistungsabnahme. Für das Gehirn sind daher kleinere Mahlzeiten (am besten fünf) optimal. Nicht umsonst wird von Ernährungsexperten nach wie vor das Schulbrot und ein Apfel empfohlen, auch wenn das bei vielen Schülern als uncool gilt. Denken Sie auch an Vitamine, besonders C, E und B und Mineralien wie Eisen und Calcium. Obst und Gemüse sind hier ideal.

Also starten Sie mit einem stressfreien, gemütlichen Frühstück mit Zeitung, stehen Sie lieber früher auf. Nach jeder Mahlzeit sollte eine kurze Pause eingelegt werden, da die Energie (Sauerstoff) erst einmal für die Verdauung verbraucht wird und dem Gehirn nicht direkt zur Verfügung steht.

Falsches Essen und Trinken kann das Lernen ausbremsen!

Vermeiden Sie den Geschmacksverstärker Glutamat, der sich z.B. in vielen Fertiggerichten und dem allgemeinen Fast Food wie Hamburger, Würstchen und Chips befindet. Er kann zu Hitzewallungen, Kopfschmerzen und Herzklopfen führen. Und das brauchen Sie in anstrengenden Lernphasen nun wirklich nicht! Kaffee entzieht zwar keine Flüssigkeit wie Tee, wirkt wie Cola kurzzeitig aufputschend, dann aber ermüdend. Wenn Sie gerne Tee trinken – der wirkt positiv anregend – gleichen Sie das unbedingt durch die entsprechende Menge Wasser aus, denn …

… die geistige Leistung wird durch Wasser verbessert!

Wasser ist ein wichtiges Transportmittel zur Stoffverschiebung und für die Zellaktivität. Flüssigkeitsmangel reduziert die Informationsaufnahme, -verarbeitung und den Wissenserwerb, durch vermehrte Wasseraufnahme verbessern sich geistige Leistungen, z.B. erkennbar an besseren Noten. Trinken während einer Lehrveranstaltung erhöht die Aufmerksamkeit für den Lehrstoff (Ergebnisse aus der Rosbacher Studie). Im normalen Alltagsgeschehen sollten wir 1,5 bis 2 Liter Flüssigkeit zu uns nehmen. Bei größerer Beanspruchung und Hitze entsprechend mehr. Wasser ist ideal auch wegen der Spurenelemente, stilles Wasser durchspült den Körper besser als Wasser mit Kohlensäure. Fruchtsaft kann natürlich dazugemischt werden.

Es gibt erhebliche individuelle Unterschiede in den Tagesleistungskurven!

Die gegenwärtige Forschung relativiert einige Annahmen über „den Bio-Rhythmus".

- Tagesrhythmische Schwankungen beziehen sich auf unterschiedliche Leistungsfähigkeiten (körperliche vs. geistige).
- Die Schwankungen hängen stark von den Rahmenbedingungen wie z.B. der Intensität der Anforderungen ab (z.B. 12 Uhr Leistungsfähigkeit für Prüfungsfach A gering, aber für Sport nicht unbedingt; 3 Uhr Discobesuch hellwach etc.)
- Die Leistungsfähigkeit hängt stark mit der Motivation zusammen (z.B. Lesen eines Buches über ein Hobby oder über ein kompliziertes Prüfungsthema).
- Es gibt erhebliche Unterschiede in den tagesablaufbedingten Leistungsschwankungen verschiedener Menschen (u.a. Eulen und Lerchen …), d.h. kein allgemeiner Stundenplan kann diese aus rein organisatorischen Gründen berücksichtigen.

Fazit:

Sie müssen sich auf vorgegebene Rhythmen in Stundenplänen und Vorlesungszeiten einerseits einstellen. Der Körper stellt sich bei Regelmäßigkeit auch um. Das können Sie nutzen. Wenn Sie viele Freiräume zur Gestaltung Ihres Tagesrhythmus besitzen, sollten Sie regelmäßige und feststehende Lern- und Pausenzeiten festlegen. Sie bestimmen Ihren Rhythmus selbst und nicht der Rhythmus Sie. So schöpfen Sie Ihre Leistungsmöglichkeiten besser aus.

Pausen fest einplanen und einhalten!

Nach schwerer Arbeit brauchen Sie generell angemessene Pausen. Viele Studenten lernen täglich zehn oder mehr Stunden und erzielen in Relation dazu minimale Lerngewinne. Unsere „Lernmaschine" Gehirn benötigt Speicher- und Verarbeitungszeiten und Wartungspausen. Pausen haben arbeitsphysiologische Wirkungen.

- Häufige Pausen von weniger als 20 Minuten sind besonders effektiv, erfrischend und besser als wenige lange Pausen.
- Gerade zu Beginn einer Pause ist der Erholungswert am größten.
- Pausen sollten nicht mit Nebentätigkeiten ausgefüllt werden.
- Die Freude auf die Pause kann einen positiven Arbeitseffekt bewirken, der bereits vor der Pause eintritt.
- In den Pausen arbeitet unser Gehirn weiter, es knüpft Verbindungen, startet unbewusste Suchprozesse (deshalb fällt uns nach der Pause häufig plötzlich eine Lösung ein, die wir vorher nicht finden konnten).
- Pausen werden meist als Belohnung erlebt. Dadurch wirken sie verstärkend auf unser weiteres Lernverhalten.

Nicht von ungefähr haben Arbeitnehmer einen gesetzlichen Anspruch auf Pausen von gewisser Dauer. Und der Arbeitgeber die Fürsorgepflicht für deren Einhaltung. Sie haben ein Recht auf Pausen und die Pflicht sie einzuplanen und einzuhalten, unabhängig vom Lernerfolg. Wahrscheinlich werden Pausen so selten fest eingehalten, weil man meint, sie sind vergeudete Zeit. Also, keine Angst vor Zeitverlust.

Lernen am Abend ist weniger effektiv!

Das Lernen am späten Abend – also nach 22 Uhr ist wenig effektiv, da gemessen am Arbeitsaufwand weniger behalten wird. Vermeiden Sie also die Nachmittage mit Fernsehen, Verabredungen, Freizeit zu verbringen und hier viel Freizeitenergie zu investieren. Danach geistige Energie für Lernleistungen aufzubringen, fällt umso schwerer. Bei spätem Lernen schläft man erfahrungsgemäß auch schlechter und das, obwohl der nächste Tag wiederum Ihren vollen Einsatz erfordert. Seien Sie ehrlich zu sich und schauen Sie einmal, von welcher abendlichen Uhrzeit an die Lerneffektivität nachlässt.

Am Abend gut abschalten!

Planen Sie mindestens 60 Minuten vor dem Schlafengehen vollkommen zum Entspannen ein. Sie können so mehr Abstand zum Lernen gewinnen und der Schlaf wird umso erholsamer sein. Andernfalls grübeln Sie weiter über Ihren Lernstoff, und Sie stehen am nächsten Morgen mit einem „Lernkater" auf. Alkohol oder Schlafmittel beeinträchtigen die Lernarbeit im Schlaf erheblich. Nur im erholsamen Schlaf arbeitet das Gehirn gerne für Sie eigenverantwortlich weiter.

Den Schlaf als Lernorganisator nutzen!

Es ist nachgewiesen, dass sich unser Gehirn während des Schlafens nicht ausruht, der Arbeitsmodus schaltet um und das Gehirn wird zum Verwalter und Organisator des Gelernten. Das Gehirn bzw. die neuronale Aktivität sichtet, sortiert und ordnet zu, schafft Verbindungen (Synapsen) zu bereits bestehenden Wissensinhalten und verankert Gelerntes – ohne dass wir bewusst und aktiv etwas tun müssen. Diese Erkenntnisse erklären wahrscheinlich auch die lernförderlichen Wirkungen des Kurzschlafes (Power Napping) und der kurzen und tiefen Entspannung mit Hypnose.

Nutzen Sie die verschiedenen Pausenarten im Verlaufe eines Arbeitstages!

Zur Unterstützung einer gesunden und effektiven „Pausenmoral" können Sie verschiedene Arten von Pausen unterscheiden. Alle wollen mit gutem Gefühl ausprobiert und genossen werden. Entwickeln Sie Ihre persönliche, vielleicht „etwas andere" Pausenstrategie. Sie werden feststellen, dass Sie konzentrierter und effektiver arbeiten können. Allerdings ist ein wenig Vorsicht geboten, wenn Sie Pausen zur „Lernvermeidung" nutzen.

- Die Abspeicherpause (Augen zu) von 10 bis 20 Sekunden nach Definitionen, Begriffen und komplexen Lerninhalten zum sicheren Abspeichern und zur Konzentration.
- Die Umschaltpause von 3 bis 5 Minuten nach ca. 20 bis 40 Minuten Arbeit, um Abstand zum vorher Gelernten zu bekommen und dadurch Neues besser aufzunehmen.
- Die Zwischenpause von 15 bis 20 Minuten nach 90 Minuten intensiver Arbeit, also nach zwei Arbeitsphasen dient dem Erholen und Abschalten.
- Die lange Erholungspause von 1 bis 3 Stunden, z.B. mittags oder zum Feierabend nach 3 Stunden Arbeit ebenfalls zum richtigen Abschalten, Regenerieren, Sich-Belohnen etc.

Ihre Mittagspause hat für Ihren Tagesrhythmus eine besondere Bedeutung!

Vor und nach dem Mittagessen sollte eine längere Erholungspause von mindestens 30 Minuten eingeplant werden, d.h. insgesamt mindestens 60 Minuten lernfreie Zeit. Ein Power Napping von ca. 20 Minuten nach dem Mittagsessen reicht oft aus. Dann ist man besonders fit. Von Arbeitsphysiologen wird der kurze und tiefe Mittagsschlaf empfohlen, womit dem Leistungstief von 13 bis 14 Uhr entgegengewirkt werden kann. Der Magen wird nach dem Mittagessen mit viel sauerstoffreichem Blut versorgt. Das fehlt ihrem Gehirn in dieser Phase also so oder so. Und durch das Nickerchen werden Aufmerksamkeit und Konzentration wieder gesteigert. Aber es sind alle Tätigkeiten erlaubt, die entspannen, schön sind, das Gehirn nicht belasten und fristgerecht beendet werden können.

1. Teil
Einführung

Im Strafrecht wird nach den geschützten Rechtsgütern unterschieden zwischen Straftaten **1** gegen Persönlichkeitswerte und Straftaten gegen Gemeinschaftswerte.

Zu den **Persönlichkeitswerten**, auch Individualrechtsgüter genannt, gehören u.a. Leib, Leben, Freiheit, Ehre, Eigentum und Vermögen. Zu den **Gemeinschaftswerten**, auch Universalrechtsgüter genannt, gehören u.a. die Sicherheit des Straßenverkehrs, die Funktionsfähigkeit der Rechtspflege, das Vertrauen des Rechtsverkehrs in die Echtheit von Urkunden sowie die Sicherheit der Allgemeinheit bei sonstigen gemeingefährdenden Verhaltensweisen.

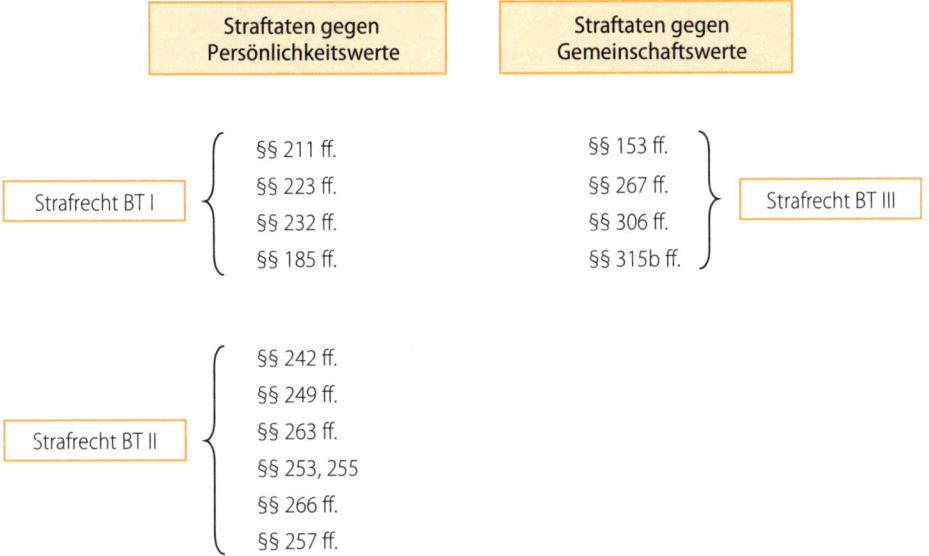

In diesem Skript werden wir uns mit den **Persönlichkeitswerten** Leib (geschützt in §§ 223 ff. **2** StGB[*]), Leben (geschützt in §§ 211 ff.), Freiheit (geschützt in §§ 232 ff.) und Ehre (geschützt in den §§ 185 ff.) auseinandersetzen. Zudem werden wir, thematisch verortet bei § 240, einen **Exkurs zu den Straftaten gegen die Staatsgewalt** machen und uns mit den §§ 113 bis 115 auseinandersetzen.

Eigentums- und Vermögensdelikte werden gesondert im Skript „Strafrecht Besonderer Teil II" dargestellt, da sie eine ungeheure Vielzahl von examensrelevanten Problemen aufweisen und deshalb auch überproportional häufig Gegenstand von Examensklausuren sind. Straftaten gegen Gemeinschaftswerte sind Thema des Skriptes „Strafrecht Besonderer Teil III". Hier sind insbesondere die Urkundendelikte von größerer Examensrelevanz, da sie häufig in Zusammenhang mit den Vermögensdelikten – vor allem Betrug gem. § 263 – in der Klausur geprüft werden.

---

[*] In diesem Skript sind §§ ohne Gesetzesangabe stets solche des StGB.

2. Teil
Straftaten gegen das Leben

A. Einführung

I. Das geschützte Rechtsgut

» Lesen Sie die zitierten Normen und verschaffen Sie sich anhand des Gesetzestextes einen ersten Überblick über das Thema! «

3 Das geschützte Rechtsgut der Tötungsdelikte ist das menschliche Leben. Dieses menschliche Leben wird geschützt vor

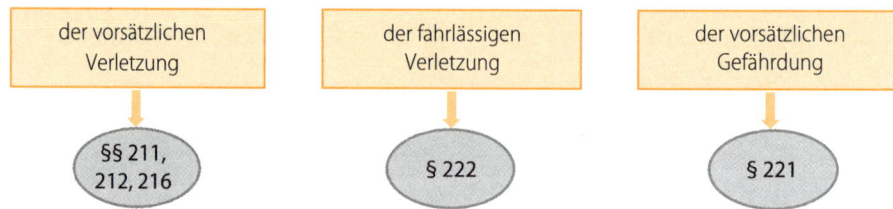

4 Das Grundgesetz hat dem menschlichen Leben unter allen Rechtsgütern den höchsten Rang eingeräumt. In **Art. 2 Abs. 2 S. 2 GG** heißt es: *„Jeder hat das Recht auf Leben und körperliche Unversehrtheit"*. Das menschliche Leben genießt damit absoluten Schutz ohne Rücksicht auf das Lebensinteresse, die Lebenserwartung oder die Lebensfähigkeit des Einzelnen. Dieser **absolute Schutz** kommt zum einen darin zum Ausdruck, dass das menschliche Leben auch vor der Tötung auf Verlangen geschützt ist, bei welcher das Opfer mit der tötenden Handlung respektive dem Unterlassen des Täters nicht nur einverstanden ist, sondern den Täter geradezu um diese Handlung bittet. Darüber hinaus hat der Gesetzgeber Ende 2015 die geschäftsmäßige Förderung der Sterbehilfe in § 217 unter Strafe gestellt und damit eine eigentlich straflose Beihilfehandlung zur eigenständigen Haupttat gemacht.

Damit sind mit Ausnahme der indirekten Sterbehilfe und des medizinischen Behandlungsabbruchs (dazu unter Rn. 98 ff.) sämtliche Formen der Tötung durch einen anderen strafbar. **Straflos** ist lediglich die **Selbsttötung**. Dies ergibt sich, anders als bei den Körperverletzungsdelikten, nicht schon aus dem Wortlaut der Normen. Es ergibt sich aber zwingend aus der Menschenwürde. Der Gesetzgeber hat dazu ausgeführt: „Jeder Mensch hat dem Staat gegenüber zwar ein Lebensrecht, jedoch keine Lebenspflicht".[1]

> ### Hinweis
>
> Da die Selbsttötung nicht strafbar ist, kann auch grds. die **Teilnahme an einem straflosen Selbstmord** nicht strafbar sein, da es insoweit an der vorsätzlichen rechtwidrigen Haupttat fehlt, die für jede Teilnahme unabdingbare Voraussetzung ist. Eine Ausnahme dazu bildet § 217, der eine Beihilfehandlung unter Strafe stellt, sofern sie „geschäftsmäßig" erfolgt.
> Von einer straflosen Teilnahme muss jedoch in den Fällen, in denen das Opfer die Tötungshandlung selbst vornimmt, eine strafbare Tötung in mittelbarer Täterschaft sowie eine ebenfalls strafbare Tötung auf Verlangen durch Unterlassen abgegrenzt werden. Hierbei handelt es sich um einen „Klausurklassiker", welchen wir unter Rn. 104 ausführlich erörtern werden.

---

1 BT-Drucks. 16/8442, S. 9.

Das **Leben beginnt** nach strafrechtlicher Definition, sobald bei der Geburt die **Eröffnungs-** **5**
wehen eingesetzt haben. Bei einer operativen Entbindung wird auf die Vornahme des die
Eröffnungswehen ersetzenden ärztlichen Eingriffs, also auf die **Öffnung des Uterus** abgestellt.[2] Ab diesem Zeitpunkt ist das menschliche Leben über die §§ 211 ff. geschützt.

Vor diesem Zeitpunkt spricht das Gesetz nicht von menschlichem Leben, sondern von   **6**
Leibesfrucht. Diese Leibesfrucht ist über die **§§ 218 ff.** geschützt. Der Beginn der Geburt
stellt damit für die strafrechtliche Beurteilung eine Zäsur dar. Inwieweit eine Handlung
den §§ 218 ff. oder den § 211 ff. unterfällt, hängt vom **Zeitpunkt der schädigenden Ein-**
wirkung ab.[3]

Beispiel § 218 ist z.B. verwirklicht durch das Abtöten der Leibesfrucht im Mutterleib, durch
Herbeiführen des vorzeitigen Abgangs einer nicht lebensfähigen Leibesfrucht oder durch
Tötung der Schwangeren.[5] ∎

>> Da die Abtrei-
bungsstraftaten
nicht sonderlich
klausurrelevant
sind, werden sie in
diesem Skript nicht
dargestellt. Lesen
Sie sich aber zwecks
Orientierung die
§§ 218 ff. aufmerk-
sam durch.[4] <<

JURIQ-Klausurtipp

Denken Sie in der Klausur auch immer an die Körperverletzungsdelikte. Die Leibesfrucht wird
nicht über die §§ 223 ff. geschützt, eine Abtreibung führt aber in der Regel auch zu einer Verletzung der körperlichen Integrität der Mutter. Sofern diese eine Einwilligung erteilt hat, wird
§ 228 relevant. Aus den Wertungen der §§ 218 ff. kann entnommen werden, dass eine Körperverletzung der Mutter im Zuge einer illegalen Abtreibung gegen die guten Sitten verstößt.

Der strafrechtliche **Schutz des Lebens endet mit dem Tod.** Aufgrund des medizinisch-tech-   **7**
nischen Fortschrittes kann auf den klassischen Todesbegriff, der auf den Stillstand von Kreis-
lauf und Atmung abstellte, nicht zurückgegriffen werden. Entscheidend ist heute der **Gehirn-**
tod, dass heißt das endgültige Erlöschen aller Gehirnfunktionen, welches stets irreversibel ist
und damit zum Verlust des Lebenszentrums des Menschen führt.[6]

Die **§§ 168, 189** schützen **nach dem Tod** das Pietätsempfinden gegenüber dem Verstorbenen. Das menschliche Sein unterliegt damit vom Anbeginn seiner Entstehung bis über dem
Tod hinaus einem strafrechtlichen Schutz.

---

2 *BGHSt* 31, 348; 32, 194.

3 *Lackner/Kühl* vor § 211 Rn. 3.

4 Ergänzend dazu können Sie die §§ 218 ff. nachlesen bei *Wessels/Hettinger/Engländer* Strafrecht BT 1
Rn. 231 ff.

5 Siehe dazu im Einzelnen die Nachweise bei *Wessels/Hettinger/Engländer* Strafrecht BT 1 Rn. 248.

6 *Wessels/Hettinger/Engländer* Strafrecht BT 1 Rn. 21

II. Verhältnis der Tötungsdelikte zueinander

8   Das Verhältnis der Tötungsdelikte zueinander ist in Rechtsprechung und Literatur **umstritten**.

Die **Rechtsprechung** sieht in den §§ 211, 212 und 216 nach wie vor[7] **selbstständige Tatbestände** mit arteigenem Unrechtsgehalt.[8]

9

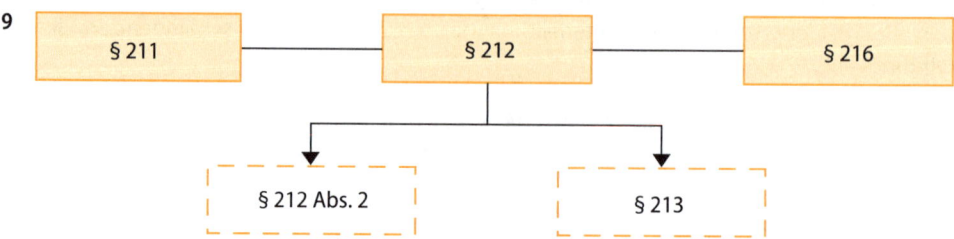

10   Die **Literatur** hingegen betrachtet **§ 212 als den Grundtatbestand** der vorsätzlichen Tötung. Zu diesem Grundtatbestand gibt es die **unselbstständigen Abwandlungen** des § 211 als Qualifikationstatbestand und des § 216 als Privilegierung.[9]

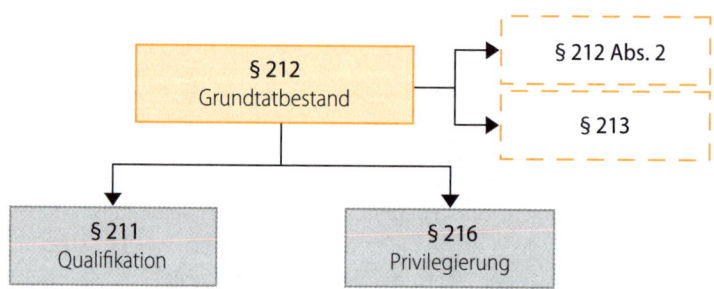

§ 213 ist ebenso wie **§ 212 Abs. 2** nach übereinstimmender Ansicht eine reine **Strafzumessungsregel** zu § 212.

11   Die **Rechtsprechung** bemüht zur Begründung ihrer Ansicht zunächst einmal den **Wortlaut** der Vorschriften. Aus den Formulierungen „als Mörder", „als Totschläger", bzw. „ohne Mörder zu sein" leitet sie den eigenständigen Charakter der jeweiligen Vorschrift ab.[10] Die **Literatur** hält der Rechtsprechung insoweit entgegen, dass diese Interpretation auf einem überholten metaphysischen Verständnis des Mordes als schwerstem Delikt beruhe, welches zwangsnotwendig einen eigenen Charakter aufweisen müsse. Ferner sei zu bedenken, dass die Formulie-

---

7   In einer Entscheidung aus dem Jahr 2006 (Az: 5 StR 341/05 – abrufbar unter www.bundesgerichtshof.de) hat der 5. Strafsenat ausgeführt, dass er an dem bisherigen Verständnis des Mordes als eigenständigem Delikt nicht festzuhalten gedenk. Allerdings waren diese Ausführungen nicht entscheidungserheblich. Im Jahr 2007 hat der 4. Strafsenat hingegen auf das bisherige Verständnis verwiesen, indem er darauf hinweist, dass eine Beihilfe zum Mord aus niedrigen Beweggründen auch in Betracht komme, wenn der Teilnehmer keine solchen Beweggründe habe, die Beweggründe des Haupttäters aber kenne (Az: 4 StR 425/07 – abrufbar unter www.bundesgerichtshof.de).

8   *BGHSt* 1, 368; 22, 375.

9   *Wessels/Hettinger/Engländer* Strafrecht BT 1 Rn. 84 ff.

10   *BGHSt* 1, 370; *BGH* NStZ-RR 2002, 139.

rungen auf die Lehre vom Tätertyp (1941!) zurück zu führen sei, welche an Leitbilder eines bestimmten Tätertyps glaubte. Da diese Lehre jedoch heutzutage überholt sei, könne auf Begriffe, die auf dieser Lehre fußen, nicht zurückgegriffen werden.[11]

Als weiteres Argument führt die **Rechtsprechung** an, dass der Mord, sollte er denn Qualifikation sein, hinter dem Grundtatbestand im Gesetz verankert sein müsste, was der **Gesetzessystematik** entspreche. Die Stellung des Mordes vor § 212 spreche mithin gegen eine Qualifikation.[12] Die **Literatur** räumt insoweit ein, dass die Voranstellung des Mordes tatsächlich für eine Qualifikation ungewöhnlich sei, da zumeist die Qualifikationen hinter den Grundtatbeständen im Gesetz aufgeführt würden, verweist jedoch in diesem Zusammenhang auf die Brandstiftungsdelikte alter Fassung, bei welchen ebenfalls die Qualifikation vor dem Grundtatbestand genannt wurde, so dass insoweit das Gesetz durchaus auch an anderen Stellen Ausnahmen von der Regel gemacht habe. Zudem könne die Stellung durch das Bedürfnis des Gesetzgebers erklärt werden, das schwerste Delikt voranzustellen. Darüber hinaus weist die Literatur darauf hin, dass § 211 schon deshalb eine Qualifikation sei, da er, wie bei Qualifikationen üblich, den gesamten Grundtatbestand des § 212 mit umfasse. Beide Tatbestände seien damit so aufeinander bezogen, dass die Annahme einer Eigenständigkeit damit unvereinbar sei.[13] Dem wiederum hält die **Rechtsprechung** entgegen, dass auch der Diebstahl im Raub enthalten sei, ohne dass der Raub dadurch seine Eigenständigkeit verloren habe.[14]

12

» Wie Sie unschwer erkannt haben werden, argumentieren Rechtsprechung und Literatur hier überwiegend mit dem Wortlaut und der Systematik. Sie sollten von daher an dieser Stelle die Gelegenheit nutzen und sich erneut mit den Auslegungsmethoden beschäftigen (dargestellt im Skript „Strafrecht AT I"), da sie das juristische Handwerkszeug sind. «

Hinweis

Auswirkungen hat dieser Meinungsstreit vor allem auf die Strafbarkeit von Teilnehmern und dort auf die Anwendbarkeit des § 28 Abs. 2 (lesen!). Nach der **Rechtsprechung** stellen die Merkmale des Mordes **strafbegründende Merkmale** dar. Nach Ansicht der **Literatur** sind diese **strafschärfende Merkmale**. Für die Strafbarkeit des Teilnehmers bedeutet dies gemäß § 28, dass der Teilnehmer nach Ansicht der Rechtsprechung gemäß **§ 28 Abs. 1** wie der Haupttäter zu bestrafen ist, unabhängig davon ob bei ihm selbst personenbezogene Mordmerkmale vorliegen. Nach Auffassung der Literatur gelangt **§ 28 Abs. 2** zur Anwendung mit der Folge, dass gegebenenfalls die Akzessorietät durchbrochen wird und eine individuelle Bestrafung möglich ist.

Insbesondere diese **Wertungswidersprüche**, die die Rechtsprechung hinnehmen muss oder durch komplizierte Begründungen zu vermeiden sucht, sind ein „schlagendes" Argument für die Literatur.

Eine ausführliche Behandlung dieser Thematik wird im Kapitel *„Täterschaft und Teilnahme"* unter Rn. 81 erfolgen. Zur Verdeutlichung jedoch nachfolgendes

13

Beispiel   Die vermögenslose Tochter T möchte aus der Enge ihres Elternhauses ausbrechen und endlich das Leben genießen. Um sich die finanziellen Mittel dafür zu beschaffen, beabsichtigt sie, ihre vermögenden Eltern umzubringen. Die dafür benötigte Waffe erhält sie von ihrem Bruder B, der in das Vorhaben der T eingeweiht ist und deren Motivation kennt, jedoch kein eigenes Interesse an der Tat hat, insbesondere auch kein finanzielles Motiv. Mit der Waffe des B werden die Eltern der T im Rahmen einer heftigen Auseinandersetzung getötet.

---

11 *Joecks/Jäger* vor § 211 Rn. 13 m.w.N.
12 *BGHSt* 1, 370; *BGH* NStZ-RR 2002, 139.
13 *Joecks/Jäger* vor § 211 Rn. 13; vgl. zum Meinungsstand *Hillenkamp* 40 Probleme aus dem SR BT, S. 3 ff.
14 *BGHSt* 1, 370; *BGH* NStZ-RR 2002, 139.

Hier hat sich T unstreitig wegen Habgiermordes gemäß §§ 211, 212 strafbar gemacht. B hingegen hat kein derartiges personenbezogenes Mordmerkmal, kannte jedoch das Habgiermotiv der T. Der *BGH* würde den B über § 28 Abs. 1 hier gemäß §§ 211, 27 wegen Beihilfe zum Mord bestrafen. Nach der Literatur würde gemäß § 28 Abs. 2 die Akzessorietät durchbrochen und B nach §§ 212, 27 wegen Beihilfe zum Totschlag bestraft werden.

Hätte in einem umgekehrten Fall T hingegen ihre Eltern getötet, weil sie seit Jahren von diesen misshandelt wird und an eine Erbschaft gar nicht gedacht hat, an der jedoch ihr Bruder B ein gesteigertes Interesse hat, weswegen er ihr auch die Waffe besorgt, würde der *BGH* die T wegen Totschlages und den B wegen Beihilfe zum Totschlag bestrafen. Dass B aus Habgier gehandelt hat, bliebe beim *BGH* unberücksichtigt. Die Literatur hingegen könnte B über § 28 Abs. 2 wegen Beihilfe zum Habgiermord gem. §§ 211, 212, 27 bestrafen. ◼

> ### JURIQ-Klausurtipp
>
> Der Meinungsstreit kann sich auch auf den **Aufbau** auswirken. Der *BGH* würde stets mit dem schwersten Delikt, also dem § 211 beginnen. Die Literatur kann zunächst den § 212 und erst danach den § 211 prüfen. Sofern es in der Klausur keine nennenswerten Probleme bei der objektiven Zurechnung, der Kausalität oder dem Vorsatz gibt, können Sie das **Grunddelikt des § 212 zusammen mit der Qualifikation des § 211** prüfen und damit – sofern Sie Anhänger der Literatur sind – ebenfalls direkt mit dem Mord beginnen. In den Obersatz nehmen Sie dann beide Normen mit auf. Sollte Ihnen hingegen der gemeinsame Aufbau zu kompliziert erscheinen und sollten Sie die Befürchtung haben, dass Sie bei der Prüfung durcheinander geraten, dann **beginnen Sie mit § 212 und prüfen erst danach § 211**. Da Sie in der Klausur den von Ihnen gewählten Aufbau niemals begründen müssen, erübrigt sich eine „Vorbemerkung" zu dem Verhältnis der Tötungsdelikte zueinander.
>
> Kommt es in Ihrer Klausur auch auf die Strafbarkeit eines Teilnehmers an und diskutieren Sie in diesem Zusammenhang § 28, dann müssen Sie aufpassen, dass Ihr Ergebnis zum Prüfungsaufbau passt. Sollten Sie zunächst § 212 und dann § 211 oder aber die §§ 212, 211 zusammen geprüft haben, haben Sie sich damit als Anhänger der Literatur „geoutet". Widersprüchlich wäre es dann, wenn Sie beim Teilnehmer § 28 Abs. 1 anwenden und damit dem *BGH* folgen würden.

III. Lebenslange Freiheitsstrafe

14   § 211 sieht ebenso wie § 212 Abs. 2 in besonders schweren Fällen die lebenslange Freiheitsstrafe vor.

Das **Bundesverfassungsgericht**[15] hat zwar festgestellt, dass die lebenslange Freiheitsstrafe verfassungskonform ist. Da jedoch die Strafe in einem gerechten Verhältnis zur Schwere der Straftat und zur Schuld des Täters stehen muss, darf die Verhängung der lebenslangen Freiheitsstrafe nur bei besonders verwerflichen Fällen der Tötung in Betracht kommen. Bei den Mordmerkmalen führt dies nach herrschender Auffassung zu einer **restriktiven Auslegung**, die wir uns nachfolgend im Einzelnen anschauen werden.

---

15   *BVerfGE* 45, 187, 227 ff.

Das Bundesverfassungsgericht hat ferner gefordert, dass jeder Verurteilte die **Chance** haben **15** müsse, die **Freiheit wieder zu gewinnen**. Der Gesetzgeber hat darauf reagiert mit Einführung des § 57a, wonach bei einer lebenslangen Freiheitsstrafe nach 15 Jahren der Strafrest zur Bewährung ausgesetzt werden kann. Voraussetzung ist allerdings eine günstige Sozialprognose und dass im Urteil nicht die besondere Schwere der Schuld des Verurteilten festgestellt wird. In diesem Fall wird die weitere Vollstreckung als geboten angesehen.[16]

B. Totschlag, § 212

I. Überblick

Der Totschlag als Norm aus dem „Besonderen Teil" des Strafrechts weist keine deliktsspezifischen Schwierigkeiten auf. Die Probleme, die Sie in Zusammenhang mit § 212 in der Klausur lösen müssen, werden dementsprechend Probleme aus dem „Allgemeinen Teil" des Strafrechts sein, so z.B. Probleme der Kausalität, der objektiven Zurechnung, des Vorsatzes oder der Rechtswidrigkeit. Der Totschlag wird wie folgt geprüft: **16**

Totschlag, § 212

I. Objektiver Tatbestand
1. Tathandlung: Töten
2. Taterfolg: Tod eines anderen Menschen
3. Kausalität
4. Objektive Zurechnung

II. Subjektiver Tatbestand
Vorsatz, dolus eventualis reicht
  Abgrenzung dolus eventualis – bewusste Fahrlässigkeit   **Rn. 18**

III. Rechtswidrigkeit

IV. Schuld

V. Strafzumessung
1. Besonders schwerer Fall gem. § 212 Abs. 2
2. Minder schwerer Fall gem. § 213

PRÜFUNGSSCHEMA

II. Objektiver Tatbestand

Der objektive Tatbestand des Totschlags erfordert die Tötung eines anderen Menschen. **17** Dabei ist es gleichgültig auf welche Art und Weise und mit welchen Mitteln der Tod herbeigeführt wird. Man spricht insoweit auch von einem **nicht verhaltensgebundenen Delikt**.

Die Tathandlung kann in einem aktiven Tun oder unter den Voraussetzungen des § 13 in einem Unterlassen bestehen.

---

16 *BVerfGE* 86, 288; *BGHSt* 44, 350.

>> Wiederholen Sie an dieser Stelle die Kapitel „Kausalität" und „Objektive Zurechnung" aus dem Skript „Strafrecht AT I". <<

Da § 212 einen von der Handlung abgrenzbaren Taterfolg voraussetzt (Erfolgsdelikt) müssen Handlung und Erfolg miteinander verbunden werden. Dies geschieht durch die **Kausalität** und die **objektive Zurechnung**. Die Handlung muss nach der „conditio sine qua non" – Formel kausal den Erfolg herbeigeführt haben und der Erfolg muss der Handlung und damit dem Täter objektiv zurechenbar sein.

III. Subjektiver Tatbestand

18 Der Täter muss vorsätzlich, d.h. in Kenntnis sämtlicher Merkmale des objektiven Tatbestandes unter Einschluss des Kausalverlaufes gehandelt haben, wobei dolus eventualis genügt. Aufgrund der bei einer Tötung bestehenden höheren psychologischen **Hemmschwelle** bedarf es im Einzelfall jeweils der **sorgfältigen Prüfung und Begründung des Tötungsvorsatzes**.[17] Es ist denkbar, dass ein Täter, obgleich er gefährliche Gewalthandlungen vornimmt, welche zum Tod des Opfers führen, die Gefahr entweder nicht erkannt hat oder aber ernsthaft darauf vertraut hat, dass eben dieser Erfolg nicht eintreten werde.[18]

19 In der Klausur wird Ihnen dementsprechend häufig die Problematik der **Abgrenzung zwischen bedingtem Vorsatz und bewusster Fahrlässigkeit** begegnen. Die herrschende Meinung nimmt mit der sog. „Billigungstheorie" dolus eventualis an, wenn der Täter den Erfolgseintritt für möglich erachtet und nach dem Motto „Na wenn schon" billigend in Kauf nimmt. Bewusste Fahrlässigkeit liegt hingegen vor, wenn der Täter den Erfolgseintritt zwar ebenfalls für möglich erachtet, aber pflichtwidrig annimmt: „Es wird schon gut gehen".[19]

>> Wiederholen Sie an dieser Stelle das Kapitel „dolus eventualis" aus dem Skript „Strafrecht AT I". <<

20 Nach h.M. setzt sich also auch der dolus eventualis aus einem **kognitiven Element** („für möglich halten") und einem **voluntativen Element** („billigendes In-Kauf-Nehmen") zusammen. Bei besonders gefährlichen Handlungen ist das kognitive Element in der Regel wenig problematisch, da der Täter in diesen Fällen den Erfolgseintritt für möglich gehalten haben wird. Ob ihm nun aber eine Freiheitsstrafe von max. 5 Jahren (§ 222) oder 15 Jahren (§ 212) oder gar lebenslänglich (§ 211) droht, hängt maßgeblich davon ab, ob er sich innerlich gedacht hat „Na wenn schon" oder „Es wird schon gut gehen". Achten Sie darauf, dass Sie in der Klausur an dieser Stelle **sauber differenzieren**, sonst ergeht es Ihnen so, wie dem *LG Berlin*[20], dessen „Raser-Entscheidung" der *BGH*[21] aufgehoben hat.

Beispiel Die Angeklagten H und N trafen nachts in der Berliner Innenstadt an einer roten Ampel aufeinander. Spontan verständigten sie sich nun auf ein Wettrennen durch die Berliner Innenstadt über Straßen, die zu diesem Zeitpunkt mit Nachtschwärmern sowie Taxen, Bussen und sonstigen Verkehrsteilnehmern noch recht gut besucht waren. Über eine längere Strecke fuhren sie nun hintereinander oder nebeneinander her, wobei sie mit bis zu 170 km/h unterwegs waren und mehrfach rote Ampeln überfuhren. Mit einem leichten Vorsprung fuhr nun N, auf dessen Beifahrersitz K saß, bei Rot in den Kreuzungsbereich Tauentzienstraße/Nürnberger Straße ein. Aufgrund der baulichen Gegebenheiten war eine Einsichtnahme nach rechts in die Nürnberger Straße nicht möglich. Zur gleichen Zeit fuhr aufgrund der auf Grün stehenden Ampel der vorfahrtsberechtigte W in die

---

17 *BGHSt* 36, 1; *BGH* NJW 2003, 603 f.
18 *BGH* Entscheidung vom 22.4.2009 Az 5 StR 88/09 – abrufbar unter www.bundesgerichtshof.de.
19 *BGH* NStZ 2006, 685.
20 *LG Berlin* NStZ 2017, 471.
21 *BGH* JuS 2018, 492 mit Anm. *Eisele*.

Kreuzung ein und kollidierte mit H, der aufgrund der Gegebenheiten nicht mehr in der Lage war, zu reagieren. Das Fahrzeug des H drehte sich durch den Zusammenstoß nach links und kollidierte nunmehr mit dem Fahrzeug des N, bevor er ebenso wie das Fahrzeug des N, gegen eine Hochbeeteinfassung knallte und stehen blieb. Aufgrund der massiven Schäden an allen Fahrzeugen sah der Unfallort aus wie ein Schlachtfeld. N und H, der nicht angeschnallt war, hatten nur leichte oberflächliche Verletzungen. Die Beifahrerin K trug eine Lungenkontusion rechts, eine Knieprellung links, eine Kopfplatzwunde und eine Schnittverletzung am linken Daumen davon. W verstarb aufgrund seiner schweren Verletzungen noch am Unfallort.

Zu fragen ist nun zunächst, auf welchen Zeitpunkt bei der Prüfung des Vorsatzes abzustellen ist. Zu dem Zeitpunkt, zu dem die Täter in die Kreuzung einfuhren und von rechts W kommen sahen, ist es zwar einfach, den Vorsatz zu bejahen. Gleichwohl kann man auf diesen Zeitpunkt nicht abstellen, da sie in den verbleibenden hundertstel Sekunden keine Reaktions- und damit auch keine Handlungsmöglichkeit mehr hatten. Es muss also auf den Zeitpunkt abgestellt werden, zu welchem sie auf die Kreuzung zufuhren.

Das *LG Berlin*[22] hatte den Tötungsvorsatz bejaht, wobei es maßgeblich auf die hohe Gefährlichkeit der Handlung abgestellt hat. Diese Gefährlichkeit begründet aber zunächst – und zwar völlig unproblematisch – nur das kognitive Element. Dass ein Täter, der mit 170 km/h auf eine schlecht einsehbare Kreuzung bei Rot zufährt, mit der Möglichkeit rechnet, dass von rechts Autofahrer kommen, ist so naheliegend, dass jede Behauptung des Täters, er habe das nicht erkannt, leicht als „Schutzbehauptung" widerlegt werden kann. Daraus folgt aber noch nicht, dass er sich innerlich gedacht hat „Na wenn schon". Sofern man darauf abstellen wollte, dass es dem Täter maßgeblich um das Gewinnen des Rennens gegangen sei und er alles andere dem untergeordnet habe, überzeugt das nicht, da ein Rennen nicht mehr gewonnen werden kann, wenn es zu einer Kollision gekommen ist. Hätte der Täter tatsächlich eine Kollision in Kauf genommen, dann bedeutet dies auch, dass er in diesem Fall auch die Zerstörung seines eigenen Autos, welches sein Heiligtum war, sowie die eigene Verletzung und die seiner Beifahrerin in Kauf genommen hätte. Zudem ist die regelmäßig bei diesen Tätern anzutreffende Selbstüberschätzung zu berücksichtigen, die meist dazu führt, dass sie glauben, in der Lage zu sein, wie „Michael Schuhmacher" alle kritischen Situationen zu beherrschen. Da die Feststellungen des *LG Berlin* zu diesen Aspekten nicht widerspruchsfrei und lückenhaft waren, hat der *BGH*[23] das Urteil aufgehoben. ▪

Welche Vorstellung der Täter innerlich gehabt hat, muss – wie wir gerade schon sehen konnten – also anhand von objektiven Kriterien festgestellt werden. Dabei sind insbesondere die **Gefährlichkeit der Handlung** sowie die **Wahrscheinlichkeit des Erfolgseintritts** Indikatoren für den bedingten Vorsatz. In der Klausur bedarf es einer sorgsamen Bewertung sämtlicher Anhaltspunkte. Ihre Argumentation muss erkennen lassen, dass Sie alle Möglichkeiten in Betracht gezogen haben (zur Vorsatzargumentation bei den HIV-Fällen siehe Rn. 174). Keinesfalls sollten Sie eine überzeugende Argumentation durch einen Verweis auf die „Hemmschwellentheorie" des *BGH* ersetzen. Der *BGH*[24] hat deutlich gemacht, dass es eine solche Theorie nicht gebe. Der Verweis auf die bei einer Tötung zu überwindenden Hemmschwelle

---

22 A.a.O.

23 A.a.O.

24 *BGH* Urteil vom 22.3.2012 Az 4 StR 558/11 – abrufbar unter www.bundesgerichtshof.de, dazu auch *Puppe* NStZ 201, 183.

sei lediglich dazu gedacht, deutlich zu machen, dass die Anhaltspunkte, anhand derer dolus eventualis bejaht werden kann, zahlreich und stichhaltig sein müssen, damit das Gericht gem. § 261 StPO zu einer Überzeugung gelangen kann.

Beispiel In einer Disko war es wiederholt zu körperlichen Auseinandersetzungen zwischen A und seinem späteren Opfer O gekommen. Unmittelbar nachdem die Türsteher den letzten Streit geschlichtet und die Gruppen getrennt hatten, setzte A dem O nach und stieß ihm mit den Worten „Verreck, Du Hurensohn" von hinten ein 22 cm langes Messer in den Rücken, wobei er die achte Rippe durchtrennte und mit der Messerspitze in die Lunge eindrang. Das Opfer befand sich in akuter Lebensgefahr, konnte aber durch eine Notoperation gerettet werden. Das *LG* verurteilte den A wegen §§ 223, 224 StGB und verneinte im Übrigen unter Hinweis auf die „Hemmschwellentheorie" den Tötungsvorsatz.

Der *BGH*[25] hat erklärt, dass ein bloßer Hinweis auf die „Hemmschwellentheorie" den Anforderungen des § 261 StPO nicht genüge. So müssten im Wege einer Gesamtbetrachtung zum einen die Tat, also die Gefährlichkeit der Handlung und das Risiko des Erfolgseintritts, sowie zum anderen der Täter, insbesondere seine Motive, ggfs. enthemmende Umstände wie Alkoholisierung oder affektive Erregungszustände sowie sein Vor- und Nachtatverhalten, mit in die Abwägung einbezogen werden. Gelangt das Gericht anhand einer umfassenden Würdigung all dieser Aspekte zu der Überzeugung, dass dolus eventualis vorliege, könne eine Verurteilung aus den §§ 211 ff. erfolgen. ■

Beispiel Dolus eventualis wurde vom *BGH* angenommen beim Schleudern von Brandflaschen in ein von Menschen bewohntes Gebäude,[26] bei einer mehrminütigen Strangulierung,[27] bei dem gezielten Herunterwerfen von Steinen von einer Autobahnbrücke auf unten fahrende Autos.[28] ■

JURIQ-Klausurtipp

Sofern in einer Klausur schon **im Sachverhalt** der Tötungsvorsatz ausdrücklich hervorgehoben wurde, mithin also unproblematisch ist, bedarf es keiner weiteren Erörterung. Hier kann kurz und knapp festgehalten werden, dass der Täter hinsichtlich des objektiven Tatbestandes vorsätzlich handelte. Bestehen jedoch Zweifel und gibt es im Sachverhalt mehrere Anhaltspunkte, so wäre es verfehlt, den Vorsatz mit zwei Sätzen festzustellen. Hier ist eine am Fall orientierte **lebensnahe Argumentation** gefragt. Stellen Sie sich vor, Sie seien in einer Gerichtsverhandlung die/der Vorsitzende Richter/in und müssten dem Angeklagten erklären, warum Sie ihn des vorsätzlichen Totschlages für schuldig befinden. Und machen Sie nicht den Fehler des *LG* im obigen *Beispiel*.

IV. Rechtswidrigkeit und Schuld

21 Auch insofern bestehen keine deliktsspezifischen Besonderheiten. Es gelten die allgemeinen Grundsätze.

---

25 *BGH* Urteil vom 22.3.2012 Az 4 StR 558/11 – abrufbar unter www.bundesgerichtshof.de.
26 *BGH* NStZ 1994, 483.
27 *BGH* NStZ 2004, 330.
28 *BGH* DAR 2003, 124.

V. Besonders schwerer Fall, § 212 Abs. 2

§ 212 Abs. 2 ist eine **Strafzumessungsnorm** für besonders schwere Fälle. Während der Regel- **22** strafrahmen des Totschlages eine Freiheitsstrafe von fünf (§ 212 Abs. 1) bis maximal 15 Jahren (§ 38 Abs. 2) vorsieht, kann in (unbenannten) besonders schweren Fällen auf eine lebenslange Freiheitsstrafe erkannt werden. Besonders schwere Fälle liegen vor, wenn das Verschulden des Täters so außergewöhnlich groß ist, dass es ebenso schwer wiegt wie das eines Täters gem. § 211. § 212 Abs. 2 kommt nur dann in Betracht, wenn § 211 nicht verwirklicht ist.[29] Derart besonders schwere Fälle werden z.B. angenommen, wenn der Täter planvoll berechnend und besonders brutal zu Werke geht, ohne dass das Mordmerkmal „grausam" erfüllt ist, Absatz 2 fand auch in einem Fall Anwendung, in dem der Täter ein nicht strafbares, aber ihm unangenehmes und von ihm selbst provoziertes Geschehen verdecken wollte.[30]

> **JURIQ-Klausurtipp**
>
> Vor dem Hintergrund der lebenslangen Freiheitsstrafe und der Forderung des Bundesverfassungsgerichtes, dass diese nur verhängt werden darf, wenn die Schuld des Täters besonders schwerwiegend ist, gilt es, **Vorsicht bei der Anwendung des § 212 Abs. 2** walten zu lassen und diesen nur in absoluten Ausnahmefällen als gegeben anzusehen. In der Klausur müssen sehr eindeutige Anhaltspunkte für eine Diskussion des besonders schweren Falls vorhanden sein!

VI. Minder schwerer Fall, § 213

§ 213 ist kein selbstständiger Tatbestand, sondern wie § 212 Abs. 2 auch eine **Strafzumes-** **23** **sungsregel zu § 212** und wird in der Klausur nach der Schuld geprüft. Im Gegensatz zu § 212 Abs. 2 werden hier minder schwere Fälle des Totschlages geregelt, bei denen lediglich eine Freiheitsstrafe von einem bis zu 10 Jahren verhängt werden kann. Zu unterscheiden ist der benannte minder schwere Fall des „provozierten" Totschlags von den unbenannten minder schweren Fällen.

> **JURIQ-Klausurtipp**
>
> Mit § 212 Abs. 2 und § 213 müssen Sie sich in der Klausur nur in Ausnahmefällen auseinandersetzen. Es wird dann jedoch deutliche Hinweise im Sachverhalt geben, anhand derer Sie nachvollziehbar argumentieren können.

1. Benannte minder schwere Fälle des „provozierten" Totschlags

In der ersten Alternative liegt ein minder schwerer Fall des Totschlages dann vor, wenn **24** jemand ohne eigene Schuld durch eine ihm oder einem Angehörigen zugefügte Misshandlung oder schwere Beleidigung von dem getöteten Menschen zum Zorne gereizt und hierdurch auf der Stelle zur Tat hingerissen wurde. Die erste Alternative umfasst mithin die Fälle der **Provokation**. Liegen die genannten Voraussetzungen vor, so ist zwingend der gemilderte Strafrahmen der Vorschrift anzuwenden.

---

29 *Fischer* § 212 Rn. 19.
30 *BGH* NStZ 91, 432.

Es werden **zwei Fälle der Provokation** unterschieden: Zum einen die **Misshandlung** und zum anderen die **schwere Beleidigung**.

In beiden Fällen muss die Provokation **von dem Getöteten selbst ausgegangen** sein und den **Täter selbst oder einen seiner Angehörigen betroffen** haben. Sinn der Regelung ist es, den Affekttäter, dessen Verhalten als eine menschlich verständliche Reaktion auf eine vorausgegangene schwere Provokation erscheint, vor der vollen Totschlagsstrafe zu bewahren.

> **Tipp**
>
> Bei den Provokationen, insbesondere in Gestalt der Misshandlung, ist zu beachten, dass, solange diese noch andauern, auch ein gegenwärtiger rechtswidriger Angriff vorliegen kann, der den Täter gem. § 32 bei Vornahme seiner Tötungshandlung rechtfertigen kann. In diesen Fällen ist § 213 nicht relevant, da die Strafbarkeit schon wegen fehlender Rechtswidrigkeit der Handlung verneint wird.

25 Ob eine Provokation vorliegt, ist nach **objektiven Maßstäben** zu beurteilen. Dabei sind der konkrete Geschehensablauf, die Beziehungen zwischen dem Getöteten und dem Täter sowie die kulturelle Zugehörigkeit und die Anschauungen des Lebenskreises der Beteiligten in die Bewertung mit einzubeziehen. Sowohl die Misshandlung als auch die schwere Beleidigung müssen **Provokationen von erheblichem Gewicht** sein.[31]

Beispiel Ehemann M ist wiederholt von seiner Ehefrau E während des Sexualaktes verhöhnt und ausgelacht worden wegen seiner nach Ansicht der E nicht ausreichenden sexuellen Leistungsfähigkeit. Als er eines Abends seinen ganzen männlichen Mut zusammengenommen hat und sich wieder einmal seiner Ehefrau sexuell nähert, lacht diese ihm währenddessen ins Gesicht und erklärt ihm, dass sein Schwager im Vergleich zu ihm wahre Wunderwerke vollbringen könne. Dies wisse sie aus eigener Erfahrung. Ehemann M sieht in dieser besonderen Situation rot und würgt seine Ehefrau so lange, bis keine hämischen Bemerkungen mehr aus ihrem Mund zu ihm dringen.

In diesem Fall liegt eine schwere Beleidigung vor, die die Reaktion des Ehemannes M nachvollziehbar erscheinen lässt. ■

26 **Sexualbezogene Kränkungen** und **sexuelle Untreue** nehmen bei der Anwendung des § 213 seit jeher einen großen Raum ein.[32] Daneben spielt auch immer wieder eine **Alkoholisierung von Opfer und Täter** eine erhebliche Rolle. Insbesondere bei Alkoholikern, die im Trunkenheitszustand zu Gewalttätigkeiten neigen, zermürbt deren regelmäßiges Verhalten den Täter mit der Folge, dass jede weitere Provokation „das Fass zum Überlaufen bringt".[33]

Die Provokation muss den Täter **ohne eigene Schuld** getroffen haben. Dies ist zu verneinen, wenn der Täter den Getöteten in vorwerfbarer Weise zur Provokation veranlasst hat.

Beispiel Hätte in obigem *Beispielsfall* der Ehemann die Ehefrau zuvor in dieser besonderen Situationen stets der Frigidität beschimpft, so lägen wechselseitige Provokationen vor mit der Folge, dass die Provokation der Ehefrau lediglich eine Reaktion auf die vorangegangene Provokation des Ehemannes darstellte und diesem die Berufung auf § 213 verwehrt wäre. ■

---

31 *Fischer* § 213 Rn. 4 ff.
32 Vgl. *BGH* NStZ 2004, 500.
33 *Fischer* § 213 Rn. 6.

Weitere Voraussetzung ist, dass der Täter aufgrund der Provokation **zum Zorne gereizt**, was **27** nicht nur bei einem Affekt im engeren Sinne, sondern auch bei Wut und Empörung angenommen wird, und dadurch **auf der Stelle zur Tat hingerissen** wurde. Der Täter muss also bei der Tötung noch unter dem beherrschenden Einfluss der Provokation und der dadurch bedingten Gemütslage gestanden haben. Dafür braucht der Zorn nicht das einzige Motiv gewesen zu sein. Sofern jedoch auch andere Motive eine Rolle spielen (sog. **Motivbündel**) ist es erforderlich, dass der **Zorn die maßgebliche Rolle** gespielt hat.[34]

Beispiel War der Ehemann M im obigen Fall sowieso schon zur Tötung der Ehefrau entschlossen, weil er in den Genuss einer Lebensversicherung kommen und sich sein Leben mit seiner Freundin und dem Geld versüßen wollte, so kann die Provokation unerheblich sein, wenn sie ihn nicht mehr aufregt als ein weiterer regnerischer Tag nach zwei vorangegangenen Regenwochen im August. ■

2. Unbenannte minder schwere Fälle

Die zweite Alternative eines „sonstigen" minder schweren Falles ist einschlägig, wenn das **28** gesamte Tatbild einschließlich der subjektiven Umstände und der Persönlichkeit des Täters von den vergleichbaren Fällen des Totschlages in so erheblichem Maße abweicht, dass die Anwendung des Ausnahmestrafrahmens geboten erscheint. Auch hier ist wieder eine **Gesamtbetrachtung** sämtlicher Umstände erforderlich.

Beispiel Ein unbenannter minder schwerer Fall gem. § 213 wurde angenommen bei den DDR-Mauerschützen, welche als letztes Glied einer staatlichen Befehlskette und unter entsprechendem staatlichen Druck gehandelt hatten. Hier hat der *BGH* aufgrund der gesamten seinerzeitigen politischen Situation und der persönlichen schwierigen Situation der Mauerschützen § 213 bejaht.[35] ■

Liegt die erste Alternative des § 213 vor, so ist die Strafe entsprechend zu mildern. Kom- **29** men **weitere Strafmilderungsgründe** hinzu (z.B. eine verminderte Schuldfähigkeit gem. § 21) so sind bei der Ermittlung des Strafrahmens alle Milderungsmöglichkeiten nebeneinander zu berücksichtigen. Treffen hingegen weitere Milderungsgründe auf die zweite Alternative des § 213, so ist im Einzelfall abzugrenzen, ob diese weiteren Milderungsgründe nicht an und für sich schon geeignet sind, den unbenannten Milderungsgrund der zweiten Alternative zu begründen. Nur wenn die weiteren Milderungsgründe selbstständig neben den Milderungsgründen des § 213 zweite Alternative stehen, sind sie nebeneinander berücksichtigungsfähig.[36]

VII. Konkurrenzen

§ 212 verdrängt die §§ 223 ff. und § 221. Tateinheit ist möglich zwischen §§ 212, 22, 23 und **30** §§ 223 ff. sowie § 221. Hinter § 211 tritt § 212 zurück.

---

34 Schönke/Schröder-Eser/Sternberg-*Lieben* § 213 Rn. 8 ff.
35 *BGH* NJW 95, 2729, 2732.
36 *Wessels/Hettinger/Engländer* Strafrecht BT 1 Rn. 198 ff.

C. Mord, § 211

I. Überblick

31 § 211 beginnt zunächst in Abs. 1 mit der Feststellung der lebenslangen Freiheitsstrafe. Erst in Abs. 2 werden die Strafbarkeitsvoraussetzungen genannt. Dabei werden drei Gruppen von Mordmerkmalen unterschieden:

1. Gruppe: verwerflicher Beweggrund	2. Gruppe: verwerfliche Begehungsweise	3. Gruppe: verwerflicher Zweck
<ul><li>aus Mordlust</li><li>zur Befriedigung des Geschlechtstriebs</li><li>aus Habgier</li><li>aus sonstigen niedrigen Beweggründen</li></ul>	<ul><li>heimtückisch</li><li>grausam</li><li>mit gemeingefährlichen Mitteln</li></ul>	<ul><li>in der Absicht, eine andere Straftat zu ermöglichen</li><li>in der Absicht, eine andere Straftat zu verdecken</li></ul>

32 Nach überwiegender Auffassung handelt es sich bei den **Mordmerkmalen der zweiten Gruppe** um objektive Tatbestandsmerkmale, die die Art und Weise der Begehung näher beschreiben und im objektiven Tatbestand zu prüfen sind.[37] Auf die Verwirklichung dieser **objektiven Tatbestandsmerkmale** muss sich dementsprechend auch der Vorsatz richten. Bei den **Mordmerkmalen der ersten und dritten Gruppe** handelt es sich nach überwiegender Auffassung um **besondere persönliche (Tatbestands-)Merkmale**,[38] die im **subjektiven Tatbestand** zu prüfen sind. Eine in der Literatur vertretene Gegenauffassung betrachtet die Mordmerkmale der ersten und dritten Gruppe hingegen als **spezielle Schuldmerkmale**, die mithin in der **Schuld** zu prüfen sind.[39]

> ### JURIQ-Klausurtipp
>
> Die Einordnung der Mordmerkmale wirkt sich wiederum auf den **Aufbau** aus. In der Klausur sollten Sie den nachfolgend dargestellten, allgemein anerkannten Aufbau wählen. Eine Begründung, warum Sie die Mordmerkmale der ersten und dritten Gruppe im subjektiven Tatbestand prüfen, ist nicht erforderlich.

---

37 *Wessels/Hettinger/Engländer* Strafrecht BT 1 Rn. 119.
38 *Joecks/Jäger* § 211 Rn. 10, *BGHSt* 22, 375.
39 *Wessels/Beulke/Satzger* Strafrecht AT Rn. 674.

Der Prüfungsaufbau des § 211 stellt sich, wenn man mit der überwiegenden Meinung **33** die Mordmerkmale der 1. und 3. Gruppe nicht als spezielle Schuldmerkmale auffasst, wie folgt dar:

Mord, § 211

I. Objektiver Tatbestand
1. Tötungshandlung
2. Tötungserfolg
3. Kausalität
4. Objektive Zurechnung
5. Mordmerkmale der zweiten Gruppe:
   a) heimtückisch
      - Definition und Restriktion   Rn. 41
      - normativer Heimtückebegriff   Rn. 51
   b) grausam oder
   c) mit gemeingefährlichen Mitteln

II. Subjektiver Tatbestand
1. Vorsatz
2. Mordmerkmale der ersten Gruppe
   a) aus Mordlust
   b) zur Befriedigung des Geschlechtstriebs oder
   c) Habgier
   d) aus niedrigen Beweggründen
3. Mordmerkmale der dritten Gruppe
   a) zur Ermöglichung einer anderen Straftat
   b) zur Verdeckung einer anderen Straftat
      - zeitlicher Zusammenhang zwischen Vortat und Mord   Rn. 72
      - Verdeckungsabsicht und dolus eventualis bezüglich des Todes   Rn. 75
      - Verdeckungsmord durch Unterlassen   Rn. 77

III. Rechtswidrigkeit

IV. Schuld

V. Täterschaft und Teilnahme
   - subjektive täterbezogene Mordmerkmale beim Teilnehmer   Rn. 84

VI. Nach *BGH*: Strafrahmenreduzierung gem. § 49 Abs. 1 Nr. 1 in Ausnahmefällen

PRÜFUNGSSCHEMA

II. Auslegung der Mordmerkmale

Wie bereits dargestellt hat das Bundesverfassungsgericht in Anbetracht der lebenslangen **34** Freiheitsstrafe gefordert, dass eine Bestrafung nach § 211 der Schwere der besonderen Schuld angemessen sein muss. Infolge dessen ist eine vorsichtige und **restriktive Anwendung des § 211** geboten.

35 Die **Rechtsprechung** und die überwiegende Literatur folgen diesem Gebot, indem sie **die einzelnen Mordmerkmale** des § 211 **restriktiv auslegen** und im subjektiven Bereich mehr oder minder deutlich eine „Bewusstseinsdominanz" fordern, d.h. dem Täter muss das Mordmerkmal in besonderer Weise bei der Tatbegehung präsent sein.[40] **In besonderen Ausnahmefällen**, in welchen die Verhängung einer lebenslangen Freiheitsstrafe unverhältnismäßig erscheint, senkt die Rechtsprechung auf der Rechtsfolgenseite analog § 49 Abs. 1 Nr. 1 den Strafrahmen[41] (sog. **Rechtsfolgenlösung**).

Beispiel Zwischen der BWL-Studentin S und ihrem Freund F kam es in der Vergangenheit immer wieder zu auch handgreiflichen Auseinandersetzungen wegen der Arbeitslosigkeit und des Bierkonsums des F. Als F abends wieder erheblich alkoholisiert (2 Promille) nach Hause kommt, kommt es zu dem üblichen, über 2 Stunden dauernden Streit, in deren Verlauf S dem F eine Ohrfeige verpasst. F stürzt sich daraufhin mit seinem gesamten Körpergewicht auf S, drückt diese nieder und würgt sie, bis sie blau anläuft und die Zunge heraushängt. Der Tod tritt kurze Zeit später ein.

In Betracht kommt hier ein heimtückisch begangener Mord. S kann trotz der vorangegangenen Auseinandersetzungen durchaus als arglos angesehen werden. Dafür spricht u.a., dass sie noch kurz vor dem Angriff des F im Schneidersitz auf dem Bett saß und auch keine Abwehrspuren an ihr festgestellt werden konnten. Der *BGH* hat jedoch das bewusste Ausnutzen dieser Arglosigkeit verneint. Er hat ausgeführt, dass es sich wohl eher um eine Augenblickstat im Zustand affektiver Erregung handelte, wobei auch die erhebliche Alkoholisierung eine Rolle spielte.[42] ■

Beispiel Der 59 Jahre alte A, der bislang davon ausgegangen war, in einer intakten Ehe mit drei Kindern zu leben, erfährt von seiner Ehefrau, dass diese eine Affäre mit seinem besten Freund hat und künftig mit diesem zusammenleben wolle. Er verschafft sich daraufhin mit einer Schusswaffe Zutritt zu der Wohnung des L und erschießt diesen nach einer zunächst verbalen, im weiteren Verlauf auch tätlichen Auseinandersetzung.

Das *LG Bremen*[43] hat in diesem Fall – es wurde heimtückischer Mord bejaht – die Verhängung einer lebenslangen Freiheitsstrafe als unverhältnismäßig angesehen. Es hat zugunsten des Täters berücksichtigt, dass mit der Eröffnung der Ehefrau auf einmal seine gesamte Lebenswelt zusammenbrach. Er sei dadurch nicht nur zutiefst geschockt, sondern auch aufs schwerste gekränkt und absolut verzweifelt gewesen. Das Gericht hat daher die analoge Anwendung des § 49 Abs. 1 für geboten erachtet und insgesamt auf eine Freiheitsstrafe von 14 Jahren erkannt. ■

36 Ein **Teil der Literatur** nimmt eine Restriktion vor, indem sie das ungeschriebene Tatbestandsmerkmal der **Verwerflichkeit** in den Mordtatbestand hinein liest und damit dem Richter die Möglichkeit eröffnet, trotz Vorliegen eines Mordmerkmales die Anwendbarkeit des § 211 zu verneinen, wenn eine **umfassende Gesamtwürdigung** der Tatumstände sowie der Persönlichkeit des Täters die Tötung in diesem besonderen Falle als nicht besonders verwerflich erscheinen lässt (sog. **„negative Typenkorrektur"**).[44] Die Mordmerkmale werden somit lediglich als Indizien für die besondere Verwerflichkeit angesehen.

---

40 *Wessels/Hettinger/Engländer* Strafrecht BT 1 Rn. 100 ff.
41 *BGHSt* 9, 385, 389; 11, 139; 30, 105.
42 *BGH* Entscheidung vom 17.9.2008 Az 5 StR 189/08 – abrufbar unter www.bundesgerichtshof.de.
43 *LG Bremen* StV 2007, 418.
44 Schönke/Schröder-Eser/Sternberg-*Lieben* § 211 Rn. 10 m.w.N.

Dieser Auffassung wird von der **h.M.** entgegengehalten, dass das Kriterium der besonderen **37** Verwerflichkeit zu ungenau und daher mit dem Bestimmtheitsgebot des Art. 103 Abs. 2 GG nicht vereinbar sei.[45]

JURIQ-Klausurtipp

Diskutieren Sie in der Klausur die Möglichkeiten, § 211 restriktiv auszulegen, **bei den einzelnen Mordmerkmalen**. Relevant wird dies – wie nachfolgend dargestellt – insbesondere bei der Heimtücke.

Beispiel Turgut (T), ein seit Jahren in Deutschland lebender Türke, hat Jasmin (J), Ehefrau des ebenfalls aus der Türkei stammenden Aziz (A), welcher sein Neffe ist, mehrfach vergewaltigt. Nachdem J drei Selbstmordversuche unternommen hat, erfährt A von dieser Vergewaltigung und stellt T zur Rede. Statt sich zu entschuldigen, beleidigt jedoch T den A und droht, ihn umzubringen, woraufhin A den Entschluss fasst, T zu töten. Mit einer Pistole bewaffnet geht er einige Zeit später in dessen Stammlokal und erschießt ihn in einem unbeobachteten Moment hinterrücks.[46]

A könnte sich wegen heimtückischen Mordes an T gem. §§ 211, 212 strafbar gemacht haben. Zum Zeitpunkt der Abgabe der Schüsse rechnete T nicht mit einem Angriff auf sein Leben und war dementsprechend arg- und wehrlos. Diese Arg- und Wehrlosigkeit nutzte A auch bewusst und in feindseliger Willensrichtung zur Tötung aus. Nach der Definition der herrschenden Meinung hat A damit heimtückisch gehandelt. Der *BGH* hat in diesem Fall wegen der besonderen Umstände allerdings auf der Rechtsfolgenseite den Strafrahmen analog § 49 Abs. 1 Nr. 1 auf maximal 15 Jahre herabgesenkt.

Die **Lehre von der negativen Typenkorrektur** kann diese besonderen Umstände bereits auf Tatbestandsebene beim Mordmerkmal der Heimtücke berücksichtigen und aufgrund der fehlenden Verwerflichkeit den **Tatbestand** des Mordes verneinen. ◼

JURIQ-Klausurtipp

Die **Rechtsfolgenlösung** darf jedoch nach Auffassung des *BGH* **nicht voreilig** angewendet werden. Zunächst müsse durch den Tatrichter (also durch Sie in der Klausur!) sorgfältig und restriktiv das Mordmerkmal geprüft werden, dann müssten sämtliche in Betracht kommenden Rechtfertigungs- und Entschuldigungsgründe, einschließlich etwaiger Irrtümer sowie die gesetzlichen Schuldminderungsgründe geprüft werden, bevor aufgrund außergewöhnlicher Umstände eine Absenkung des Strafrahmens in Betracht komme.[47] Solche Umstände können bei außergewöhnlichen Notlagen oder aber bei notstandsnahen Bedrängnissituationen („Haustyrann") angenommen werden.[48]

---

45 *BGHSt* 9, 385, 389; 11, 139; 30, 105.
46 Fall nach *BGHSt* 30, 105.
47 *BGH* JZ 83, 967.
48 *BGH* Urteil vom 21.2.2018 Az 5 StR 267/17.

III. Objektiver Tatbestand

38 Im objektiven Tatbestand ist zunächst zu prüfen, ob der Taterfolg (Tod eines anderen Menschen) kausal und objektiv zurechenbar durch eine Handlung oder ein Unterlassen (anschließend müssen noch Garantenstellung und Gleichstellungsklausel gem. § 13 geprüft werden) verursacht wurde. Sofern Sie zunächst § 212 geprüft haben, können Sie auf die dort gewonnenen Ergebnisse verweisen.

Dann sind die **tatbezogenen Mordmerkmale** zu prüfen. In Betracht kommen heimtückisch, grausam oder mit gemeingefährlichen Mitteln. Die Prüfung des objektiven Tatbestands erfolgt somit in 2 Schritten:

Schritt 1				Schritt 2		
Voraussetzungen des § 212				Tatbezogene Mordmerkmale des § 211 Abs. 2		
Tathandlung	Taterfolg	Kausalität	Objektive Zurechnung	heimtückisch	grausam	mit gemeingefährlichen Mitteln

IV. Mordmerkmale der zweiten Gruppe

39 Die Mordmerkmale der zweiten Gruppe beschreiben wie bereits dargestellt im Wesentlichen die **Art und Weise der Tatbegehung**. In der Klausur wird Ihnen zumeist das Mordmerkmal der Heimtücke begegnen.

1. Heimtücke

40 Das problematische Mordmerkmal der zweiten Gruppe ist das Mordmerkmal der Heimtücke. Grund für die Aufnahme dieses Mordmerkmals in den Tatbestand des § 211 ist die besonders hinterhältige und damit verwerfliche und gefährliche Vorgehensweise des Täters, welche die Arg- und Wehrlosigkeit eines anderen zu einem Überraschungsangriff ausnutzt, um den zu Tötenden auf diese Art und Weise daran zu hindern, sich gegen den Angriff zur Wehr zu setzen.[49]

a) Unterschiedliche Ansichten von Rechtsprechung und Literatur zur Definition und restriktiven Anwendung

41 Die **Eingrenzung** des Begriffes der Heimtücke ist in Literatur und Rechtsprechung **umstritten**. Nach **überwiegender Auffassung** wird die Heimtücke zunächst erst einmal wie folgt definiert:

> **Heimtückisch** handelt, wer die Arg- und Wehrlosigkeit des Opfers bewusst zur Tötung ausnutzt.[50]

---

49 *BGHSt* 11, 139.
50 *BGHSt* 9, 385, 390.

In der **Literatur** wird **teilweise kritisiert**, dass diese Definition zu weit sei und das charakteristische der Heimtücke, nämlich die „Tücke" nicht entsprechend hervorhebe. Da § 211 restriktiv ausgelegt werden müsse und sich deutlich von einer Tötung nach § 212 abheben müsse, verlangt die Literatur, dass in der Tatbegehung die besonders verwerfliche Gesinnung ihren Ausdruck finden müsse. Überwiegend wird deshalb darauf abgestellt, dass zusätzlich ein **verwerflicher Vertrauensbruch** in der Tötung liegen müsse, der immer nur dann angenommen werden könne, wenn zwischen Täter und Opfer ein besonderes Vertrauensverhältnis bestehe. Ein Angriff gegen einen Arg- und Wehrlosen könne schließlich auch die Waffe des Schwachen gegen den körperlich Überlegeneren, den Brutaleren und Gewaltbereiteren sein und müsse daher nicht stets Ausdruck eines besonders verschlagenen Verhaltens sein.[51]

Beispiel   Die von A jahrelang misshandelte Ehefrau E tötet Ihren schlafenden Ehemann, nachdem dieser sie zuvor erneut brutal misshandelt hat.

Es kommt grundsätzlich ein heimtückischer Mord in Betracht. Problematisch könnte zunächst sein, ob A arglos war, als er sich schlafen legte, da er zuvor seine Ehefrau misshandelt hatte und aufgrund dessen eventuell jederzeit mit einem Angriff durch diese rechnete. Dagegen spricht allerdings, dass die Ehefrau sich bislang niemals ernsthaft gewehrt hatte und A sich immerhin in aller Seelenruhe zu Bett begab. Wie Sie sehen werden, nahm er demgemäß seine Arglosigkeit mit in den Schlaf. In dieser Situation war er auch wehrlos. Fraglich ist allerdings, ob – wie teilweise von der Literatur verlangt – zwischen den Eheleuten noch ein Vertrauensverhältnis bestand. Die fortbestehende Ehe könnte dafür, die Gewalttätigkeiten dagegen sprechen. ◼

Dieser Ansicht wird entgegen gehalten, dass der Begriff des Vertrauensverhältnisses schwer zu definieren sei und keine festen Konturen aufweise, damit das Mordmerkmal unbestimmt werden lasse (Verstoß gegen Art. 103 Abs. 2 GG) – mit der Folge der Rechtsunsicherheit.[52] Darüber hinaus wird eingewendet, dass der „klassische" Mord aus dem Hinterhalt heraus, bei welchem der Täter und das Opfer zuvor in keinerlei Beziehung gestanden haben, der jedoch nach dem allgemeinen Rechtsempfinden gerade als (heim-)tückisch empfunden wird, nicht mehr dem Mordmerkmal unterfalle, verlangte man einen besonders verwerflichen Vertrauensbruch.

Neben der Einschränkung durch den verwerflichen Vertrauensbruch gibt es des Weiteren noch die oben bereits dargestellte Einschränkung durch die **negative Typenkorrektur**, die sich jedoch ebenfalls des Einwands eines Verstoßes gegen das Bestimmtheitsgebot ausgesetzt sieht.

Die **Gegenauffassung** nimmt die Eingrenzung auf der subjektiven Seite vor, in dem sie zunächst ein **bewusstes Ausnutzen** der Arg- und Wehrlosigkeit des Opfers verlangt. Heimtückisch handelt der planvoll berechnende Täter der die Arg- und Wehrlosigkeit bewusst zu einem Überraschungsangriff ausnutzt, um das Opfer in seiner Verteidigung zu hindern.[53]

Beispiel   B flirtet offen und in eindeutiger Absicht mit V, der Verlobten des A, die dieser in wenigen Monaten zu heiraten beabsichtigt. A hat bereits mehrfach mit B gesprochen und ihn aufgefordert, dieses zu unterlassen. B hat ihn jedoch nur ausgelacht und ihn auf

42

43

44

45

---

51   Schönke/Schröder-Eser/Sternberg-*Lieben* § 211 Rn. 26; *Bockelmann* Strafrecht BT 2 § 3 IV, 1977.
52   *BGHSt* 28, 210, 211 f.; 30, 105, 115.
53   *BGH* NStZ 87, 554; NStZ-RR 97, 294; *Jäger* Strafrecht BT Rn. 32.

die „freie Marktwirtschaft" hingewiesen. V selbst hat ihm erklärt, dass sie zwar nach wie vor beabsichtigte, ihn zu heiraten, gleichwohl aber den Spruch ihrer Großmutter beherzige „Wer sich ewig bindet prüfe, ob sich nicht noch etwas Besseres findet". Im Laufe der Zeit vor Eifersucht um den Verstand gebracht, beschließt A den B zu töten. Vor seiner Haustüre versteckt er sich im Gebüsch und streckt eines Abends den nichts ahnenden B mit zwei gezielten Schüssen hinterrücks nieder.

Nach Ansicht des *BGH* läge hier eine heimtückische Begehungsweise vor, da A die Arg- und Wehrlosigkeit des B planvoll berechnend zur Tötung ausgenutzt hat.

Die Literatur die eine besondere Verwerflichkeit fordert, welche in einem verwerflichen Vertrauensbruch zum Ausdruck kommen soll, müsste hier die Heimtücke verneinen, da zwischen A und B unstreitig kein besonderes Vertrauensverhältnis bestand. Da darüber hinaus die Eifersucht des A auch nachvollziehbar war, mithin nicht als niedriger Beweggrund in Betracht kommt, würde eine Bestrafung nach § 211 ausscheiden. ■

Beispiel   A wird bei einem Fluchtversuch aus dem Gefängnis von dem herannahenden Vollzugsbeamten V überrascht. In Panik ergreift A ein herumliegendes Brett und erschlägt damit V, der ihn noch nicht wahrgenommen hat, von hinten.

Hier würde auch die h.M. einen heimtückischen Mord verneinen, da A aufgrund der Panik spontan den Entschluss zur Tötung gefasst hat und keine Zeit verblieb, **bewusst** die Arglosigkeit des V auszunutzen. ■

JURIQ-Klausurtipp

Sofern Sie Anhänger der h.M. sein sollten, verwenden Sie **in der Klausur zunächst die Definition der h.M.** Dabei sollten Sie – unter Berücksichtigung des Sachzusammenhangs – auch das subjektive Merkmal des bewussten Ausnutzens bereits im objektiven Tatbestand erörtern. Nachdem Sie festgestellt haben, dass nach dieser Definition eine heimtückische Begehung vorliegen könnte, fragen Sie danach, ob eine weitere Restriktion erforderlich ist und setzen sich mit den in der Literatur vertretenen Ansichten auseinander.

Ein bewusstes Ausnutzen der Arg- und Wehrlosigkeit kann auch in Fällen vorliegen, in denen der Täter es geradezu darauf anlegt, die Arglosigkeit des Opfers zu beseitigen, dieses sich aber ersichtlich nicht durch den Täter einschüchtern lässt, was dieser auch erkennt.

Beispiel   R, der es psychisch nicht verkraften kann, dass seine Freundin F sich von ihm getrennt und einen neuen Freund hat, sucht F wiederholt auf, um sie im Zuge von lautstarken verbalen Auseinandersetzungen unter anderem dafür in die Verantwortung zu nehmen, dass F ihn finanziell ausgenutzt habe. Bei einem verabredeten Treffen mit F und dem neuen Freund im Büro des R, bei dem es um einen finanziellen Ausgleich gehen soll, schließt R die Türe des Büros ab und bedrängt F im Laufe der heftigen Auseinandersetzung mehrfach mit einer Waffe. F, die glaubte, dass R ihr niemals etwas antun könne, bleibt jedoch gelassen und erklärt schließlich nach einem erneuten Wutanfall des R, bei dem dieser ihr die Waffe an den Kopf hält: „Rolf, dann musst Du tun, was Du tun musst". Daraufhin erschießt R die F. ■

Der *BGH*[54] hat deutlich gemacht, dass für das bewusste Ausnutzen lediglich erforderlich sei, dass der Täter die Arg- und Wehrlosigkeit in dem Sinne erfasst habe, dass dem Täter bewusst sei, einen durch seine Ahnungslosigkeit gegenüber einem Angriff schutzlosen Menschen zu überraschen **(Betonung des kognitiven Elementes)**. Nicht erforderlich sei hingegen, dass der Täter die Arg- und Wehrlosigkeit instrumentalisieren oder anstreben muss – es muss ihm also nicht darauf ankommen (voluntatives Element im Sinne einer „Absicht"), einen arg- und wehrlosen Menschen zu töten.

Ferner hat der *BGH* durch das weitere, subjektive Erfordernis der **„feindseligen Willensrichtung"** in der Vergangenheit eine Einschränkung bei den sog. „Mitleidsmorden" gemacht, bei denen der Täter zum vermeintlich Besten des Opfers handeln will.[55] Beachten Sie aber, dass diese Fälle abzugrenzen sind von den sog. **„Todesengel"-Fällen**, bei denen die Täter sich zu Herrschenden über Leben und Tod aufschwingen. Bei den Mitleidsmorden geht der Täter davon aus, dass das Opfer selber die Tötung wolle, um nicht länger leiden zu müssen. Bei den „Todesengel"-Fällen glaubt der Täter hingegen, dass unabhängig vom Willen des Opfers das Leben des Opfers seiner eigenen Auffassung nach nicht mehr lebenswert sei. In diesen Fällen kann u.U. eine Tötung aus niedrigen Beweggründen in Betracht kommen.[56] **46**

Schließlich bleibt bei außergewöhnlichen Fällen noch die oben dargestellte Möglichkeit der Herabsetzung des Strafrahmens („Rechtsfolgenlösung").

b) Arglos

> **Arglos** ist, wer sich zum Zeitpunkt der Tat keines tätlichen Angriffs auf seine körperliche Unversehrtheit oder sein Lebens versieht.[57] **47**

Voraussetzung hierfür ist zunächst die **Fähigkeit zum Argwohn**. Sie fehlt nach herrschender Meinung bei **kleinen Kindern**,[58] da diese noch keinen Argwohn empfinden und mithin auch nicht arglos sein können. Eine heimtückische Tötung kommt hier allerdings in Betracht, wenn der Täter die **Arglosigkeit eines schutzbereiten Dritten** planmäßig berechnend zur Tötung ausnutzt.[59] Voraussetzung dafür ist aber, dass der Dritte seinen Schutz wirksam erbringen kann, wofür eine gewisse räumliche Nähe erforderlich aber auch ausreichend ist.[60]

Beispiel A möchte sich von der Verpflichtung befreien, die ihm dadurch entstanden ist, dass seine Ex-Freundin F überraschend schwanger wurde und einen gesunden Sohn zur Welt gebracht hat. Er spielt der zunächst skeptischen F erfolgreich vor, dass er es sich anders überlegt habe und sich nunmehr auf seine Vaterrolle freue. Er erklärt ihr, dass sie sich ruhig einmal einen schönen Nachmittag mit ihren Freundinnen machen könne, er werde verantwortungsvoll auf das Kind aufpassen und so eine engere Beziehung zu dem Kind entwickeln. Während F erleichtert und freudig zum Kaffeeklatsch geht, erstickt A das

---

54 *BGH* Entscheidung vom 4.12.2012 Az 1 StR 336/12 – abrufbar unter www.bundesgerichtshof.de.

55 *BGHSt* 9, 385; *BGHSt* NStZ 2001, 86.

56 *BGH* Beschluss vom 3.4.2008 Az 5 StR 525/07 – abrufbar unter www.bundesgerichtshof.de.

57 *BGHSt* 20, 301.

58 Ab einem Alter von drei bis vier Jahren kann ein Kind arglos sein, vgl. *BGH* NJW 78, 709; NStZ 95, 230.

59 *Wessels/Hettinger/Engländer* Strafrecht BT 1 Rn. 128.

60 *BGH* Urteil vom 21.11.2012 Az 2 StR 309/12 – abrufbar unter www.bundesgerichtshof.de, dazu auch lesenswert die Anmerkung von *Thiele* ZJS 3/2013, 307.

Neugeborene mit einem Kissen und ruft dann „verzweifelt" den Arzt, dem er erklärt, dass sein Sohn wohl am plötzlichen Kindstod gestorben sei.

Hier hat A planvoll und berechnend die Arg- und damit einhergehende Wehrlosigkeit der Freundin F zur Tötung des Kindes ausgenutzt und damit eine heimtückische Tötung begangen. ◼

48 Der *BGH* hat jedoch in einem Fall, in dem ein kleines Kind dadurch vergiftet wurde, dass ein bitter schmeckender Giftstoff, welchen das Kind ausgespuckt hätte, mit süßem Brei vermischt wurde, ebenfalls eine **heimtückische Tötung angenommen**, obgleich er im Übrigen daran festhält, dass bei Kleinstkindern infolge der Unfähigkeit zum Argwohn eine Arglosigkeit nicht vorliegen könne.[61] Der *BGH* hat diese Entscheidung damit begründet, dass in diesem Fall der Täter extra um die **Abwehrinstinkte des Kindes** zu überwinden, den Giftstoff in den süßen Brei gemischt habe und damit tückisch vorgegangen sei. Diese Entscheidung ist wenig überzeugend, da der Täter lediglich natürliche Abwehrinstinkte zu überwinden versucht hat, nicht jedoch bewusst eine Arglosigkeit ausgenutzt hat, da Kinder in diesem Alter nicht zum Argwohn fähig sind.

49 Auch die **Tötung eines plötzlich Bewusstlosen** stellt keine heimtückische Tötung dar, da ein Bewusstloser nicht arglos sein kann. Anders ist es bei einem **Schlafenden**. Auch wenn dieser zum Zeitpunkt des Schlafes nicht zum Argwohn fähig ist und damit auch nicht arglos sein kann, so ist er es doch in dem Augenblick, in welchem er sich in den Schlaf hinein begibt. Nach herrschender Ansicht **nimmt der Schlafende die Arglosigkeit mit in den Schlaf**, das heißt, er geht zum Zeitpunkt des Einschlafens davon aus, dass ihm im Schlaf nichts passieren werde. Im Gegensatz dazu nimmt der plötzlich Besinnungslose die Arglosigkeit nicht mit in die Besinnungslosigkeit, da er im Normalfall nicht wissen kann, dass er im nächsten Augenblick besinnungslos werden wird.[62] Unter Berücksichtigung dieser Grundsätze kann es ausnahmsweise auch bei einem Schlafenden an der Arglosigkeit fehlen, wenn er gleichsam „vom Schlaf übermannt" wird.[63]

50 Wichtig ist, dass das Opfer **zum Zeitpunkt der Tatbegehung, also bei Eintritt der Tat in das Versuchsstadium** arglos ist. Arglosigkeit kann dann nicht vorliegen, wenn der Täter dem Opfer offen feindselig gegenüber tritt (es sei denn, dass Opfer nimmt den Täter nicht ernst, vgl. dazu das *Beispiel* unter Rn. 45). Allerdings ist hier der Zeitpunkt von großer Bedeutung. Erfolgt die feindselige Konfrontation so kurz vor der Tötungshandlung, dass das Opfer keine Zeit mehr hat, entsprechend zu reagieren, so kann die Arglosigkeit bejaht werden.[64] Gleiches gilt, wenn die Aggression schon länger zurückliegt, so dass das Opfer zum Tatzeitpunkt nicht mit einem Angriff rechnet.

Beispiel　Der lebensmüde A fährt des Nachts ohne Abblendlicht in entgegengesetzter Richtung auf der Autobahn, um sich bei einer Kollision zu töten. Das Abblendlicht hat er ausgeschaltet, um von den entgegenkommenden Fahrzeugen nicht erkannt zu werden und so seine Erfolgsaussichten zu erhöhen. Aufgrund eines spontanen Impulses schaltet er jedoch das Licht just zu dem Zeitpunkt ein, als B ihm auf seiner Fahrspur entgegen kommt. B erkennt zwar aufgrund dessen A noch, kann aber nicht

---

61　*BGHSt* 8, 216.

62　Schönke/Schröder-Eser/Sternberg-*Lieben* § 211 Rn. 24.

63　*BGH* Entscheidung vom 10.5.2007 Az 4 StR 11/07 – abrufbar unter www.bundesgerichtshof.de.

64　*BGH* Entscheidung vom 19.6.2008 Az 1 StR 217/08 – abrufbar unter www.bundesgerichtshof.de.

mehr reagieren, so dass es zu einer für B tödlichen Kollision kommt. Den Tod des B nimmt A dabei zumindest billigend in Kauf.[65]

Hier war B zwar zum Zeitpunkt des Zusammenstoßes nicht mehr arglos. Die Arglosigkeit lag aber vor, als die Tat in das Versuchsstadium eintrat. Aufgrund der unmittelbar nachfolgenden Kollision blieb B keine Möglichkeit mehr, den Angriff abzuwehren, so dass A sich des heimtückischen Mordes schuldig gemacht hat. ▪

Beispiel Der bisherige Lebensgefährte der E kann nicht verwinden, dass diese sich von ihm getrennt hat. So hat er ihr in der Vergangenheit mehrfach sowohl zu Hause als auch auf der Arbeit aufgelauert und sie massiv mit dem Tode bedroht. Aus Angst vor L wagt sich E nicht mehr ohne Begleitung aus dem Haus. Als sie nun nachts ihr Auto aus der Garage holen möchte, um zur Arbeit zu fahren, stellt sie Farbanhaftungen auf dem Garagentor fest. Als sie gemeinsam mit dem sie begleitenden A versucht, mit einem Lappen diese Anhaftungen zu entfernen, tritt L mit einer Pistole in der Hand aus seinem Versteck und gibt mehrere Schüsse auf E und A ab, die den Angriff jedoch überleben.

Hier hat der *BGH*[66] die Arglosigkeit der E bejaht. Zwar bestand zwischen ihr und L eine feindselige Atmosphäre, die dazu führe, dass E in ständiger Angst lebte. Zum Tatzeitpunkt rechnete sie aber nicht mit einem Angriff des L, was sich schon daraus entnehmen lässt, dass sie in aller Ruhe versuchte, die Farbanhaftungen zu entfernen. Hätte sie damit gerechnet, dass sich L in der Nähe befinde, wäre sie aller Wahrscheinlichkeit nach sofort in ihr Haus zurück gegangen oder aber ins Fahrzeug eingestiegen. ▪

In engen Ausnahmefällen nimmt der *BGH* bei der Arglosigkeit eine **normativ orientierte, einschränkende Auslegung** vor, wenn das Opfer den Täter angegriffen hat, der Angriff zwar schon vollendet aber noch nicht beendet ist und der Täter sich in dieser Situation verteidigt, indem er das Opfer überraschend tötet. Im Interesse des Wertungsgleichklangs mit dem Notwehrrecht gem. § 32, welches dem Täter im Einzelfall eine überraschende Tötung gestatte und damit der Tötung das Tückische nehme, **soll nach dem *BGH* die Arglosigkeit bei normativer Betrachtung verneint werden, auch wenn das Opfer faktisch tatsächlich überrascht war.**

51

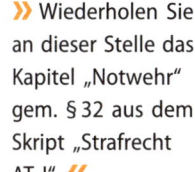

Beispiel A, der mit Raubkopien handelt, wird von B deswegen erpresst. Eines Tages kommt B in Begleitung des C zu A und fordert ihn erneut zur Zahlung von 5000 € auf. Nach entsprechenden Drohgebärden übergibt A das Geld an C, da er glaubt andernfalls von B angezeigt zu werden. Motiviert durch extreme Wut über den Verlust des Ersparten tritt A danach hinter den B, der zu diesem Zeitpunkt die Hände in den Hosentaschen hat, und schlitzt ihm mit einem Messer die Halsschlagader auf.[67]

» Wiederholen Sie an dieser Stelle das Kapitel „Notwehr" gem. § 32 aus dem Skript „Strafrecht AT I". **«**

Hier könnte sich A wegen heimtückischen Mordes gem. §§ 212, 211 an B strafbar gemacht haben, indem er ihm von hinten das Messer über den Hals zog.

Dann müsste B arg- und wehrlos gewesen sein. Tatsächlich rechnete B zu diesem Zeitpunkt nicht mit einem Angriff, so dass er arglos gewesen sein könnte. Der *BGH* hat allerdings ausgeführt, dass das Verletzen mit dem Messer eine Handlung sein könnte, die gem. § 32 gerechtfertigt ist. Zu diesem Zeitpunkt bestand der Angriff des B (§§ 253, 255) auf das Vermögen des A noch fort, da die Erpressung zwar schon vollendet, aber noch

---

65 *BGH* NStZ 2006, 503.

66 *BGH* Entscheidung vom 1.4.2009 Az 2 StR 571/08 – abrufbar unter www.bundesgerichtshof.de.

67 *BGH* Entscheidung vom 12.2.2003 Az 1 StR 403/02 – abrufbar unter www.bundesgerichtshof.de.

nicht beendet war. Der Angriff des B war auch rechtswidrig. Damit bestand eine Notwehrlage gem. § 32, die grundsätzlich auch eine Tötung gem. §§ 211, 212 erlaubt. Der
BGH hat ausgeführt, dass in einer solchen Situation der „wahre" Angreifer, also B, immer
mit einer erlaubten Verteidigungshandlung des Angegriffenen rechnen müsse. Sofern die
Verletzung die erforderliche und gebotene Verteidigung gewesen wäre, wäre A sogar
gerechtfertigt gewesen. Der *BGH* hat dementsprechend unter Einbeziehung der Wer-
tungsgesichtspunkte des § 32 („erlaubtes Verhalten") die Arglosigkeit des B verneint. ◼

Hinweis

Der *BGH* hat dabei deutlich gemacht, dass es nicht erforderlich ist, dass die Handlung auch
tatsächlich gem. § 32 gerechtfertigt ist. Er führt vielmehr aus, dass es bei wertender Betrachtung nicht systemgerecht sei, *„dem sich wehrenden Opfer, wenn es in der gegebenen Lage …
in den **Randbereich** der erforderlichen und gebotenen Verteidigung gerät oder gar exzessiv handelt, das Risiko aufzulasten, bei Überschreitung der rechtlichen Grenzen der Rechtfertigung oder
auch der Entschuldigung sogleich das Mordmerkmal der Heimtücke zu verwirklichen."*[68]

---

52 In der Literatur ist diese Entscheidung teilweise auf Ablehnung gestoßen.[69] Es wird darauf
hingewiesen, dass der *BGH* durch diese normative Auslegung, wie die negative Typenkorrektur, die er ablehnt, eine **wertende Gesamtbetrachtung** vorgenommen habe, die zu einer
Fiktion des Argwohns führt.

JURIQ-Klausurtipp

In der Klausur müssen Sie diese **neue *BGH*-Rechtsprechung diskutieren**, nachdem Sie festgestellt haben, dass das Opfer tatsächlich „überrascht" war. Sie müssen nun danach fragen,
ob dies für die Annahme der Arglosigkeit ausreicht. Bei der nun folgenden Diskussion ist es
unerlässlich, vorweggenommen die **Voraussetzungen des § 32**, jedenfalls die **Notwehrlage**
zu prüfen.

Eine **Ausdehnung** dieser einschränkenden, normativen Auslegung auf eine Tötungshandlung, die der Täter bei einem Zustand der **Dauergefahr gem. § 34** vornimmt, hat der *BGH*
allerdings in einer späteren Entscheidung **abgelehnt**.[70]

c)   Wehrlos

53   **Wehrlos** ist derjenige, der infolge seiner Arglosigkeit zur Verteidigung außer Stande oder in
der Verteidigung stark eingeschränkt ist.

Arg- und Wehrlosigkeit müssen zusammentreffen, damit die heimtückische Tötung verwirklicht ist.[71]

---

68 *BGH* Entscheidung vom 12.2.2003 Az 1 StR 403/02 – abrufbar unter www.bundesgerichtshof.de.
69 Siehe dazu *Wessels/Hettinger/Engländer* Strafrecht BT 1 Rn. 130 m.w.N.
70 „Haustyrannenfall" des *BGH* Entscheidung vom 25.3.2003 Az 1 StR 483/02 – abrufbar unter www.bundes-
    gerichtshof.de.
71 *Wessels/Hettinger/Engländer* Strafrecht BT 1 Rn. 132.

2. Grausam

Obwohl die Grausamkeit eine subjektive Komponente enthält, ist sie nach allgemeiner Auf- **54** fassung ein **objektives Mordmerkmal**. Strafgrund sind die besonderen Qualen, denen das Opfer ausgesetzt ist und die darin zum Ausdruck kommende Gesinnung des Täters.

> **Grausam** tötet, wer aufgrund einer gefühllosen und unbarmherzigen Gesinnung seinem Opfer besonders schwere Qualen körperlicher oder seelischer Art durch eine über das normale Tötungsmaß hinausgehende Schmerzzufügung bereitet.[72]

Beispiel Der geistig gestörte A fesselt seinen 70-jährigen Vater so ans Bett, dass dieser sich weder bewegen noch selbst befreien kann. In dieser hilflosen Lage lässt er ihn in seinen eigenen Exkrementen liegen und verdursten.

Darüber hinaus wurden als grausame Tötungen angesehen: Verbrennen, Foltern, mehraktige Tötungshandlungen mit besonders gravierenden Leiden des Opfers.[73]

Beachten Sie, dass jede Tötung im Normalfall mit Schmerzen verbunden ist. Damit ein Totschlag **55** zum Mord wird, muss der Täter dem Opfer **besonders intensive Schmerzen oder Qualen** zufügen. Die Grausamkeit muss ferner die mit Tötungsvorsatz vorgenommene Handlung charakterisieren. Hat der Täter zunächst ohne Tötungsvorsatz sein Opfer grausam körperlich misshandelt und alsdann ohne neue Grausamkeit getötet, so scheidet das Mordmerkmal aus.

3. Tötung mit gemeingefährlichen Mitteln

> Eine Tötung **mit gemeingefährlichen Mitteln** wird angenommen, wenn der Täter Tatmit- **56** tel einsetzt, deren Wirkungsweise er im Einzelfall nicht sicher zu beherrschen vermag und die geeignet sind, eine größere Zahl von Menschen an Leib und Leben zu gefährden.

Die **Rücksichtslosigkeit des Täters**, der eine allgemeine Gefahr in Kauf nimmt, um sein Ziel zu erreichen, ist der Grund für die Aufnahme dieses Merkmals in den Tatbestand des § 211.[74]

Beispiel A war Angestellter in einem mittelständischen Familienbetrieb und wurde vom Firmenchef aus betriebsbedingten Gründen entlassen. Mit dieser Entlassung ist das Leben des A nach dessen Ansicht zerstört. Um sich am ungeliebten Chef zu rächen, vergiftet er in der Kantine die an diesem Tag auf der Speisekarte stehende Erbsensuppe. Er geht davon aus, dass sein ehemaliger Chef, wie jeden Mittag, in der Kantine essen und infolge der Vergiftung sterben wird.

Hier liegt unstreitig eine Tötung mit gemeingefährlichen Mitteln vor, da der A keinerlei Einfluss darauf hat, wer von dieser Suppe essen wird und es sehr wahrscheinlich ist, dass nicht nur der ehemalige Chef, sondern auch seine ehemaligen Kollegen die Suppe essen und sterben werden. Zur Erreichung des einen Zieles ist A mithin bereit, andere Menschenleben zu opfern. In diesem Vorgehen offenbart sich seine besonders rücksichtslose Gesinnung. ■

---

72 Schönke/Schröder-Eser/Sternberg-*Lieben* § 211 Rn. 27.
73 *Fischer* StGB § 211 Rn 56.
74 *Wessels/Hettinger/Engländer* Strafrecht BT 1 Rn. 121.

57 Zu den gemeingefährlichen Mitteln gehören Feuer, Sprengstoffe, sowie radioaktive und giftige Stoffe, aber auch eine Schnellfeuerwaffe, mit welcher in die Menge geschossen wird, sowie ein gegen die Fahrtrichtung fahrendes Fahrzeug auf der Autobahn.

Beispiel Im „Berliner Raser-Fall" (s. Rn. 19) hat das *LG Berlin*[75] das Auto als gemeingefährliches Mittel angesehen, da der Täter die Kollision nicht sicher beherrschen konnte (fahren ein oder mehrere Autos in die Kreuzung ein und wie viele Insassen sitzen in den Autos?) und zudem aufgrund umherfliegender Autoteile die umstehenden Passanten hätten getroffen werden können. ■

Beachten Sie, dass es nicht tatsächlich zu einer konkreten Gefährdung gekommen sein muss, diese **Gefährdung muss** im Einzelfall **nur möglich gewesen sein**. Die Gemeingefährlichkeit scheidet demnach aus, wenn bei der konkreten Anwendung diese Möglichkeit nicht gegeben ist.

Beispiel A zündet unter dem Auto des B, welches auf einem leeren Parkplatz geparkt ist, eine Bombe. ■

Die Gemeingefährlichkeit scheidet auch aus, wenn der Täter nur eine **bereits vorhandene gemeingefährliche Situation zur Tat ausnutzt**. Dies gilt selbst dann, wenn der diese Situation selbst geschaffen hat. Voraussetzung ist nämlich, dass der Täter bei der Tat das Mittel einsetzt, so dass eine gemeingefährliche Tötung durch Unterlassen nicht möglich ist.

Beispiel A, der die Trennung von seiner Freundin F nicht verkraften kann, beschließt, aus dem Leben zu scheiden. Zu diesem Zweck öffnet er die Gasleitung in seiner in einem Mehrfamilienhaus gelegenen Wohnung. Nach 15 Minuten schließt er den Gashahn wieder und telefoniert mit F, die daraufhin kurze Zeit später vorbeikommt, um ihre Sachen abzuholen. Er öffnet ihr die Türe und lässt es geschehen, dass F sich eine Zigarette anzündet. Die Flamme entzündet das Luft-Gas-Gemisch und bringt das Haus aufgrund einer Explosion zum Einsturz. A und F überleben wie durch ein Wunder, andere Hausbewohner haben weniger Glück.

Hier könnte sich A des Mordes mit gemeingefährlichen Mitteln durch Unterlassen strafbar gemacht haben, indem er F nicht davon abhielt, sich eine Zigarette anzuzünden. Da A das Mittel aber nicht zielgerichtet zur Tötung der F einsetzte sondern nur eine zuvor ohne Tötungsvorsatz geschaffene Lage ausnutzte, hat der *BGH*, der wie die h.M. in der Literatur auch einen solchen Mord nicht für möglich erachtet, eine Tötung mit gemeingefährlichen Mitteln verneint.[76] Anders wäre die Situation nur dann zu bewerten, wenn A schon bei der Gefahrverursachung mit Tötungsvorsatz gehandelt hätte. Hier könnte A jedoch nicht nachgewiesen werden, dass er an eine Gefährdung der Hausbewohner allein durch das Ausströmen des Gases in seiner Wohnung gedacht hatte. ■

---

75 *LG Berlin* NStZ 2017, 471.

76 *BGH* Entscheidung vom 7.7.2009 Az 3 StR 204/09 – abrufbar unter www.bundesgerichtshof.de.

V. Subjektiver Tatbestand

Im subjektiven Tatbestand ist zunächst der Vorsatz bezüglich des objektiven Tatbestandes zu prüfen. Dabei reicht dolus eventualis. **58**

Bei den Mordmerkmalen „heimtückisch" und „grausam" haben Sie bereits im objektiven Tatbestand die entsprechenden subjektive Komponenten geprüft.

Des Weiteren sind hier die **täterbezogenen, subjektiven Mordmerkmale** zu prüfen. Die Prüfung erfolgt also wieder in zwei Schritten:

Schritt 1	Schritt 2					
Vorsatz bezüglich des objektiven Tatbestandes	Täterbezogene Mordmerkmale des § 211 Abs. 2					
	Mordlust	zur Befriedigung des Geschlechtstriebs	Habgier	sonstige niedrige Beweggründe	zur Ermöglichung einer Straftat	zur Verdeckung einer Straftat

VI. Mordmerkmale der ersten Gruppe

Die Mordmerkmale der ersten Gruppe beschreiben das **verwerfliche Motiv** zur Tatbegehung. **59**

1. Mordlust

Bei der Mordlust ist der **Wunsch, einen anderen Menschen sterben zu sehen**, einziger Zweck der Handlung.[77] In der Klausur wird Ihnen dieses Mordmerkmal eher selten begegnen. In der Praxis liegt bei solchen Tötungen zumeist eine verminderte oder gar aufgehobene Schuldfähigkeit gem. §§ 20, 21 vor. **60**

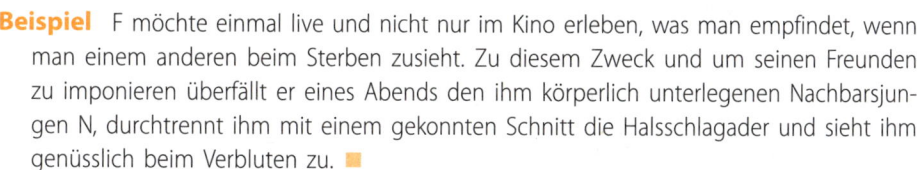

Aus **Mordlust** handelt demnach, wer seine Befriedigung in dem Tötungsakt sucht.

Beispiel F möchte einmal live und nicht nur im Kino erleben, was man empfindet, wenn man einem anderen beim Sterben zusieht. Zu diesem Zweck und um seinen Freunden zu imponieren überfällt er eines Abends den ihm körperlich unterlegenen Nachbarsjungen N, durchtrennt ihm mit einem gekonnten Schnitt die Halsschlagader und sieht ihm genüsslich beim Verbluten zu. ■

2. Zur Befriedigung des Geschlechtstriebes

Zur Befriedigung des Geschlechtstriebs tötet, wer zum einen schon im Tötungsakt die geschlechtliche Befriedigung sucht, darüber hinaus aber auch derjenige, der die geschlechtliche Befriedigung an der Leiche sucht. Auch der Sexualverbrecher, der das Opfer zur Ermöglichung seiner Tat würgt und dabei in Kauf nimmt, dass das Würgen den Todeseintritt zur Folge hat, handelt zur Befriedigung des Geschlechtstriebes. **61**

---

77 *BGH* NJW 1953, 1440.

Entscheidend ist, dass das **Tötungsopfer identisch ist mit der Person, auf die sich das sexuelle Begehren richtet.**[78] Ferner muss das Bedürfnis zum Zeitpunkt der mit Vorsatz ausgeführten Tötungshandlung vorliegen. Wie bei allen Mordmerkmalen der ersten Gruppe muss es das **Motiv zur Tatbegehung** sein.

Beispiel A überfällt abends die zwei Freundinnen F und H. Um sich an F ungestört vergehen zu können, tötet A zunächst die H. In diesem Fall liegt keine Tötung zur Befriedigung des Geschlechtstriebes vor, da keine Opferidentität gegeben ist. In Frage kommt jedoch eine Tötung zur Ermöglichung einer anderen Straftat. Sofern A danach jedoch auch die F während des Geschlechtsverkehrs würgt, um sie daran zu hindern, zu schreien und dabei bewusst den Tod in Kauf nimmt, handelt er darüber hinaus auch zur Befriedigung des Geschlechtstriebes. ■

62 **Umstritten** ist, ob zwischen der Tötungshandlung und der Befriedigung ein **zeitlich räumlicher Zusammenhang** vorliegen muss. Im Interesse einer restriktiven Auslegung wird dies teilweise von der Literatur gefordert.[79] Der *BGH* hat dies im sog. **„Kannibalenfall"** verneint und es als ausreichend angesehen, dass der Täter sich erst durch die spätere Betrachtung einer Videoaufzeichnung von der Tötung sexuell befriedigen will, da der Täter auch in diesem Fall für seine Befriedigung „über Leichen gehen will".[80] (lesen Sie dazu auch das *Beispiel* unter Rn. 69)

3. Habgier

63 Unter **Habgier** versteht man allgemein das rücksichtslose und ungezügelte Streben nach Gewinn „um jeden Preis".

Ein Täter handelt aus Habgier, wenn er bei Begehung der Tat von der Vorstellung geleitet wird, dass sich sein Vermögen durch den Tod des Opfers unmittelbar vermehrt.[81]

Beispiel Der Auftragskiller K erhält für die Tötung des Ehemannes M von dessen Ehefrau E 10 000 €. Einziger Beweggrund für die Tötung ist der Erhalt des Geldes. Habgier liegt hier unstreitig vor, da K als Mittel zur Vermögensmehrung den Tod eines anderen Menschen einsetzt und damit in drastischer Form die Geringschätzung des menschlichen Lebens zum Ausdruck bringt.

Weitere typische Fälle sind der Raubmord sowie die Tötung zur Erlangung eines Erbes oder einer Lebensversicherung. ■

Habgier liegt nach überwiegender Auffassung auch vor, wenn der Täter durch die Tötung eine Befreiung von seiner Unterhaltspflicht erstrebt, mithin sein **Vermögen durch ersparte Aufwendungen mehren** will.[82]

---

78 *Fischer* § 211 Rn. 9.
79 *LK-Jähnke* § 211 Rn. 7.
80 *BGH* NJW 2005, 1876.
81 *Jäger* Strafrecht BT Rn. 30.
82 *BGHSt* 10, 399.

4. Sonstige niedrige Beweggründe

Die oben genannten Mordmerkmale sind Unterfälle des Mordmerkmals „Niedriger Beweg- **64**
grund". Sonstige niedrige Beweggründe sind mithin solche, die es vom Unrechts- und
Schuldgehalt mit den obigen aufnehmen können.

> Allgemein versteht man unter **niedrigen Beweggründen** Tatantriebe, die nach rechtlich-
> moralischer Wertung auf tiefster Stufe stehen, durch hemmungslose Eigensucht bestimmt
> und deshalb besonders verachtenswert sind.

Bei der vorzunehmenden Wertung sind sämtliche Umstände der Tat und des Täters in die **65**
Bewertung mit einzubeziehen, insbesondere das Verhältnis des Anlasses zu den Folgen der
Tat. Ist die Tat in keiner Hinsicht „nachvollziehbar", so kann ein niedriger Beweggrund ange-
nommen werden.[83]

Beispiel Der frisch verliebte A unterstellt seiner neuen Freundin F, dass diese ihn mit ihrem
Arbeitskollegen betrüge. Obgleich für diese Annahme keinerlei Indizien vorliegen und F
alles tut, um die Eifersucht des A zu lindern, versteigt sich A immer mehr in diese Vorstellung bis er eines Tages, als er F in einem Gespräch mit dem Arbeitskollegen erblickt, zum
Messer greift und F ersticht.

Zwar können Gefühlsregungen wie Eifersucht, Zorn und Wut verständlich sein, wenn sie
jedoch, wie im vorliegenden Fall jeglicher Grundlage entbehren, kommen sie als niedriger Beweggrund in Betracht, da ein nachvollziehbarer Anlass zur Tat nicht angenommen
werden kann. A hat sich vorliegend wegen Mordes aus niedrigen Beweggründen strafbar
gemacht. ■

> **JURIQ-Klausurtipp**
>
> Bedenken Sie, dass jede Tötung gem. § 212 verwerflich ist. Damit ein niedriger Beweggrund
> und somit Mord gem. § 211 angenommen werden kann, muss eine besonderes, gesteigerte
> Verwerflichkeit vorliegen, die regelmäßig in einem **eklatanten Missverhältnis zwischen
> Anlass und Tat** liegt. In der Klausur muss an dieser Stelle eine alle Aspekte umfassende
> Argumentation erfolgen. Mit überzeugender Begründung ist wie immer vieles vertretbar.

Als niedrige Beweggründe wurden **Rassenhass, Ausländerfeindlichkeit,** sowie **Imponierge-** **66**
habe und **Rachsucht** angenommen, sofern Letztere keine nachvollziehbare Ursache hatte.
Auch die auf besonderen, kulturell bedingten Ehrvorstellungen beruhende **„Blutrache"** kann
einen niedrigen Beweggrund darstellen. In neueren Entscheidungen hat der *BGH* deutlich
gemacht, dass bei der Bewertung grundsätzlich nur auf die **Vorstellungen der hiesigen
Wertegemeinschaft** abzustellen sei,[84] ein niedriger Beweggrund gleichwohl verneint werden
könne, wenn dem Täter aufgrund der traditionellen Wert- und Moralvorstellungen die
Umstände nicht bewusst waren, die die Niedrigkeit ausmachen[85] oder die Rache aufgrund
anderer Umstände nachvollziehbar erscheint.

---

83 *Wessels/Hettinger/Engländer* Strafrecht BT 1 Rn. 112.
84 *BGH* Entscheidung vom 20.2.2002 Az 5 StR 538/01 – abrufbar unter www.bundesgerichtshof.de.
85 *BGH* Entscheidung vom 10.1.2006 Az 5 StR 341/05 – abrufbar unter www.bundesgerichtshof.de.

Beispiel Bei einem Versöhnungstreffen zweier türkischer Familien wird das Familienoberhaupt O hinterrücks getötet. Die Ehefrau E, der Sohn S und der Neffe N sind überzeugt, dass X der eigentliche Drahtzieher des Mordes an O ist. E und S sowie weitere fünf Geschwister leben aufgrund des Todes des O, der die Familie ernährt hatte, seit der Tat in finanziell sehr beengten Verhältnissen und werden tagtäglich mit dem Verlust des O konfrontiert. N ist weder materiell noch emotional sonderlich durch die Tat betroffen. Am Tattag sitzen alle drei im Fahrzeug des S und verfolgen X, dem sie zufällig begegnet sind, über mehrere rote Ampeln hinweg zu seiner Wohnung. Noch während X in seinem Auto sitzt, wird er von N, der auf dem Beifahrersitz des von S gesteuerten Fahrzeugs sitzt, erschossen.[86]

Der *BGH* hat bei N Blutrache als niedrigen Beweggrund bejaht. N habe ausschließlich zur Wiederherstellung der Familienehre gehandelt und sich damit gleichsam als Vollstrecker eines Familienurteils über die Rechtsordnung erhoben. Bei E und S hingegen hat er ausgeführt, dass deren Motivation aufgrund des Näheverhältnisses zu O und der permanenten persönlichen Betroffenheit nachvollziehbar und damit nicht niedrig war. ◾

67 Der Täter muss sich bei der Begehung der Tat immer der Umstände bewusst sein, welche die Tötung als besonders verwerflich erscheinen lassen („Bewusstseinsdominanz"). Es ist **nicht erforderlich**, dass der Täter seine **Beweggründe als niedrig beurteilt**. Er muss jedoch seine Beweggründe, die Anlass zur Tötung waren, erfasst haben. Problematisch kann dies werden bei einem spontan gefassten Tötungsentschluss, bei welchem dem Täter kaum Zeit zum Nachdenken bleibt. Liegen bei dem Täter mehrere Motive vor, so ist das Motiv zu ermitteln, welches als bewusstseinsdominantes Merkmal der Tat das besondere Gepräge gegeben hat.[87]

VII. Mordmerkmale der dritten Gruppe

68 Die Mordmerkmale der dritten Gruppe beschreiben den **besonders verwerflichen Zweck**, den der Täter mit der Handlung verfolgt. Neben dem Heimtückemord ist die Verdeckungsabsicht das Mordmerkmal, welches am häufigsten in der Klausur geprüft werden muss.

1. Zur Ermöglichung einer Straftat

69 Bei der Ermöglichungsabsicht ist der Täter bereit, zur Durchsetzung egoistischer Ziele „über Leichen zu gehen". In dieser Bereitschaft offenbaren sich zum einen der **besondere Gesinnungsunwert** und zum anderen auch die **hohe Gefährlichkeit des Täters**.[88] Ob es sich bei der Straftat um eine eigene Tat oder die eines Dritten handelt, ist unbeachtlich. Unbeachtlich ist auch, ob die Straftat ausgeführt wird. Es handelt sich nur um eine Absicht, d.h. entscheidend ist allein die Vorstellung des Täters. Wesentlich ist, dass es dem Täter auf deren Ermöglichung ankommt **(dolus directus ersten Grades)**. Sofern der Tod nicht das **Mittel** der Ermöglichung sein soll, reicht diesbezüglich auch dolus eventualis aus.

---

86 *BGH* Entscheidung vom 10.1.2006 Az 5 StR 341/05 – abrufbar unter www.bundesgerichtshof.de.
87 *Fischer* § 211 Rn. 16.
88 *Wessels/Hettinger/Engländer* Strafrecht BT 1 Rn. 142.

Beispiel Der sadomasochistisch veranlagte A sucht im Internet nach einem Gleichgesinnten, der bereit ist, sich töten und danach zerstückeln zu lassen. Von der Zerstückelung verspricht er sich sexuellen Lustgewinn. Er findet B, den er absprachegemäß erst tötet und dann vor laufender Kamera zerstückelt. Dabei ist es ihm wichtig, dass B mit dieser Vorgehensweise, insbesondere auch mit seiner Tötung, einverstanden ist.[89]

Eine Tötung auf Verlangen gem. § 216 kommt nicht in Betracht, da A nicht durch das Verlangen des B zur Tötung bestimmt wurde. Es liegt aber ein Mord zur Befriedigung des Geschlechtstriebs und in Ermöglichungsabsicht vor. Die zu ermöglichende Straftat ist die Störung der Totenruhe gem. § 168, die aufgrund des geschützten Rechtsguts (allgemeines Pietätsempfinden) auch dann vorliegt, wenn der zu Tötende mit dieser Störung einverstanden ist. Das *Landgericht* hatte erstinstanzlich hier sogar die bereits beschriebene Rechtsfolgenlösung angewandt und gem. § 49 Abs. 1 Nr. 1 analog nur eine zeitige Freiheitsstrafe verhängt. Begründet hat es dies mit dem Einverständnis des Opfers und dem Umstand, dass dem Täter dieses einvernehmliche Handeln wichtig gewesen sei. Der *BGH*[90] hat das Urteil aufgehoben und auf lebenslange Freiheitsstrafe erkannt, da er keine außergewöhnlichen Umstände erkennen konnte, die eine Absenkung des Strafrahmens hätten rechtfertigen können. ◾

2. Zur Verdeckung einer Straftat

Im Gegensatz zur Ermöglichungsabsicht ist die Verdeckungsabsicht problematischer, da sie **70** häufig in einer **Konfliktsituation** entsteht, in welcher der Täter bestrebt ist, sich oder eine ihm nahe stehende Person durch Tötung des einzigen Zeugen der drohenden Strafverfolgung zu entziehen. Im Gegensatz zu den §§ 257, 258, die deutlich machen, dass die Selbstbegünstigung bzw. die Strafvereitelung zu eigenem Gunsten straflos ist, wirkt sich die „Selbstbegünstigung" in diesem Fall **zu Lasten des Täters** aus. Der Unterschied und damit auch der Grund für die Aufnahme des Merkmals in den Tatbestand des § 211 liegt darin, dass bei einer Tötung zur Verdeckung bereits **begangenes Unrecht mit weiterem Unrecht verknüpft** wird, wohingegen bei der Strafvereitelung oder der Begünstigung der Täter nur die Wiederherstellung des gesetzmäßigen Zustandes bzw. die Strafverfolgung verhindern will. Darüber hinaus ist das Merkmal aus Gründen des **Opferschutzes** mit in den Tatbestand aufgenommen worden. Da die Gefahr sehr groß ist, dass ein zum Beispiel auf frischer Tat entdeckter Einbrecher glauben könnte, er habe nichts mehr zu verlieren und könne nun auch gleich den Zeugen beseitigen, ist es angebracht, dieser zu erwartenden Eskalation durch die höchste Strafdrohung, die das Gesetz vorsieht, entgegen zu wirken.[91]

Die **andere Straftat,** die es zu verdecken gilt, muss nicht notwendigerweise tatsächlich vor- **71** liegen, es genügt auch hier, dass der Täter glaubt, eine solche Straftat liege vor. Erforderlich ist jedoch, dass es sich bei dem vorgestellten Geschehen um eine Straftat und nicht lediglich um eine Ordnungswidrigkeit handelt. Diese Straftat kann – wie bei der Ermöglichungsabsicht auch – eine fremde oder eine eigene tatbestandsmäßige und rechtswidrige Tat sein.[92]

---

89 *BGH* Urteil vom 21.2.2018 Az 5 StR 267/17 – abrufbar unter www.bundesgerichtshof.de.
90 A.a.O.
91 *Wessels/Hettinger/Engländer* Strafrecht BT 1 Rn. 142.
92 Schönke/Schröder-Eser/Sternberg-*Lieben* § 211 Rn. 33.

Beispiel Staatsanwalt S glaubt irrig, seine Ehefrau habe einen groß angelegten Aktienbetrug begangen, dem sein Kollege T nunmehr auf der Spur sei. Um die Aufdeckung dieser Tat zu verhindern, tötet S den T und bereinigt die entsprechenden Ermittlungsakten. Dabei stellt er fest, dass gar kein Ermittlungsverfahren gegen seine Frau lief.

Hier hat S unstreitig einen Verdeckungsmord begangen. Die Tötung des T war Mittel zum Zweck der vermeintlichen, von S angenommenen Straftat der Ehefrau. ■

Nach **h.M.** ist es auch unbeachtlich, aus welchen Gründen der Täter die Vortat verdecken möchte. Meistens wird der Täter handeln, um einer strafrechtlichen Verfolgung zu entgehen. Es reicht aber auch aus, wenn er lediglich **außerstrafrechtliche Konsequenzen** vermeiden möchte, so z.B. eine Rufschädigung im Milieu.[93]

72 **Problematisch** sind die Fälle, in welchen der Täter den **Entschluss zum Töten** nicht erst geraume Zeit nach Begehung der Vortat fasst, sondern **im unmittelbaren Anschluss während oder sofort nach der Vortatbegehung**.

Beispiel A, B und C planen, die von zu Hause aus arbeitende Prostituierte P zu überfallen und auszurauben. Geplant ist, P zunächst durch einen oder mehrere Schläge bewusstlos zu schlagen und dann die Wohnung nach Geld oder Wertsachen zu durchsuchen. Nachdem A der bis dahin ahnungslosen P zunächst den ersten Schlag versetzt hat, der schon zu einer kurzfristigen Bewusstlosigkeit führt, eskaliert die Situation dahingehend, dass nun alle drei Täter wechselseitig auf P eintreten und einschlagen, wobei die Intensität steigt. Schließlich fesseln sie die auf dem Bauch liegende P derart, dass eine Selbststrangulation möglich ist. Spätestens jetzt haben sie den Vorsatz, P zu töten.[94] ■

73 Der *BGH*[95] hat deutlich gemacht, dass ein **Verdeckungsmord nicht schon dann ausscheidet, wenn Vortat und Tötung in der Angriffsrichtung übereinstimmen** und unmittelbar ineinander übergehen. Sofern der spontane Tötungsentschluss auf einer Kurzschlusshandlung beruhe, könne § 21 in Verbindung mit § 49 Abs. 1 Nr. 1 ausreichende Möglichkeiten für eine eventuelle Strafmilderung bieten.[96] Für einen Verdeckungsmord ist dann allerdings kein Raum, wenn der Täter von Anfang an zumindest mit bedingtem Tötungsvorsatz gehandelt hat und die zuvor begonnene Tötung des Opfers durch die nachfolgende Tötung mit anderen Mitteln lediglich vollenden will. Sofern ein **einheitlicher Tötungsvorsatz** vorliegt, will der Täter **keine andere Straftat** verdecken, sondern nur die Straftat, die er begonnen hat, vollenden. Etwas anderes gilt nur dann, wenn zwischen der zunächst erfolglosen Tötungshandlung und der weiteren Tötungshandlung eine **deutliche Zäsur** liegt.[97]

Beispiel Im obigen Fall war nun problematisch, wann sich der Körperverletzungsvorsatz, der beim ersten Schlag jedenfalls noch vorlag, in einen Tötungsvorsatz gewandelt hatte. Beim Fesseln als letzten Akt hatten die Täter wohl zweifelsfrei Tötungsvorsatz und wollten jetzt auch verhindern, dass P sie wegen der exzessiven Gewalt anzeigt. Hätten sie bei den eskalierenden Gewalthandlungen nur Körperverletzungsvorsatz gehabt, dann wäre darin nur eine Köperverletzung zu sehen, die die Täter verdecken könnten. Hätten sie jedoch unmittelbar nach dem ersten Schlag Tötungsvorsatz entwickelt, dann hätten die

---

93 *BGHSt* 41, 8.
94 *BGH* NStZ 2017, 583.
95 *BGHSt* 35, 116.
96 *BGH* NJW 99, 1039.
97 *BGH* NStZ 00, 498; NStZ 02, 253.

Täter mit der Fesselung nur das fortgesetzt, was sie bereits begonnen hatten, so dass keine „andere" Tat angenommen werden könnte. Lässt sich nicht mehr feststellen, wann sich der Körperverletzungsvorsatz wandelte, müsste in dubio pro reo angenommen werden, dass das bereits nach dem ersten Schlag der Fall war.[98] ▪

Des Weiteren ist erforderlich, dass die Absicht, die andere Straftat zu ermöglichen oder zu **74** verdecken, die **Triebfeder des Handelns** bildet. Sofern der Täter davon ausgeht, dass es nichts mehr oder noch nichts zu verdecken gibt, kann Verdeckungsabsicht nicht angenommen werden.[99]

Beispiel A hat in der Bank einen Raubüberfall begangen und ist auf der Flucht. Aufgrund der Überwachungskameras und der einschlägigen Vorstrafen geht A zu Recht davon aus, dass die Strafverfolgungsbehörden seine Identität bereits festgestellt haben. Auf der Flucht erschießt er dennoch einen Polizeibeamten, um seine drohende Festnahme zu verhindern.

Hier kommt Verdeckungsabsicht nicht in Betracht, obgleich eine zu verdeckende strafbare Vortat vorliegt. Da A davon ausgeht, den Strafverfolgungsbehörden bereits bekannt zu sein, gibt es mithin seiner Ansicht zufolge nichts mehr zu verdecken. ▪

Die **Absicht (dolus directus ersten Grades)** muss sich **auf die Verdeckung** der vorangegan- **75** genen Straftat beziehen. Fraglich ist, ob dem Täter auch dann Verdeckungsabsicht unterstellt werden kann, wenn er den **Tod des Opfers nur billigend in Kauf** nimmt.

> ### Hinweis
>
> Nimmt der Täter den Tod nur billigend in Kauf, dann rechnet er nur **mit der Möglichkeit**, dass der Tod eintreten kann. Also ist in seinem Vorstellungsbild auch die Möglichkeit enthalten, dass der Tod nicht eintreten kann.

Dies richtet sich nach der **kriminellen Logik**: Grundsätzlich schließen sich bedingter **76** Tötungsvorsatz und die Absicht, eine andere Straftat zu verdecken, nicht aus. Sie lassen sich dann nicht miteinander verbinden, wenn die Verdeckung der Straftat nach der Vorstellung des Täters **nur durch den Eintritt des Todes** zu erreichen ist. Ist dies nach der Vorstellung des Täters nicht notwendig, so reicht es aus, wenn er den Tod des Opfers lediglich in Kauf nimmt.[100]

Beispiel A hat seine Freundin F vergewaltigt und danach getötet. Da F ihn kennt und als Täter identifizieren und überführen kann, wird es dem A darauf ankommen müssen, den Tod der F herbeizuführen, wenn er die Straftat verdecken möchte. Der Tod ist also notwendiges Mittel zur Verdeckung. Dolus eventualis würde in einem solchen Fall nicht ausreichen. Es muss jedenfalls dolus directus 2. Grades vorliegen. ▪

---

98 *BGH* NStZ 2017, 583.
99 *BGH* StV 89, 151.
100 *BGH* NStZ 96, 189; Schönke/Schröder-Eser/Sternberg-*Lieben* § 211 Rn. 35; *Wessels/Hettinger/Engländer* Strafrecht BT 1 Rn. 147.

Beispiel A hat im Haus des B einen Einbruchdiebstahl begangen und wertvolle Gemälde an sich genommen. Um diesen Diebstahl zu vertuschen, legt er sodann einen Brand in dem Bewusstsein, dass sich im oberen Stockwerk noch Menschen befinden, die jedoch von dem Einbruch nichts mitbekommen haben. Deren Tod nimmt A billigend in Kauf. Auch in diesem Fall liegt ein Verdeckungsmord vor. Hier schließen sich bedingter Tötungsvorsatz und Verdeckungsabsicht nicht aus, da aufgrund des Umstandes, dass A von den Bewohnern des Hauses nicht identifiziert werden kann, deren Tod nicht notwendiges Mittel zur Verdeckung der vorangegangenen Tat ist. Hier kommt es als notwendiges Mittel ausschließlich auf die Tötungshandlung, nämlich das Brandlegen an.[101] ■

JURIQ-Klausurtipp

Prüfen Sie im Einzelfall also genau, ob der **Tod ein notwendiges Mittel** zur Verdeckung ist. Reicht dem Täter zur Verdeckung die Tötungshandlung, dann reicht bezüglich des Todes dolus eventualis.

---

77 **Probleme** in Zusammenhang mit der Verdeckungsabsicht können Ihnen in der Klausur schließlich begegnen, wenn der Täter eine zuvor begangene Körperverletzung oder Vergewaltigung, bei welcher er das Opfer unvorsätzlich lebensgefährdend verletzt hat, **verdecken** möchte, **indem er es unterlässt, das Opfer zu retten**, z.B. durch das Herbeirufen von Rettungskräften. Problematisch ist hier weniger die Verdeckungsabsicht als vielmehr die **Gleichstellungsklausel gem. § 13**. Demnach muss bei einem Unterlassungsdelikt das Unterlassen dem positiven Tun im Unwertgehalt entsprechen.

78 Beim Zusammentreffen eines Unterlassungsdelikts mit Verdeckungsabsicht wird **teilweise in der Literatur** die Gleichwertigkeit des Unterlassens mit dem Handeln gemäß § 13 verneint. Bei einem Verdeckungsmord durch aktives Tun besteht der an den Täter gerichtete Appell darin, dass von ihm verlangt wird, nicht weiter zu töten und sich damit eventuell der Gefahr der Strafverfolgung auszusetzen. Bei einem Verdeckungsmord durch Unterlassen würde jedoch, so die Literatur, von dem Täter verlangt, aktiv das Opfer zu retten und damit sich der Gefahr der Strafverfolgung auszusetzen. Damit, so die Literatur, **entspreche das Unterlassen von der Wertigkeit her nicht dem aktiven Tun,** da das Unterlassen vor dem Hintergrund des Risikos der Strafverfolgung „weniger kriminell" sei.[102]

>> Lesen Sie hierzu den Übungsfall "Kevin in Not" im Skript „Strafrecht AT II". <<

79 Zwar unterlässt beim Verdeckungsmord durch Unterlassen der Täter nur die Rettung des Opfers, wohingegen er beim Begehungsdelikt aktiv eine weitere Tat zur Verdeckung begeht. Dies macht jedoch insbesondere bei einer Garantenstellung aus Ingerenz, bei welcher der Täter zuvor die Gefahr, deren Abwendung er jetzt unterlässt, selbst geschaffen hat, keinen

---

101 *BGH* NStZ 96, 189.
102 *Jäger* Strafrecht BT Rn. 45; *Grünwald* JuS 1965, 311 ff.; *Satzger* Anm. zu BGH Az 1 StR 288/05, abgedruckt in JURA 4/06, StGB § 227/2.

Unterschied. Der Handlungsunwert ist in beiden Fällen gleich, da die Untätigkeit auf einem selbst verursachten Handlungsappell beruht. Der *BGH*[103] geht daher davon aus, dass auch bei einem Verdeckungsmord durch Unterlassen das **Unterlassen dem Handeln gleichsteht**.

VIII. Rechtswidrigkeit und Schuld

Insofern gibt es keine deliktsspezifischen Besonderheiten. Es gelten die allgemeinen Grundsätze. **80**

IX. Täterschaft und ~~Teilnahme~~ Ausgelassen

Bei der Täterschaft und Teilnahme wird das oben beschriebene Verhältnis von Mord und Totschlag zueinander relevant. Erheblich ist ferner die Einordnung der Mordmerkmale als tat- und täterbezogene Mordmerkmale. **81**

Die **objektiven tatbezogenen Mordmerkmale** werden Mittätern, mittelbaren Tätern und Teilnehmern zugerechnet, wenn sich deren Vorsatz auf die Verwirklichung der Merkmale durch den unmittelbar Handelnden richtet. **§ 28 ist an dieser Stelle nicht anwendbar!** **82**

Beispiel A tötet mit einem Jagdgewehr, welches ihm F besorgt hat, seine Eltern hinterrücks. F hat sich wegen Beihilfe zum Mord strafbar gemacht, wenn sie die Umstände der Tatbegehung kannte und dementsprechend wusste, dass A einen heimtückischen Mord und nicht nur einen Totschlag begehen wird. Sofern F umfangreicher an der Tat mitgewirkt hat und dabei aufgrund von Tatherrschaft Täterin ist, gilt das Gleiche: weiß sie von der Art und Weise der Tatbegehung und entspricht die Tatausführung dem gemeinsamen Tatplan, dann wird ihr die heimtückische Tötung über § 25 Abs. 2 zugerechnet. ■

Die **subjektiven täterbezogenen Mordmerkmale** müssen bei den jeweiligen (Mit-)Tätern vorliegen. Eine Zurechnung kommt nicht in Betracht. **Problematisch** ist der Fall, in dem ein Mittäter ein täterbezogenes Mordmerkmal verwirklicht, der andere aber nicht. **83**

Beispiel A und B wollen gemeinsam C töten. A soll C festhalten, während B ihm das Messer in den Bauch rammen soll. Wie verabredet gehen sie vor. Während B die Tat aus Habgier begeht, liegt bei A kein Mordmerkmal vor.

Im Rahmen von § 25 Abs. 2 müsste dem A die Tathandlung des B zugerechnet werden, damit A wegen gemeinschaftlich begangenen Totschlages verurteilt werden kann. B hat jedoch einen Mord und keinen Totschlag begangen. Fraglich ist, ob die (Mord-) Handlung dem Totschlag zugerechnet werden kann. Die **Literatur**[104] hat damit kein Problem, da der Totschlag als Grunddelikt im Mord mit enthalten ist. Nach **Auffassung des BGH**[105] dürfte eine Zurechnung eigentlich nicht möglich sein, da beide Delikte selbstständig sind. Der *BGH* vermeidet diese unbefriedigende Lösung jedoch dadurch, dass er ausführt, der Unwertgehalt des Totschlages sei im Mord mit enthalten, weswegen eine Zurechnung möglich sei. ■

>> Setzen Sie sich an dieser Stelle mit den Prüfungsschemata von Mittäterschaft, mittelbarer Täterschaft und von Anstiftung und Beihilfe auseinander, dargestellt im Skript „Strafrecht AT II". <<

---

103 *BGH* NStZ 1992, 125; Schönke/Schröder-Eser/Sternberg-*Lieben* § 211 Rn. 235.
104 *Jäger* Strafrecht BT Rn. 17.
105 *BGHSt* 36, 231.

84 Bei **Teilnehmern** richtet sich bei den **subjektiven täterbezogenen Mordmerkmalen** die Strafbarkeit nach § 28.

Nach Auffassung des *BGH* ist der **Mord ein eigenständiges Delikt** mit der Folge, dass die **Mordmerkmale strafbegründend** sind. Demnach ist auf Teilnehmer **§ 28 Abs. 1** anwendbar, was zur Folge hat, dass die Teilnehmer abhängig von der Haupttat des Täters wegen Anstiftung zum Mord oder Totschlag bestraft werden, im Einzelfall jedoch die Strafe gemildert werden muss, wenn das Mordmerkmal des Haupttäters beim Teilnehmer fehlt.

85 Nach Auffassung der **Literatur** ist der **Mord eine Qualifikation zum Totschlag**, so dass die **Mordmerkmale strafschärfend** sind. **§ 28 Abs. 2** ist anwendbar, mit der Folge, dass eine Durchbrechung der Akzessorietät in Betracht kommt. Denkbar sind in diesem Zusammenhang folgende **Konstellationen,** bei denen Rechtsprechung und Literatur zu unterschiedlichen Ergebnissen gelangen:

1. Der **Haupttäter** verwirklicht ein **Mordmerkmal,** z.B. Habgier, der **Teilnehmer** hat **kein eigenes** Mordmerkmal
   - Der *BGH* bestraft den Teilnehmer wegen Beihilfe/Anstiftung zum Mord und mildert die Strafe.
   - Die Literatur bestraft wegen Beihilfe/Anstiftung zum Totschlag.
2. Der **Haupttäter** hat **kein Mordmerkmal,** der **Teilnehmer** hingegen **schon,** z.B. wieder Habgier
   - Der *BGH* bestraft wegen Beihilfe/Anstiftung zum Totschlag. Das Vorhandensein des Mordmerkmals beim Teilnehmer bleibt außer Betracht.
   - Die **Literatur** wendet § 28 Abs. 2 an und gelangt zu einer Strafbarkeit wegen Beihilfe/Anstiftung zum Mord, auch wenn die vorsätzliche, rechtswidrige Haupttat nur ein Totschlag ist.
3. Der **Haupttäter** verwirklicht ein **Mordmerkmal,** z.B. Habgier, der **Teilnehmer** verwirklicht ebenfalls ein **Mordmerkmal, aber ein anderes** als der Haupttäter, z.B. Verdeckungsabsicht
   - Der *BGH* müsste eigentlich feststellen, dass dem Teilnehmer das Mordmerkmal des Haupttäters fehlt und bei konsequenter Anwendung des § 28 Abs. 1 eine Strafmilderung vorsehen. Da dieses Ergebnis allerdings unbefriedigend erscheint, hat der *BGH* die Theorie der sich **„kreuzenden Mordmerkmale"** entwickelt. Da sich die Mordmerkmale der ersten und dritten Gruppe in ihrer Vorwerfbarkeit entsprechen, kommt eine Strafmilderung nicht in Betracht.[106] Der *BGH* bestraft wegen Beihilfe/Anstiftung zum Habgiermord.
   - Die **Literatur** wendet § 28 Abs. 2 zweifach an und gelangt zur Beihilfe/Anstiftung zum Verdeckungsmord.

86 Beachten Sie, dass es in den vorgenannten Konstellationen **für den *BGH* wichtig** ist, **dass der Teilnehmer das Mordmerkmal des Haupttäters kennt.** Weiß er schon gar nicht, dass dieser ein Mordmerkmal verwirklicht, dann weiß er auch nicht, dass dieser einen Mord begehen wird, § 28 Abs. 1 ist insoweit nicht anwendbar. Für die **Literatur** ist der **Vorsatz bezüglich des Mordmerkmals des Haupttäters letztlich irrelevant,** da gem. § 28 Abs. 2 nur entscheidend ist, ob der Teilnehmer selber ein Mordmerkmal verwirklicht. Kennt also der Teilnehmer das Mordmerkmal des Haupttäters nicht, hat er aber ein eigenes, so ist er unabhängig vom Vorsatz über § 28 Abs. 2 wegen Teilnahme am Mord zu bestrafen.

---

106 *BGHSt* 23, 39; 50, 1.

Beispiel A will seine Eltern aus Habgier töten. B besorgt ihm wieder das Gewehr, weiß aber von der Habgier nichts.

In diesem Fall hat sich B nach allen Auffassungen nur wegen Beihilfe zum Totschlag strafbar gemacht. Der *BGH* würde darauf abstellen, dass der Vorsatz des B nur auf einen Totschlag als rechtswidrige Haupttat gerichtet war, die Literatur würde darauf abstellen, dass eine Tatbestandsverschiebung gem. § 28 Abs. 2 vorliegt, da B kein eigenes Mordmerkmal aufweist. ■

> **JURIQ-Klausurtipp**
>
> In der Klausur beginnen Sie mit Beihilfe/Anstiftung zu der Tat, die der Haupttäter, dessen Strafbarkeit Sie zuerst geprüft haben, verwirklicht hat.
>
> Achten Sie zunächst beim Vorsatz darauf, dass dem Teilnehmer die Mordmerkmale des Haupttäters bekannt sind, da das jedenfalls für den grundsätzlich in Frage kommenden § 28 Abs. 1 relevant ist. Bei **tatbezogenen** Mordmerkmalen reicht allein das aus, § 28 ist hier nach allen Auffassungen uninteressant.
>
> Nachdem Sie den Vorsatz geprüft haben, können Sie jetzt die Frage nach einer Tatbestandsverschiebung gem. § 28 Abs. 2 stellen. Möglich ist auch, diese Problematik erst nach der Schuld zu erörtern. Im Rahmen des **§ 28 Abs. 2** müssen dann dessen **Voraussetzungen** geprüft werden:
>
> 1. Haupttäter hat oder hat kein persönliches Mordmerkmal
> 2. Teilnehmer hat oder hat kein persönliches Mordmerkmal
> 3. Mordmerkmal ist strafbegründend – an dieser Stelle erfolgt die Darstellung der unterschiedlichen Auffassungen von *BGH* und Literatur!

D. Tötung auf Verlangen, § 216

I. Überblick

§ 216 bringt zum Ausdruck, dass das Leben im Wertgefüge des Grundgesetzes den höchsten **87** Rang einnimmt, indem die Vorschrift deutlich macht, dass das Leben prinzipiell unantastbar ist und selbst für den Rechtsgutsträger, sofern es um den Eingriff eines Dritten geht, im Grundsatz nicht disponibel ist (etwas anderes gilt für den medizinischen Behandlungsabbruch, dazu mehr unter Rn. 98). Auf der anderen Seite privilegiert § 216 den Täter der aufgrund eines ausdrücklichen und ernstlichen Verlangens des Getöteten zur Tötung bestimmt wurde. Diese Privilegierung ist zum einen begründet mit dem aufgrund des Verlangens **geminderten Unrechtsgehaltes der Tat** und zum anderen mit der **Konfliktsituation**, in welcher sich der Täter, dem gegenüber das Begehren geäußert wurde, befindet. Diese Konfliktsituation führt zu einem **geminderten Gesinnungsunwert**.

§ 216 ist nach Auffassung der **Literatur** eine Privilegierung zum Grundtatbestand des § 212. **88** Die **Rechtsprechung** sieht ihn als eigenständigen Tatbestand an. Beide Auffassungen sind jedoch darin einig, dass § 216 eine „Sperrwirkung" entfaltet, d.h. dass eine Strafbarkeit des Täters gem. §§ 212, 211 nicht mehr in Betracht kommt, wenn § 216 verwirklicht ist.

> **JURIQ-Klausurtipp**
>
> In der Klausur bedeutet dies, dass Sie, sofern Anhaltspunkte vorhanden sind, **mit § 216 beginnen** müssen. Erst wenn Sie diesen Tatbestand verneint haben, ist der Weg für eine Prüfung der §§ 212, 211 offen.

89 Der Aufbau des § 216 sieht dementsprechend wie folgt aus:

PRÜFUNGSSCHEMA

Tötung auf Verlangen, § 216

I. Objektiver Tatbestand

1. Tötungshandlung
   - Sterbehilfe und medizinischer Behandlungsabbruch **Rn. 98**
2. Tötungserfolg
3. Kausalität
4. Objektive Zurechnung
   - Unterlassen der erforderlichen Rettungsmaßnahmen **Rn. 112**
   - eigenverantwortliche Selbstgefährdung beim Selbstmord **Rn. 119**
5. Ernstliches Verlangen
6. Zur Tötung bestimmt

II. Subjektiver Tatbestand
Vorsatz

III. Rechtswidrigkeit

IV. Schuld

II. Objektiver Tatbestand

90 Im objektiven Tatbestand sind zunächst die Voraussetzungen des § 212 zu prüfen. Darüber hinaus sind das **ausdrückliche und ernsthafte Verlangen** des Getöteten, welches an den Täter adressiert sein und von diesem zur Kenntnis genommen werden muss sowie die **Bestimmung** des Täters durch dieses Verlangen zu prüfen.

> **JURIQ Klausurtipp**
>
> Achten Sie darauf, dass das Verlangen auch tatsächlich **an den Täter adressiert** war, dessen Strafbarkeit Sie nach § 216 prüfen. Bei § 216 handelt es sich um eine höchstpersönliche Privilegierung.

Die Prüfung des objektiven Tatbestandes erfolgt somit in drei Schritten:

Schritt 1				Schritt 2	Schritt 3
Voraussetzungen des § 212				ausdrückliches und ernsthaftes Verlangen	zur Tötung bestimmt
Tathandlung	Taterfolg	Kausalität	objektive Zurechnung		

1. Ernstliches und ausdrückliches Verlangen

Die Tötung muss aufgrund eines ernstlichen und ausdrücklichen Verlangens erfolgt sein. **91**

Ein Verlangen setzt dabei zunächst einmal mehr als ein bloßes Einverstandensein oder Dulden voraus. Wie schon dem Wortlaut zu entnehmen ist, ist vielmehr ein aktives Einwirken auf den Täter erforderlich.

Das Verlangen ist nach dem sog. Einwilligungsmaßstab[107] ausdrücklich und ernstlich, wenn **92**
- es auf einem frei verantwortlichen Willensentschluss und einer fehlerfreien Willensbildung beruht. Täuschung, Zwang, Irrtum sowie andere wesentliche Willensmängel schließen ein ernstliches Verlangen aus;[108]
- der Getötete in der Lage gewesen ist, die Tragweite seiner Entscheidung zu erfassen und sich dementsprechend zu verhalten. Ist die Einsicht und Urteilsfähigkeit beeinträchtigt, so kann nicht von einem ernstlichen Verlangen gesprochen werden;
- dieses Verlangen unmissverständlich zum Ausdruck gekommen ist, sei es durch Worte oder Gesten;
- es im Augenblick der Tathandlung fortbestand;
- an den Täter oder einem bestimmbaren Personenkreis adressiert ist, zu welchem der Täter gehört. Tötet ein anderer als der adressierte Täter, kommt eine Privilegierung gem. § 216 nicht in Betracht.

2. Zur Tötung bestimmt

Der Täter muss aufgrund dieses Verlangens zur Tötung bestimmt worden sein. Dies setzt **93** voraus, dass der Täter das Verlangen kannte und dass dieses Verlangen das bestimmende Motiv war, auch wenn es nicht erforderlich ist, dass es das einzige Motiv des Handelns war. Ein Motivbündel schadet nicht, solange das ernstliche Verlangen des Getöteten die dominante Rolle einnimmt. Ein Täter, der bereits zur Tötung entschlossen war, kann durch ein dann geäußertes ernstliches Verlangen jedoch nicht mehr zur Tötung bestimmt werden.[109]

Beispiel Die schwer krebskranke A bittet ihren Ehemann E, welcher Arzt ist, sie von ihrem Leiden zu erlösen. Nach zähem Ringen injiziert E der A in die zum Herzen führende Aorta Luft mit der Folge, dass A an Herzversagen stirbt. Sofern A im Vollbesitz ihrer geistigen Kräfte war und die Tragweite ihrer Entscheidung erkennen konnte, lag ein ernstliches und ausdrückliches Begehren vor, welches E zur Tötung bestimmte. E hat sich damit gemäß § 216 strafbar gemacht. ◼

Im sog. „Kannibalenfall"[110] hat der *BGH* die Bestimmung verneint, da der Täter aus eigenem **94** Antrieb ein zum Sterben bereites Opfer gesucht hat, um ein anderes Ziel, nämlich die sexuelle Befriedigung zu erreichen. Der Täter hat hier zwar nicht gegen den Willen des Opfers gehandelt, der Wille des Opfers, sterben zu wollen, war aber andererseits auch nicht das dominante Motiv zur Tötung.

---

107 *BGHSt* 19, 135.
108 *Jäger* Strafrecht BT Rn. 50 f.
109 *Fischer* § 216 Rn. 10.
110 *BGH* NJW 2005, 1876.

III. Subjektiver Tatbestand

95 In subjektiver Hinsicht muss der Täter mit Wissen und Wollen gehandelt haben, wobei dolus eventualis ausreicht. Der Vorsatz muss sich auch auf das ernstliche und ausdrückliche Verlangen beziehen. In diesem Zusammenhang sind folgende Irrtümer möglich:

- Sofern das Verlangen tatsächlich vorliegt, der Täter es aber nicht kennt, wird es schon im objektiven Tatbestand am „Bestimmen" fehlen.
- Liegt das Verlangen objektiv nicht vor, der Täter geht aber irrig davon aus, es läge vor und ist auch aufgrund des angenommenen Verlangens zur Tat bestimmt worden, so scheidet zunächst eine Strafbarkeit gem. § 216 aus. In der Klausur ist dann § 212 zu prüfen, der objektiv und subjektiv verwirklicht ist. Allerdings ist der Handlungsunwert aufgrund der Vorstellung des Täters gemindert. Diesen Fall hat § 16 Abs. 2 geregelt, wonach der Täter nur nach § 216 zu bestrafen ist, auch wenn er § 212 voll verwirklicht hat. Zu diskutieren ist § 16 Abs. 2 im Vorsatz, nachdem der Irrtum des Täters dargestellt wurde.

IV. Rechtswidrigkeit und Schuld

96 Es gibt keine deliktsspezifischen Besonderheiten. Verfehlt wäre es, in der Klausur eine rechtfertigende Einwilligung zu prüfen, da der objektive Tatbestand bereits deutlich gemacht hat, dass es eine solche mangels dispositiven Rechtsguts nicht geben kann. Ansonsten gelten die allgemeinen Grundsätze.

V. Konkurrenzen

97 Der vollendete § 216 entfaltet gegenüber den §§ 212, 211 eine **Sperrwirkung.** Die §§ 223 ff. werden von § 216 verdrängt.

Fraglich ist, ob zwischen § 216 und den Körperverletzungsdelikten **Tateinheit** angenommen werden kann, wenn die **Tötung im Versuch stecken geblieben ist, die Körperverletzung aber eingetreten** ist. Tateinheit ist jedenfalls möglich mit der einfachen Körperverletzung. Nach **h.M.** entfaltet § 216 aber jedenfalls gegenüber der schweren Körperverletzung gem. § 226[111] und teilweise auch gegenüber der gefährlichen Körperverletzung gem. § 224[112] eine **Sperrwirkung.** Dies wird mit den unterschiedlichen Strafrahmen begründet. Wäre die Tötung auf Verlangen verwirklicht worden, so läge der Strafrahmen bei 6 Monaten bis zu 5 Jahren. Die Körperverletzungsdelikte würden bei Vollendung nicht mehr geprüft. Ist § 216 nur versucht, erfolgt grundsätzlich keine Verdrängung. Sofern eine schwere Folge eingetreten ist, läge der anzuwendende Strafrahmen dann bei mindestens 1 Jahr bis zu 10 Jahren. Damit wäre aber der Strafrahmen höher als bei Vollendung von § 216.

VI. Exkurs: Sterbehilfe und medizinischer Behandlungsabbruch

98 Von **Sterbehilfe** spricht man, wenn Menschen, die sich im Prozess des Sterbens befinden, Hilfe zum oder beim Sterben geleistet wird.

---

111 *Jäger* JuS 2000, 31; Schönke/Schröder-Eser/Sternberg-*Lieben* § 212 Rn. 25.
112 *Krey/Heinrich* Strafrecht BT I Rn. 244.

Die **aktive Sterbehilfe** wie im obigen *Beispielsfall* durch z.B. Verabreichen tödlicher Medikamente o.ä. ist **gemäß § 216 strafbar**, auch wenn sie in der guten Absicht erfolgt, dem unheilbar Kranken ein qualvolles Ende zu ersparen. Von der aktiven Sterbehilfe sind die indirekte Sterbehilfe und der medizinische Behandlungsabbruch (früher auch passive Sterbehilfe genannt) zu unterscheiden.

Von **indirekter Sterbehilfe** spricht man, wenn die Verabreichung schmerzlindernder bzw. bewusstseinsdämpfender Mittel, welche in erster Linie erfolgt, um dem Patienten die Schmerzen zu nehmen, als vorhersehbare und unvermeidbare, aber nicht beabsichtigte Nebenfolge den Tod nach sich zieht.[113] Man spricht hier auch von „Hilfe beim Sterben". **99**

Beispiel Der an HIV erkrankte A leidet im Endstadium seiner Krankheit unter erheblichen Schmerzen. Nach entsprechender Aufklärung verabreicht der behandelnde Arzt Z dem A Morphium in einer sehr hohen Dosierung. Diese Dosierung hat zur Folge, dass A nach drei Tagen verstirbt. Ohne das Morphium hätte er noch einige Wochen zu leben gehabt.

Hier kommt eine Strafbarkeit des Z gem. § 212 durch das Verabreichen des Morphiums in Betracht. § 216 scheidet aus, da kein Verlangen des A, getötet werden zu wollen, gegeben ist. Der Tod ist lediglich „Nebenfolge" der Injektion. In erster Linie handelt der Arzt, um die Schmerzen zu lindern, wobei er um die Folge weiß und diese auch billigend in Kauf nimmt. ■

Nach h.M. soll diese Sterbehilfe zulässig und damit nicht strafbar sein.

Streitig ist jedoch, wie dieses Ergebnis **rechtlich zu begründen** ist.[114]

Nach **einer Ansicht** liegt bereits kein tatbestandliches Handeln vor, da eine schmerzlindernde Behandlung dem sozialen Sinngehalt nach schon etwas ganz anderes sei als eine Tötungshandlung im Sinne der §§ 212, 216, da sie sich nicht gegen das Leben richte, sondern dem Arzt die einzige Möglichkeit biete, dem Leben noch zu dienen (**teleologische Restriktion**).[115]

Die **Gegenansicht** bejaht den Tatbestand des § 212, lässt die Tat jedoch **über § 34** (analog) **gerechtfertigt** sein, sofern das Handeln des Arztes dem erklärten oder mutmaßlichen Willen des Patienten entspricht.[116] Das geschützte Rechtsgut ist in diesem Zusammenhang der sich aus Art. 2 Abs. 1 GG ergebende Anspruch auf einen Tod in Würde und ohne Schmerzen. Dieser überwiegt das Leben in der Sterbephase, so dass die Sterbehilfe verhältnismäßig ist. Auch der *BGH*[117] hat sich dieser Auffassung angeschlossen, sofern es um die indirekte Sterbehilfe geht.

Unter **passiver Sterbehilfe** ist das Sterben lassen zu verstehen, das heißt der Verzicht auf lebensverlängernde Maßnahmen als „Hilfe beim Sterben" sowie das Unterlassen weiterer Bemühungen bzw. der Abbruch bereits eingeleiteter Bemühungen als „Hilfe zum Sterben".[118] **100**

---

113 *BGHSt* 46, 279.
114 Vgl. hierzu die Darstellung bei *Jäger* Strafrecht BT Rn. 60 ff.
115 *Wessels/Hettinger/Engländer* Strafrecht BT 1 Rn. 39 ff.; *Fischer* vor § 211 Rn. 18; *Jäger* Strafrecht BT Rn. 61.
116 *Otto* Strafrecht BT Rn. 42; *Lackner/Kühl* vor § 211 Rn. 7; *BGHSt* 46, 279.
117 *BGHSt* 42, 301.
118 *Wessels/Hettinger/Engländer* Strafrecht BT 1 Rn. 39 ff.

Beispiel Bei der krebskranken A hatten die Metastasen inzwischen die Lunge befallen mit der Folge, dass A in erheblichem Maße Atemstörungen bekommt und sich ihr Zustand so verschlechtert, dass sie nur unter Einsatz eines Beatmungsgerätes noch am Leben gehalten werden kann. Der Arzt Z verzichtet auf den Einsatz des Beatmungsgerätes, nachdem A zuvor ausdrücklich auf den Einsatz lebensverlängernder Maßnahmen verzichtet hat.

Hier könnte sich der Arzt Z wegen Tötung auf Verlangen durch Unterlassen gem. §§ 216, 13 strafbar gemacht haben, indem er es unterließ, das Beatmungsgerät einzuschalten. ■

101 Aus Art. 2 Abs. 2 GG leitet sich nicht nur das Recht auf Leben ab, sondern auch das Recht des Menschen auf seinen natürlichen Tod und ein menschenwürdiges Sterben. Gleichwohl waren in der Vergangenheit die Fälle, in denen der Patient unmissverständlich erklärt, dass er eine Lebens- und damit auch Leidensverlängerung durch Einsatz der entsprechenden medizinischen Möglichkeiten nicht wünscht, rechtlich problematisch. So war es fraglich, unter welchen Voraussetzungen der behandelnde Arzt diesen erklärten Willen des Patienten respektieren muss und wie man zur Straflosigkeit des Arztes gelangen kann.

Weitestgehend Einigkeit herrschte darüber, dass der Arzt grundsätzlich nicht gehalten sein soll, **lebensverlängernde Maßnahmen** wie Beatmung, Bluttransfusion und künstliche Ernährung durchzuführen, wenn die **Phase des Sterbens** erreicht ist. Das Gleiche soll aber auch gelten, wenn Behandlungsmaßnahmen zwecklos geworden sind und daher abgebrochen werden mit der Folge, dass die Phase des Sterbens beginnt (Wachkoma).[119] Allerdings sollte nach der **inzwischen überholten Auffassung des** *BGH* nur dann eine passive Sterbehilfe in Betracht kommen, wenn vom Schwerpunkt der Vorwerfbarkeit her auch der Behandlungsabbruch als „Unterlassen" angesehen werden konnte.[120] Die dabei häufig vom *BGH* vorgenommene Umdeutung der tatsächlichen Wirklichkeit in eine normative Wertung ist in der Literatur als dogmatisch unzulässiger „Kunstgriff" kritisiert worden.[121]

Beispiel Die krebskranke A war bereits an ein Beatmungsgerät angeschlossen, als sich ihr Zustand zusehends verschlechterte und sie bewusstlos wurde. Arzt Z hat sich nun aufgrund des in der Patientenverfügung der B geäußerten ausdrücklichen Willens und nach einem Gespräch mit den Angehörigen, die diesen Willen bestätigten, bereit erklärt, dieses Beatmungsgerät wieder abzuschalten. Hier könnte ein aktives Tun – Ausschalten – und damit auch eine aktive Sterbehilfe vorliegen, die gem. § 216 strafbar sein müsste.

Dieses aktive Tun wurde aber vom *BGH* in vergleichbaren Fällen in ein Unterlassen umgedeutet, da der Schwerpunkt der Vorwerfbarkeit nicht in dem Abschalten, sondern in der unterlassenen Fortsetzung der Beatmung zu sehen sei.[122] ■

102 Der Gesetzgeber hat inzwischen mit der gesetzlichen Regelung der Patientenverfügung gem. §§ 1901a ff. BGB (lesen!) Klarheit geschaffen. Demnach hat ein Betreuer dem in einer solchen Verfügung zum Ausdruck kommenden Willen Geltung zu verschaffen, indem er noch durchzuführende **medizinische Behandlungen** untersagt und bereits eingeleitete medizinische Behandlungen unterbricht.

---

119 *Jäger* Strafrecht BT Rn. 60.
120 *BGHSt* 40, 257; *BGH* Urteil vom 25.6.2010 Az 2 StR 454/09 – abrufbar unter www.bundesgerichtshof.de.
121 *Hirsch* in: FS für Lackner S. 597, 605 m.w.N.
122 *BGHSt* 40, 257; *BGH* Urteil vom 25.6.2010 Az 2 StR 454/09 – abrufbar unter www.bundesgerichtshof.de.

Sofern eine wirksame Patientenverfügung vorliegt, § 1901a Abs. 1 BGB, hat der Betreuer oder ein Bevollmächtigter dem Willen des Patienten Geltung zu verschaffen. Liegt keine Patientenverfügung vor oder passt die vorliegende Verfügung nicht auf die aktuelle gesundheitliche Situation oder aber ist die Verfügung veraltet, dann muss der Betreuer oder dessen Vertreter gem. § 1901a Abs. 2 BGB den mutmaßlichen Willen ermitteln. Dabei sind frühere mündliche oder schriftliche Äußerungen genauso heranzuziehen wie z.B. religiöse Überzeugungen. § 1901a Abs. 3 BGB macht schließlich deutlich, dass diese Pflicht unabhängig vom Stadium der Erkrankung existiert, also nicht nur eine unmittelbar zum Tode führende Erkrankung, sondern z.B. auch ein Zustand des Wachkomas erfasst wird.[123]

Der *BGH*[124] hat daraufhin von der bisherigen Rechtsprechung Abstand genommen und das in den §§ 1901a ff. BGB zum Ausdruck kommende Selbstbestimmungsrecht berücksichtigt.

Beispiel Der auf dem Fachgebiet für Medizinrecht spezialisierte Rechtsanwalt R empfiehlt seiner Mandantin A, die als Betreuerin für die im Wachkoma liegende Mutter M bestellt ist, den Schlauch zu durchtrennen, mit dem M über eine PEG-Sonde künstlich ernährt wird. Damit will A dem Wunsch der Mutter nach einem Sterben in Würde nachkommen. Eine zuvor mit der Heimleitung getroffene Übereinkunft, wonach die Ernährung eingestellt werden soll, wurde, nachdem man bereits damit begonnen hatte, von dem Vorgesetzten der Heimleitung aufgekündigt. A wurde ein Hausverbot angedroht für den Fall, dass sie diese Entscheidung nicht respektieren würde. Entsprechend der Empfehlung des R trennt A zusammen mit ihrem Bruder den Schlauch durch und hofft dabei, dass ein Krankenhaus in Anbetracht des eindeutigen Willens der Mutter keinen neuen Schlauch legen wird, was jedoch entgegen der Erwartungen der Beteiligten geschieht. Die Mutter stirbt allerdings einige Wochen später aufgrund ihrer Erkrankungen.

Das *LG Fulda* hatte A wegen eines unvermeidbaren Verbotsirrtums (R hatte erklärt, dieses Handeln sei nicht strafbar) frei gesprochen, R jedoch wegen mittäterschaftlich begangenen, versuchten Totschlags zu einer Freiheitsstrafe auf Bewährung verurteilt. Der *BGH*[125] hat dieses Urteil aufgehoben und R frei gesprochen. ■

Der *BGH* hat in dem oben beschriebenen Fall zunächst deutlich gemacht, dass, sofern es sich um einen Behandlungsabbruch i.S.d. Patientenverfügungsgesetztes (§§ 1901a ff. BGB) handelt, die nun als künstlich empfundene und von der Lit. zu Recht beanstandete Unterscheidung zwischen aktivem Tun und passivem Unterlassen aufgegeben wird. In beiden Fällen kann der Täter mithin straflos sein. **103**

Darüber hinaus hat er ausgeführt, dass eine Sterbehilfe durch Unterlassen, Begrenzen oder Beenden einer begonnenen medizinischen Behandlung (Behandlungsabbruch) **aufgrund einer Einwilligung des Sterbenden gerechtfertigt** ist, wenn dies seinem tatsächlichen (es liegt eine **schriftliche Patientenverfügung** vor oder aber der Patient kann sich noch klar äußern) oder mutmaßlichen Willen (der vom Betreuer ermittelt werden muss) entspricht (§ 1901a BGB) und dazu dient, einem ohne Behandlung zum Tode führenden Krankheitsprozess seinen Lauf zu lassen.

---

123 Dazu auch *Jäger* Strafrecht BT Rn. 63.
124 *BGH* Urteil vom 25.6.2010 Az 2 StR 454/09 – abrufbar unter www.bundesgerichtshof.de.
125 *BGH* Urteil vom 25.6.2010 Az 2 StR 454/09 – abrufbar unter www.bundesgerichtshof.de.

Hervorgehoben hat er schließlich noch, dass gezielte Eingriffe in das Leben eines Menschen, die nicht mit einem medizinischen Behandlungsabbruch in Zusammenhang stehen, einer rechtfertigenden Einwilligung nicht zugänglich sind.

Diese Rechtfertigung greift zum einen für den behandelnden **Arzt**, aber auch für den **Betreuer** des Patienten und dessen **Bevollmächtigten** sowie für hinzugezogene **Hilfspersonen**, z.B. das Pflegepersonal.[126]

JURIQ-Klausurtipp

In der Klausur sollten Sie das Problem, sofern Sie dogmatisch dem *BGH* folgen und eine rechtfertigende Einwilligung annehmen möchten, auf Rechtswidrigkeitsebene diskutieren. Ob Sie eine Unterlassenstat oder eine Begehungstat prüfen, hängt davon ab, was der Täter gemacht hat. Im obigen *Beispielsfall* würde man für Rechtsanwalt R mit §§ 212, 22, 23 anfangen. In der Rechtswidrigkeit kann dann deutlich gemacht werden, dass es für die Straflosigkeit des Behandlungsabbruchs nicht auf ein Unterlassen ankommt. Die oben bei der indirekten Sterbehilfe dargestellten und auch hier diskutierten, abweichenden Lösungswege (teleologische Restriktion bzw. § 34 analog) können Sie an dieser Stelle aufzeigen, wahrscheinlich werden alle zum selben Ergebnis gelangen, so dass ein Streitentscheid nicht erforderlich ist.

VII. Exkurs: Teilnahme an der Selbsttötung

104   Die §§ 211 ff. setzen – wie bereits ausgeführt - die Tötung eines anderen Menschen voraus. Daraus folgt, dass derjenige, der sich selbst tötet, keine Straftat begeht. Damit ist jedoch grds. auch die **Anstiftung oder die Beihilfe zu einer Selbsttötung straflos**, da es insoweit an der gemäß §§ 26 und 27 erforderlichen vorsätzlichen und rechtswidrigen Haupttat fehlt. Etwas anderes gilt nur dann, wenn die Beihilfehandlung „geschäftsmäßig" erfolgt und unter § 217 subsumiert werden kann (dazu Rn. 121).

In bestimmten Fällen kann jedoch das Veranlassen oder Fördern einer Selbsttötung eine strafbare Fremdtötung sein. In Betracht kommt zum einen eine Strafbarkeit des Beteiligten **in mittelbarer Täterschaft**. Zum anderen kann aber auch das Unterlassen von Rettungsbemühungen über die straflose Beihilfe zum Selbstmord hinausgehen und eine vorsätzliche oder fahrlässige Tötung durch Unterlassen darstellen.

105   Bei der Abgrenzung zwischen strafloser Teilnahme und strafbarer Täterschaft geht es stets um die Frage, ob das Opfer sich **eigenverantwortlich selbst gefährdet** hat. Kann das bejaht werden, so ist der Teilnehmende straflos. Liegt hingegen eine – wenn auch einverständliche, weil vom Opfer gewollte – Fremdgefährdung durch den Täter vor, ist dieser strafbar.

106   Sofern eine Strafbarkeit des Täters in **mittelbarer Täterschaft** in Betracht kommt, wird die Eigenverantwortlichkeit diskutiert bei der Frage, ob der Täter die Tat und damit auch das Opfer kraft überlegenen Wissens oder Wollen beherrscht. Handelt das Opfer nicht eigenverantwortlich, so kann in der Regel eine Tatherrschaft und damit eine Tötung in mittelbarer Täterschaft bejaht werden.

---

126 *BGH* Urteil vom 25.6.2010 Az 2 StR 454/09 – abrufbar unter www.bundesgerichtshof.de; *Jäger* Strafrecht BT Rn. 62.

Bei einer Tötung durch Unterlassen wird die Eigenverantwortlichkeit entweder bei der objekti-   **107**
ven Zurechnung oder aber alternativ bei der Garantenstellung und der sich daraus ergebenden
Pflicht diskutiert. Wird die Verantwortlichkeit dem Täter zugeschrieben, so hat der Täter eine
rechtlich relevante Gefahr geschaffen, welche sich dann in dem Erfolg realisiert hat. Liegt hingegen die Verantwortlichkeit beim Opfer, so hat sich nicht die vom Täter geschaffene Gefahr, sondern die vom Opfer selbst geschaffene Gefahr realisiert, so dass der „Täter" straflos ist.

> **Hinweis**
>
> Dieses Abgrenzungskriterium sollten Sie bei den nachfolgenden Fallkonstellationen beach-
> ten. Sie werden feststellen, dass zwar im Einzelfall umstritten ist, welche Anforderungen an
> die Eigenverantwortlichkeit gestellt werden müssen, dass aber die Frage immer dieselbe ist.
> Dieses Verständnis erleichtert die Lösung Ihres Klausurfalles erheblich.

Im Wesentlichen können Ihnen folgende Fallkonstellationen begegnen:

1. Fremdtötung in mittelbarer Täterschaft

Eine mittelbare Täterschaft setzt eine Tatherrschaft des planvoll Lenkenden über den unmit-   **108**
telbar Handelnden kraft überlegenen Wissens oder Wollens voraus. Eine Fremdtötung in mittelbarer Täterschaft liegt dementsprechend vor, wenn der sich selbst Tötende u.a. aufgrund von
Zwang, Täuschung oder Missbrauch eines Abhängigkeitsverhältnisses keine freiverantwortliche Entscheidung trifft, sondern von dem Hintermann in den Tod „gelenkt" wird.

Beispiel A spiegelt einer jungen, von ihm anhängigen Frau (F) vor, sie könne ihren Körper
wechseln und so später auf dem Stern Sirius weiterleben. Nach genauer Instruktion des
A versucht die Frau sich alsdann zu töten, indem sie einen eingeschalteten Fön in die mit

Wasser gefüllte Badewanne wirft, wobei ihr der
Umstand der Selbsttötung verschleiert bleibt. Sie
geht davon aus, dass sie lediglich ihre körperliche
Hülle wechsele und ansonsten unverändert wei-
terlebe. (Sirius Fall).[127]

Hier hat der BGH die versuchte Tötung (die Frau
hat überlebt) in mittelbarer Täterschaft bejaht, da
der Suizidentin der Umstand nicht bekannt war,
dass sie eine Ursache für ihren eigenen Tod setzte.
Sie unterlag mithin einer zielgerichteten Täuschung des A, der die genauen Umstände kannte.
Der A war hier Täter eines Tötungsdeliktes kraft
überlegenden Wissens. Durch dieses Wissen
lenkte er die Suizidentin und machte sie zum
Werkzeug gegen sich selbst.

In der Klausur müssten Sie überprüfen, ob der Tatentschluss des A auf eine Tötung in mittelbarer Täterschaft gerichtet war. Voraussetzung dafür ist, dass die von F vorgenommene
Handlung dem A gem. § 25 Abs. 1 Alt. 2 zugerechnet werden kann. Das ist der Fall, wenn A

---

127 *BGHSt* 32, 38.

gegenüber F die **Tatherrschaft** besaß. Tatherrschaft besitzt, wer die Tat kraft überlegenen Wissens oder Wollens beherrscht und damit steuert. Fraglich ist, ob A nach seiner Vorstellung von der Tat diese Tatherrschaft besessen hat. Dies wäre zu bejahen, wenn die F sich **nicht** eigenverantwortlich selbst gefährdet hätte, als sie den Fön in Badewanne warf. ■

109 In Rechtsprechung und Literatur ist in Fallkonstellationen dieser Art **umstritten**, unter welchen **Voraussetzungen** die **Eigenverantwortlichkeit** abzulehnen und die mittelbare Täterschaft anzunehmen ist.

110 Die sog. **Schuldlösung** zieht die § 3 JGG, §§ 19, 20, 35 StGB analog heran[128] und verweist darauf, dass aus den Exkulpationsregeln hervorgehe, bis zu welcher Grenze jeder für sein Verhalten einzustehen habe. Es liegt eine **eigenverantwortliche Selbstgefährdung vor, wenn das Opfer, hätte es einen Dritten getötet, strafbar gewesen wäre.** An der Eigenverantwortlichkeit fehlt es mithin, wenn das Opfer ein unmündiger Jugendlicher, geistig Kranker, seelisch Gestörter oder ein Lebensmüder ist, der sich in einer Notstandslage befindet.

111 Nach der **Einwilligungslösung** ist eine Orientierung an den **Regeln der rechtfertigenden Einwilligung** geboten.[129] Danach sollen die Anforderungen, die an eine Verfügung über das eigene Leben zu stellen sind nicht geringer sein, als bei einer Verfügung beispielsweise über die körperliche Integrität. Besondere Beachtung findet hier im Gegensatz zur Schuldlösung auch die Frage, inwieweit der **Wille des Sterbenden unter Willensmängel leidet**. **Voraussetzung** der eigenverantwortlichen Selbstgefährdung ist mithin,

» Wiederholen Sie an dieser Stelle die Voraussetzungen der rechtfertigenden Einwilligung, insbesondere die Problematik der nicht rechtsgutsbezogenen Irrtümer. «

- dass das Opfer verantwortungsfähig ist, was der Fall ist, wenn es aufgrund seiner **geistigen und sittlichen Reife** in der Lage ist, die Tragweite seines Handelns zu erkennen und entsprechend zu handeln, und
- wenn die Entscheidung **keine wesentlichen Willensmängel** aufweist, was zu bejahen ist, wenn sie weder durch Täuschung noch durch Drohung oder Zwang zustande gekommen ist. **Umstritten ist, ob ein Irrtum, der nicht rechtsgutsbezogen ist, Auswirkungen hat auf die Eigenverantwortlichkeit** (dazu ausführlich „Strafrecht AT I" Rn. 214).

Beispiel Im Siriusfall war die Entscheidung des Opfers nicht frei von Täuschung, da dem Opfer nicht bewusst war, dass es sich durch die Handlung töten werde. Es ging vielmehr davon aus, dass es lediglich seine körperliche Hülle wechseln werde. Der *BGH* hat aufgrund dessen A zum mittelbaren Täter kraft überlegenen Wissens erklärt. ■

2. Fremdtötung auf Verlangen durch Unterlassen der erforderlichen Rettungsmaßnahmen

112 **Umstritten** sind weiter die Fälle der Unterlassungstäterschaft, bei welchen ein Garant sich der Tötung bzw. Tötung auf Verlangen durch Unterlassen strafbar gemacht haben kann, wenn er erforderliche und vorhandene **Rettungsmöglichkeiten nicht ergreift**.

Beispiel Der HIV-infizierte A möchte, nachdem die Krankheit bei ihm ausgebrochen ist und die Ärzte ihm noch eine Lebenserwartung von einem halben Jahr prognostiziert haben, den voraussehbaren Leiden entgehen und seinem Leben ein Ende setzen. Aus diesem Grund bittet er seine Ehefrau E, ihm ein entsprechendes Präparat zu besorgen, was diese auch tut. Da A jedoch Angst davor hat, alleine zu sterben, verpflichtet er die

---

128 LK-*Roxin* § 25 Rn. 106 ff. m.w.N.
129 *Lackner/Kühl* vor § 211 Rn. 13a; *Wessels/Hettinger/Engländer* Strafrecht BT 1 Rn. 53; *BGH* NStZ 83, 117.

E, an seiner Seite zu wachen, bis der Tod eingetreten ist. Nachdem A den Medikamentencocktail zu sich genommen hat, fällt er in eine Bewusstlosigkeit, die nach einer weiteren Stunde zum Tode führt. Während der gesamten Zeit über sitzt E an seinem Bett. Hätte E nach Eintritt der Bewusstlosigkeit die Rettungskräfte alarmiert, so hätte A überlebt.

Das Besorgen des Medikamentencocktails ist zunächst eine straflose Beihilfe zur Selbsttötung, da A die Tabletten eigenverantwortlich eingenommen hat. In Betracht kommt aber eine Strafbarkeit der E wegen Tötung auf Verlangen durch Unterlassen gem. §§ 216, 13. Das Unterlassen hat den Tod kausal herbeigeführt. Fraglich ist allerdings, ob der Tod der E auch objektiv zurechenbar ist. Dann müsste E ein rechtlich relevantes Risiko geschaffen haben, welches sich in typischer Weise im Erfolg realisiert hat. Daran würde es fehlen, wenn A sich eigenverantwortlich selbst gefährdet hätte, weil sich dann das von A selbst gesetzte Risiko im Erfolg realisiert hätte. ◼

113 Die **Rechtsprechung** macht die Strafbarkeit (bislang!) von der Eigenverantwortlichkeit des Selbsttötungsentschlusses sowie von der Frage, ob der untätig bleibende Garant das Geschehen beherrscht hat oder beherrschen wollte, abhängig. Der *BGH* **spaltet das Tatgeschehen dabei auf:** Sobald der Selbsttötungsversuch beendet ist, soll der anwesende oder hinzukommende Garant die Tatherrschaft stets in dem Augenblick haben, in welchem der Suizident bewusstlos und damit handlungsunfähig geworden ist, da es nunmehr allein von seinem Willen abhängt, ob der Suizident weiter lebt oder stirbt.[130] Der *BGH* lässt sich dabei von der Überlegung leiten, dass das Leben den höchsten Grundrechtsschutz genießt und aus diesem Grund ein Dritter verpflichtet ist, alles Erforderliche zur Erhaltung des Lebens zu veranlassen, auch wenn er sich damit über den eindeutigen Willen des Sterbenden hinwegsetzen muss.

Beispiel Im obigen *Beispiel* käme der *BGH* mithin zu dem Ergebnis, dass E ab dem Zeitpunkt der Bewusstlosigkeit als Garantin verpflichtet gewesen wäre, Rettungsmaßnahmen einzuleiten. Dieses Ergebnis ist problematisch, da die E zweifelsohne dem A in strafloser Weise den Medikamentencocktail besorgen durfte, dann jedoch nach Ansicht des *BGH* verpflichtet gewesen wäre, nach voraussehbarer und intendierter Einnahme des Medikamentencocktails dafür zu sorgen, dass A die Einnahme überlebt. ◼

Zu beachten ist jedoch in diesem Zusammenhang eine **Entscheidung der *StA München*[131]** aus dem Jahr 2011:

Beispiel Nachdem bei A eine beginnende Alzheimer-Erkrankung festgestellt wurde, entschloss sich diese nach umfangreicher Auseinandersetzung mit dem Thema, durch Selbsttötung aus dem Leben zu scheiden. Im Vollbesitz ihrer geistigen Kräfte plante sie die Tat für den 28.2.2009. Am Tatabend kamen die Kinder der A, die im vorliegenden Ermittlungsverfahren der *StA München* die Beschuldigten waren, in der Wohnung der Mutter zusammen. Nach einem gemeinsamen Abendessen nahm die A den tödlichen Medikamentencocktail zu sich, legte sich auf ihr Bett und verabschiedete sich von ihren Kindern. Die A verstarb geraume Zeit nach Eintritt der Bewusstlosigkeit. ◼

Die *StA München* verneinte eine Strafbarkeit der Angehörigen wegen Tötung auf Verlangen durch Unterlassen gem. §§ 216, 13 StGB. Zwar hätten die Kinder als Beschützergaranten grundsätzlich die Pflicht, gem. § 13 StGB tätig zu werden. Diese Pflicht werde aber nach Auffassung der *StA*

---

130 *BGHSt* 2, 150 ff.; 7, 268.
131 *StA München* NStZ 2011, 345.

durch die eigenverantwortliche Selbstgefährdung der A eingeschränkt. Die *StA* hat unter Berufung auf die Rechtsprechung des *BGH* zu den Wirkungen einer Patientenverfügung damit einer ernsthaften, freiverantwortlichen Selbsttötungsabsicht eine stärkere rechtliche Bedeutung beigemessen. Aus der Regelung des Gesetzgebers in den §§ 1901a ff. BGB und der darauf fußenden Entscheidung des *BGH* ergebe sich, dass es **keine aufgedrängte Heilbehandlung mehr** geben dürfe. Danach soll ein im einwilligungsfähigen Zustand ausgeübtes **Selbstbestimmungsrecht** auch dann respektiert werden, wenn der Sterbende zu einer eigenverantwortlichen Entscheidung nicht mehr in der Lage ist. Die *StA* hat damit die Garantenpflicht verneint und die Ermittlungsverfahren gegen die Beschuldigten gem. § 170 Abs. 2 StPO eingestellt.

> **Tipp**
>
> Verdienen Sie sich Ihre 18 Punkte in der Klausur, indem Sie auf diesen neuen Aspekt hinweisen und nicht mehr nur „stur" die *BGH*-Auffassung herunter beten.

114 In der **Literatur** ist die bisherige Auffassung des *BGH* auf Ablehnung gestoßen. Es wird überwiegend vertreten, dass, um **Wertungswidersprüche** zu vermeiden, die unterlassene Verhinderung einer Selbsttötung ebenso wenig strafbar ist, wie die aktive Teilnahme, sofern der Suizident eine **frei verantwortliche Willensentscheidung** getroffen hat.[132] Diese freiverantwortliche Willensentscheidung wirkt fort, auch wenn der Suizident aufgrund der Bewusstlosigkeit keinen Willen mehr bilden kann.

Beispiel Im obigen Fall wäre mithin **die objektive Zurechnung zu verneinen** und E nach Auffassung der Literatur straflos. ▪

115 In Fällen der vorliegenden Art ist, sofern man die Tötung durch Unterlassen verneint, in der Klausur im Anschluss zu prüfen, ob das Geschehen nicht eventuell nach § 323c strafbar ist. Der *BGH* würde den § 323c bejahen, sich aber damit nicht mehr auseinandersetzen, da dieser hinter der Tötung durch Unterlassen in Gesetzeskonkurrenz zurücktritt.

Die **Prüfung des § 323c** sieht wie folgt aus:

PRÜFUNGSSCHEMA

Unterlassene Hilfeleistung, § 323c

I. Objektiver Tatbestand
1. Unglücksfall, gemeine Gefahr oder Not
2. Unterlassen der
   a) erforderlichen und
   b) zumutbaren Hilfeleistung

II. Subjektiver Tatbestand
   Vorsatz, dolus eventualis reicht

III. Rechtswidrigkeit

IV. Schuld

---

132 Schönke/Schröder-Eser/Sternberg-*Lieben* vor § 211 Rn. 42 f. m.w.N.

Nach verbreiteter Auffassung auch in der **Literatur** stellt die Selbsttötung einen „Unglücks- **116** fall" im Sinne der Vorschrift dar, jedenfalls ab Eintritt der Hilfsbedürftigkeit (Bewusstlosigkeit) des Suizidenten. Begründet wird dies damit, dass ein Hinzukommender bei einem Selbsttötungsversuch meist nicht zu erkennen vermag, ob der Suizident frei verantwortlich gehandelt hat, zumal zu bedenken ist, dass bei einer Vielzahl von Selbstmordversuchen der Suizident auf Rettung hofft und den Selbstmord als letzten Hilferuf verstanden wissen will. Um den Hinzukommenden die Abwägung im Einzelfall zu ersparen, soll ihm grundsätzlich die Pflicht auferlegt werden, Hilfe zu leisten.[133]

Im Einzelfall bedarf jedoch die Frage der **Zumutbarkeit** des Eingreifens einer sorgfältigen Prü- **117** fung. Jedenfalls nach Ansicht der **Literatur** ist diese Zumutbarkeit dann zu verneinen, wenn der Suizident eine eigenverantwortliche Entscheidung getroffen hat, keine Rettung wünscht und sich aller Voraussicht nach zur Wiederholung der Tat veranlasst sehen wird.[134]

Sofern der **Suizident noch Herr des Geschehens** und zu einer Entscheidung und auch zu **118** einer Kommunikation fähig ist, besteht eine Verpflichtung des Hinzukommenden **nach übereinstimmender Ansicht nicht,** da dieser den kommunizierten ausdrücklichen Willen des Sterbenden nicht eigenmächtig übergehen kann.

3. Der einseitig fehlgeschlagene Doppelselbstmord

Fraglich ist, ob auch in diesen Fällen eine Strafbarkeit des Überlebenden gemäß § 216 in **119** Betracht kommt.

> **Beispiel** A und B wollen gemeinsam aus dem Leben scheiden. Zu diesem Zweck verschließt A die Tür und öffnet sämtliche Gashähne. Er verstopft auch die Tür und Fensterritzen mit feuchten Tüchern, damit kein Gas nach außen dringen kann. Beide warten alsdann auf dem Sofa liegend auf den Tod. Während B verstirbt, überlebt A jedoch aufgrund einer durch einen Nachbarn eingeleiteten Rettung das Geschehen.
>
> Hier ist fraglich, ob sich A nicht durch Öffnen der Gashähne der vorsätzlichen Tötung auf Verlangen strafbar gemacht haben kann. Problematisch ist erneut die objektive Zurechnung. ◼

Rechtsprechung und Literatur ziehen überwiegend die Grundsätze der Tatherrschaft heran und stellen darauf ab, wer das zum Tode führende Geschehen tatsächlich beherrscht hat.[135] Nach der **Rechtsprechung** liegt allerdings Täterschaft vor, wenn der Getötete sich in die Hand des anderen begibt, weil er duldend den Tod von ihm entgegen nehmen will. Im sog. „Gisela-fall",[136] bei welchem der Täter Auspuffabgase ins Wageninnere leitet und das Gaspedal heruntertrat, hat der *BGH* seinerzeit gemäß § 216 verurteilt, da die Getötete sich dem insoweit dominant handelnden Partner untergeordnet habe und den Tod durch ihn veranlasst entgegen nehmen wollte. Dem ist seitens der **Literatur** entgegen gehalten worden, dass es dem Opfer bis zuletzt frei stand, den Ort des Geschehens zu verlassen und es insoweit selbst die Handlungsherrschaft besaß, so dass eine eigenverantwortliche Selbstgefährdung vorlag.[137]

---

133 *BGHSt* 6, 147 ff.; 13, 169; *Wessels/Hettinger/Engländer* Strafrecht BT 1 Rn. 65.

134 *Wessels/Hettinger/Engländer* Strafrecht BT 1 Rn. 66.

135 Zum Meinungsstand im Einzelnen vgl. *Hillenkamp* Strafrecht BT, S. 7 ff.

136 *BGHSt* 19, 135, 137 ff.

137 *Jäger* Strafrecht BT Rn. 59.

4. Die fahrlässige Ermöglichung der Selbsttötung

120 Auch hier hängt es von der Eigenverantwortlichkeit des Opfers ab, ob ein Dritter, der die **Tötung fahrlässig ermöglicht**, strafbar ist oder nicht. In diesem Zusammenhang werden häufig die sog. „Junkie-Fälle" diskutiert.

Beispiel Die Junkies A und B beschließen bei einem zufälligen Aufeinandertreffen, dass sie sich gemeinsam Heroin drücken wollen, welches der B bei sich führt. Nachdem A die Spritzen besorgt hat, verabreichen sich beide einen Schuss, den B jedoch nicht überlebt.[138]

Hier könnte sich A wegen fahrlässiger Tötung strafbar gemacht haben, indem er die Spritzen besorgte. Das Besorgen der Spritzen stellt eine Handlung dar, die unproblematisch kausal den Erfolg herbeigeführt hat. Fraglich ist, ob der Erfolg dem A auch **objektiv zugerechnet** werden kann, da B sich die Spitze selbst gesetzt hat.

Der *BGH* hat eine Strafbarkeit verneint, da B in Kenntnis des Risikos die Gefährdung eingegangen sei und durch das eigene Setzen der Spritze das Geschehen beherrscht habe. ■

Beispiel Anders wurde in einem Fall entschieden, in welchem der Täter dem Opfer das Heroin injiziert hat, weil diesem die Hände zu sehr zitterten.[139]

Fraglich war, ob der Täter sich der Körperverletzung mit Todesfolge gem. § 227 strafbar gemacht haben könnte, indem er das Heroin injizierte. Im objektiven Tatbestand ist erneut problematisch, ob eine **eigenverantwortliche Selbstgefährdung des Opfers** vorliegt. Da der Täter die Handlung vorgenommen hat und dabei auch grundsätzlich die Gefahren einer Heroininjektion kannte, hat der *BGH* eine **eigenverantwortliche Selbstgefährdung verneint** und den objektiven Tatbestand bejaht. In der Klausur müssten Sie nun auf der Ebene der Rechtswidrigkeit danach fragen, ob die Injektion nicht durch eine rechtfertigende Einwilligung gerechtfertigt sein kann (**einverständliche Fremdgefährdung**). Zu berücksichtigen ist allerdings § 228, wonach die Einwilligung unwirksam ist, wenn die Tat gegen die guten Sitten verstößt. Unter dem Gesichtspunkt, dass das Weitergeben und Verabreichen von Betäubungsmitteln schon nach dem BtMG strafbar ist, wird man davon ausgehen können, dass es aufgrund dessen auch gem. § 228 sittenwidrig ist, so dass eine Einwilligung nicht in Betracht kommt. Eine Strafbarkeit gem. § 227 ist daher zu bejahen. ■

Klausurrelevant sind auch die Fälle der tödlich verlaufenden, **illegalen Autorennen**. Auch hier hängt die Abgrenzung zwischen eigenverantwortlicher Selbstgefährdung (zu prüfen im objektiven Tatbestand) und einverständlicher Fremdgefährdung (zu prüfen in der Rechtswidrigkeit bei der rechtfertigenden Einwilligung) von der Herrschaft über den Geschehensablauf ab.[140]

---

138 *BGHSt* 32, 262.; zustimmend *Wessels/Hettinger/Engländer* Strafrecht BT 1 Rn. 79.
139 *BGH* NStZ 2004, 204.
140 *BGH* Urteil vom 20.11.2008, 4 StR 328/08 – abrufbar unter www.bundesgerichtshof.de.

E. Geschäftsmäßige Förderung der Selbsttötung, § 217

I. Überblick

Durch Gesetz vom 3.12.2015 wurde in § 217 die geschäftsmäßige Förderung der Selbsttötung unter Strafe gestellt. Es handelt sich um ein abstraktes Gefährdungsdelikt, mit welchem nach dem Willen des Gesetzgebers einer gesellschaftlichen „Normalisierung" der organisierten Form des assistierten Suizids entgegengewirkt werden soll.[141] Das Verbot, welches in erster Linie das Leben schützen soll, richtet sich damit vor allem an Sterbehilfevereinigungen und professionelle Suizidhelfer und macht aus einer Beihilfehandlung, die eigentlich straflos ist, da der Selbstmord keine vorsätzliche, rechtswidrige Haupttat gem. § 27 darstellt, eine eigenständige Haupttat, sofern diese Handlung „geschäftsmäßig" erfolgt.

121

Abs. 1 normiert die Voraussetzungen der Strafbarkeit. Abs. 2 enthält einen persönlichen Strafausschließungsgrund, der Angehörige und andere nahestehende Personen von einer Strafbarkeit wegen Teilnahme an § 217 (!) ausnimmt, sofern sie nicht selber geschäftsmäßig handeln.

> **Hinweis**
>
> Das Gesetz hat sowohl in der Bevölkerung als auch in der juristischen Literatur enormen Widerspruch hervorgerufen.[142] Zahlreiche Verfassungsbeschwerden sind Stand 2018 anhängig, weswegen das Schicksal der Norm ungewiss ist. Gleichwohl ist sie bereits Gegenstand von Hausarbeiten und auch Klausuren geworden, weswegen Ihnen die Grundzüge und die wesentlichen Probleme bekannt sein sollten. Wir werden uns auf eben diese in den nachfolgenden Ausführungen konzentrieren.

Der Aufbau des § 217 sieht wie folgt aus.

Geschäftsmäßige Förderung der Selbsttötung, § 217 Abs. 1

I. Objektiver Tatbestand
1. Tathandlung: Gewähren, Verschaffen oder Vermitteln einer Gelegenheit zur Selbsttötung
2. Geschäftsmäßigkeit dieser Handlung
   teleologische Restriktion   **Rn. 123**

II. Subjektiver Tatbestand
1. Vorsatz
2. Absicht, die Selbsttötung eines anderen zu fördern   ← *Besonderes Merkmal*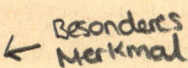

PRÜFUNGSSCHEMA

---

141 BT-Drucks. 18/5373, 2; BeckOK StGB/*Oğlakcıoğlu*, 37. Ed. 1.2.2018, § 217 Rn. 1–3.1.
142 Zur Kritik u.a. *Fischer* § 217 Rn. 2 ff.

II. Objektiver Tatbestand

122 Der Tatbestand setzt voraus, dass der Täter einem anderen geschäftsmäßig die Gelegenheit zur Selbsttötung gewährt, verschafft oder vermittelt.

Voraussetzung ist also zunächst, dass eine **Selbsttötung** vorliegt. Kommt für den Täter eine Tötung in mittelbarer Täterschaft, eine Tötung durch Unterlassen von Rettungsmaßnahmen oder aber eine fahrlässige Tötung in Betracht, müssen Sie § 217 nicht prüfen, da es schon an der ersten Voraussetzung – „Selbsttötung" – fehlt.

> Eine **Gelegenheit zur Selbsttötung gewährt** oder **verschafft** derjenige, der „äußere Umstände herbeiführt, die geeignet sind, die Selbsttötung zu ermöglichen oder wesentlich zu erleichtern."[143]

Beim Gewähren stellt der Täter die Gelegenheit selbst zur Verfügung, indem er z.B. die Medikamente übergibt, die das Opfer dann eigenverantwortlich selber einnimmt. Beim Verschaffen muss er diese Gelegenheit, teilweise mit Hilfe Dritter, erst herbeiführen.[144]

> Eine **Gelegenheit zur Selbsttötung vermittelt** derjenige, der „den konkreten Kontakt zwischen einer suizidwilligen Person und der Person, die die Gelegenheit zur Selbsttötung gewährt oder verschafft, ermöglicht, wobei allein der Hinweis auf eine ohnedies allgemein bekannte Stelle nicht ausreicht."[145]

123 Das Handeln des Täters ist jedoch nur dann strafbar, wenn es **geschäftsmäßig** erfolgt. Achten Sie darauf, dass Sie die Geschäftsmäßigkeit nicht mit der in § 243 Abs. 1 Nr. 3 genannten Gewerbsmäßigkeit verwechseln. Bei der Geschäftsmäßigkeit kommt es nicht darauf an, dass sich der Täter eine Haupt- oder Nebeneinnahmequelle verschaffen möchte oder die Handlung in Zusammenhang mit seiner beruflichen oder wirtschaftlichen Tätigkeit steht. Auch ehrenamtlich tätige Sterbehelfer sollen nach dem Willen des Gesetzgebers erfasst sein.[146]

> **Geschäftsmäßig** handelt der Täter, wenn er die Gewährung, Verschaffung oder Vermittlung der Gelegenheit zur Selbsttötung zu einem dauernden oder wiederkehrenden Bestandteil seiner Tätigkeit macht.[147]

Für die Verwirklichung des Tatbestands ist damit nicht erforderlich, dass der Täter bereits mehrfach zuvor Gelegenheiten gewährt, verschafft oder vermittelt hat. Es reicht auch das erstmalige Handeln aus, sofern es auf Wiederholung angelegt ist.

Unter diese weite Definition könnten somit auch das gesamte **medizinische Pflegepersonal** sowie die behandelnden **Ärzte** fallen, die z.B. in palliativmedizinischen Einrichtungen einem Schwerstkranken Suizidassistenz leisten. Auch könnte der Hausarzt darunterfallen, der im Einzelfall und aus altruistischen Gründen heraus Suizidassistenz leistet, sofern er sich vorbehält, auch in anderen, gleich gelagerten Fälle so zu handeln. Dies widerspräche aber der gesetz-

---

143 BT-Drucks. 18/5373, S. 18.
144 *Fischer* § 217 Rn. 6.
145 BT-Drucks. 18/5373, S. 18.
146 *Fischer* § 217 Rn. 7; *Joecks/Jäger/Jäger* § 217 Rn. 9.
147 *Joecks/Jäger/Jäger* § 217 Rn. 9.

geberischen Intention[148], so dass in der Literatur an dieser Stelle verschiedene Möglichkeiten einer teleologischen Restriktion diskutiert werden. Teilweise wird vertreten, dass die Suizidhilfe Hauptaufgabe des Geschäfts sein müsse.[149] Teilweise wird auf das Arzt-Patienten-Verhältnis und die daraus resultierende Gewissensentscheidung abgestellt, wonach eine sich aus der Berücksichtigung der besonderen Umstände heraus ergebende Tätigkeit straflos sein soll.[150] Teilweise wird schon grammatikalisch die Wiederholungsabsicht auf den konkreten Fall bezogen, so dass Geschäftsmäßigkeit nur dann gegeben wäre, wenn der Arzt bei dem konkreten Patienten wiederholt Sterbehilfe leistete, was theoretisch nur dann vorstellbar ist, wenn einzelne Versuche fehlschlagen.[151] Diese Definition ist die größtmögliche Einengung der Definition und dürfte klar dem gesetzgeberischen Willen zuwiderlaufen.

> **JURIQ-Klausurtipp**
>
> In einer Klausur wird es nicht erforderlich sein, alle Ansätze zu kennen und zu benennen. Sie sollten aber Problembewusstsein zeigen und dann die Möglichkeit einer teleologischen Restriktion ansprechen.

III. Subjektiver Tatbestand

Bezüglich der Förderungshandlung muss der Täter absichtlich i.S.v. dolus directus 1. Grades handeln, bezüglich der übrigen Voraussetzungen reicht dolus eventualis.[152]   **124**

IV. Rechtswidrigkeit

§ 217 soll nach dem Willen des Gesetzgebers wie schon eingangs ausgeführt das Leben und die Selbstbestimmungsfreiheit vor einer gesellschaftlichen „Normalisierung" der organisierten Form des assistierten Suizids schützen. Damit ist eine rechtfertigende Einwilligung nicht möglich, da sie dem Strafzweck des § 217 zuwiderlaufen würde.[153]   **125**

Auch scheidet wohl eine Rechtfertigung gem. § 34 analog aus (geschütztes Rechtsgut = Selbstbestimmungsrecht, verletztes Rechtsgut = Leben), da sich aus der Wertung des § 217 ergibt, dass die Förderung nicht das angemessene Mittel sein kann. Andernfalls könnte man über § 34 analog das Verbot unterlaufen.[154]

V. Persönlicher Strafausschließungsgrund gem. § 217 Abs. 2

Hier werden Angehörige und andere nahestehende Personen von einer Strafbarkeit wegen Teilnahme an § 217 ausgenommen. Wichtig ist, dass sich die Teilnahme (§§ 26 oder 27) auf § 217 Abs. 1 bezieht und dass diese selber nicht geschäftsmäßig erfolgt. Die oben genannten Restriktionen werden also auch an dieser Stelle relevant.   **126**

---

148 BT-Drucks. 18/5373, S. 17.
149 *Gaede* JuS 2016, 385.
150 *Joecks/Jäger/Jäger* § 217 Rn. 10.
151 *Taupitz* medstra 2016, 324.
152 *Fischer* § 217 Rn. 8.
153 *Joecks/Jäger/Jäger* § 217 Rn. 13.
154 *Joecks/Jäger/Jäger* § 217 Rn. 13.

Beispiel Bringt der Enkel seinen Großvater zu einem Sterbehilfeverein und behält er sich vor, selbiges auch für andere Angehörig zu tun, dann könnte er geschäftsmäßig Beihilfe geleistet haben, so dass der Strafausschließungsgrund nicht greift. ■

Der **Suizident** selber ist **nach den Grundsätzen der notwenigen Teilnahme straflos**.[155]

Hinweis

Eine **normale Teilnahme** von sonstigen Dritten ist möglich. Zu beachten ist dabei aber **§ 28 Abs. 1**. Die Geschäftsmäßigkeit ist ein besonderes persönliches Merkmal, welches strafbegründend ist, so dass eine Strafmilderung in Betracht kommt.

F. Fahrlässige Tötung, § 222

127 Wird der Tod eines Menschen nicht durch Vorsatz, sondern durch Fahrlässigkeit verursacht, so macht sich der Täter gem. § 222 strafbar. Voraussetzung des Straftatbestandes ist, dass der Erfolg kausal und objektiv zurechenbar durch eine fahrlässige Handlung verursacht wird.

> **Fahrlässig** handelt, wer die im Verkehr erforderliche Sorgfalt bei objektiver Vorhersehbarkeit des Erfolgseintritts außer Acht lässt.

» Nutzen Sie die Gelegenheit und wiederholen Sie das Thema „Fahrlässigkeitsdelikt" aus dem Skript „Strafrecht AT I". «

128 Die **Probleme**, die Ihnen bei § 222 begegnen können, sind **solche des Allgemeinen Teils**, so z.B. der Zurechnungszusammenhang (wie oben bereits bei der fahrlässigen Ermöglichung der Selbsttötung gesehen) oder der Fahrlässigkeit.

Beispiel Der unerfahrene Arzt A wird von der *StA* beauftragt, einem mutmaßlichen Drogendealer über eine durch die Nase geführte Magensonde Brechmittel und Wasser zu verabreichen, um Kokainkügelchen ans Tageslicht zu befördern. Entgegen den Erwartungen des A erfolgte das beabsichtigte Erbrechen des gefesselten D aber nicht schlagartig im Schwall. Stattdessen gelingt es dem D immer wieder, das Erbrochene herunterzuschlucken. Daraufhin wird ihm von A weiteres Wasser über die Sonde verabreicht, was schließlich dazu führt, dass Wasser und Erbrochenes in die Luftröhre des D gelangen. Dies führt zunächst zu einer Bewusstlosigkeit, die A aber nicht davon abhält, weiter Wasser und Brechmittel zu verabreichen. Schließlich fällt D ins Koma und verstirbt.

Der *BGH*[156] war der Auffassung, dass A sich entgegen der Auffassung des *Landgerichts* wegen fahrlässiger Tötung strafbar gemacht habe. Die Fahrlässigkeit wurde zwar noch nicht darin gesehen, dass der Arzt die Zulässigkeit der Anordnung nach § 81a StPO nicht in Frage gestellt habe (inzwischen steht aufgrund einer Entscheidung des *EGMR*[157] fest, dass eine solche Maßnahme unzulässig ist). Es wurde aber ein „Übernahmeverschulden" angenommen, da A aufgrund seiner unzureichenden Kenntnisse die Verabreichung nicht hätte durchführen dürfen. Diese Verantwortlichkeit wurde auch nicht durch ein Organisationsverschulden seines Arbeitgebers, der ihn mit der Durchführung beauftragt hatte, aufgehoben. Dieser war vielmehr als Nebentäter strafbar. ■

---

155 BT-Drucks. 18/5375, S. 20; *BVerfG* medstra 2016, 99.
156 *BGH* Entscheidung vom 29.4.2010 Az 5 StR 18/10 – abrufbar unter www.bundesgerichtshof.de.
157 *EGMR* NJW 2006, 3117.

Deliktsspezifische Probleme bietet § 222 nicht, da der Taterfolg schlicht in dem Eintritt des **129** Todes besteht und an die Tathandlung keine Anforderungen gestellt werden. Wie bei § 212 ist es unerheblich, auf welche Art der Tod herbeigeführt wird. Es handelt sich auch hier um ein **nicht verhaltensgebundenes Delikt**.

Der Aufbau des § 222 sieht wie folgt aus:

PRÜFUNGSSCHEMA

Fahrlässige Tötung, § 222

I. Tatbestand
1. Tötungserfolg
2. Tötungshandlung
3. Außerachtlassung der im Verkehr erforderlichen Sorgfalt bei objektiver Vorhersehbarkeit des Erfolges
4. Kausalität
5. Objektive Zurechnung

II. Rechtswidrigkeit

III. Schuld
subjektiver Fahrlässigkeitsvorwurf

G. Aussetzung, § 221

I. Überblick

Die Aussetzung ist ein **konkretes Gefährdungsdelikt**. Schutzzweck des § 221 Abs. 1 ist die **130** Verhinderung konkreter Gefahren für die körperliche Unversehrtheit oder das Leben. Auf eine Verletzung der geschützten Rechtsgüter kommt es bei § 221 nicht an.

Abs. 1 stellt das **Grunddelikt** dar, Abs. 2 Nr. 1 eine **Qualifikation**, Abs. 2 Nr. 2 und Abs. 3 sind **Erfolgsqualifikationen**. Bei Abs. 4 handelt es sich um eine **Strafzumessungsnorm** für minder schwere Fälle.

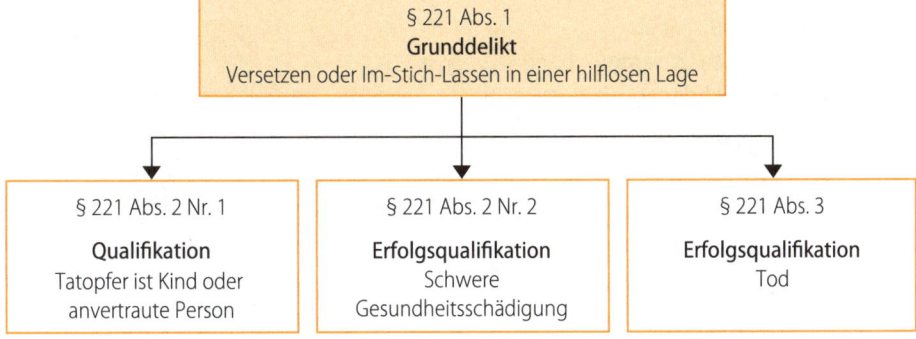

131 Der **Versuch der Aussetzung** ist nicht strafbar, da die Aussetzung ein Vergehen gem. § 12 Abs. 2 ist und der Gesetzgeber die Versuchsstrafbarkeit nicht angeordnet hat. Dies schafft Probleme, wenn der Täter bei dem Versuch der Aussetzung bereits eine der Folgen gem. § 221 Abs. 2 Nr. 2 oder Abs. 3 herbeigeführt hat (sog. **erfolgsqualifizierter Versuch**).

> **Beispiel** Taxifahrer T möchte seinen total betrunkenen Fahrgast F, der sich bereits in seinem Taxi übergeben hat, aus dem Wagen werfen. Bei dem Versuch, F in einem einsamen Waldstück hinauszuwerfen, schlägt F mit dem Kopf an der Karosserie an und zieht sich ein schweres Stammhirnhämatom zu.
>
> Hier könnte sich der Taxifahrer T wegen versuchter Aussetzung mit schwerer Gesundheitsschädigung gem. §§ 221 Abs. 1, Abs. 2 Nr. 2, 22, 23 strafbar gemacht haben. Voraussetzung dafür ist jedoch zunächst, dass der Versuch strafbar ist. ■

132 Nach **h.M.** ist dieser erfolgsqualifizierte Versuch nicht strafbar, da die Erfolgsqualifikation auf dem Grunddelikt aufbaut, das Grunddelikt aber nicht strafbar ist.[158] Nach **anderer Auffassung** erlangt die Erfolgsqualifikation aufgrund der Straferhöhung Verbrechenscharakter, so dass der erfolgsqualifizierte Versuch möglich ist.[159]

> **Hinweis**
>
> Da die meisten Grunddelikte, zu denen es Erfolgsqualifikationen gibt, im Versuch strafbar sind, stellt sich diese Problematik nur bei § 221 und bei dem neuen § 238.

133 Der Aufbau der Aussetzung gem. § 221 sieht wie folgt aus:

PRÜFUNGSSCHEMA

Aussetzung, § 221

I. Objektiver Tatbestand
1. Tathandlung gem. Nr. 1: Versetzen in eine hilflose Lage durch jedermann
2. Tathandlung gem. Nr. 2: Im-Stich-Lassen in einer hilflosen Lage trotz Obhuts- und Beistandspflicht
3. dadurch (kausal und unmittelbar)
4. Taterfolg: konkrete Gefahr des Todes oder einer schweren Gesundheitsschädigung
5. evtl. Qualifikation gem. Abs. 2 Nr. 1

II. Subjektiver Tatbestand
Vorsatz, dolus eventualis reicht

III. Evtl. Erfolgsqualifikation gem. Abs. 2 Nr. 2 oder Abs. 3
1. Eintritt der Folge
2. Kausalität und
3. Unmittelbarkeitszusammenhang
4. wenigstens Fahrlässigkeit gem. § 18

IV. Rechtswidrigkeit

V. Schuld

---

158 *LK-Jähnke* § 221 Rn. 40 m.w.N.
159 *SK-Horn/Wolters* § 221 Rn. 16.

II.　Objektiver Tatbestand gemäß § 221 Abs. 1

Der objektive Tatbestand unterscheidet:　　　　　　　　　　　　　**134**

Versetzen in eine hilflose Lage durch jedermann	oder	Im-Stich-Lassen in einer hilflosen Lage durch Obhuts- oder Beistandsverpflichteten

Das Versetzen in eine hilflose Lage gem. Abs. 1 Nr. 1 kann von jedermann begangen werden **135** **(Allgemeindelikt)**. Das Im-Stich-Lassen gem. Abs. 1 Nr. 2 hingegen kann nur von einem Täter begangen werden, der das Opfer in seiner Obhut hatte oder ihm sonst beizustehen verpflichtet war. Es handelt sich bei dieser Alternative also um ein **Sonderdelikt**.

Voraussetzung beider Alternativen ist jedoch, dass sich das Opfer in einer hilflosen Lage **136** befindet.

> Eine **hilflose Lage** liegt vor, wenn das Opfer sich in der konkreten Situation nicht selbst vor potenziellen Gefahren für Leib und Leben schützen kann und Hilfe nicht zu erlangen ist.[160]

1.　Versetzen in eine hilflose Lage

In der ersten Alternative muss der Täter das Opfer auf irgendeine Art in die oben beschrie- **137** bene hilflose Lage versetzt haben. Nach der Neufassung der Vorschrift ist nach überwiegender Auffassung dabei ein **räumliches Verbringen des Opfers nicht mehr erforderlich**.[161]

Beispiele　A verpasst B im Rahmen einer lautstarken Auseinandersetzung einen gekonnten Faustschlag gegen das Kinn, der zur Folge hat, dass B leicht bekleidet und bewusstlos auf einem Schneehügel liegen bleibt.

A lockt B unter einem Vorwand in einen Keller und sperrt ihn dort ohne Wasser und Nahrungsmittel ein. ◼

Ein Versetzen in eine **hilflose Lage liegt nicht vor**, wenn das **Opfer** zunächst frei verantwort- **138** lich seine **hilflose Lage selbst herbeiführt**, da es in diesem Fall an der Herrschaftsmacht des Täters fehlt.[162]

Beispiel　Der unerfahrene Bergsteiger A begibt sich bei schlechtem Wetter in die Eiger Nordwand und verunglückt bei einem aufziehenden Unwetter. Mit gebrochenen Beinen bleibt er auf einem Felsvorsprung liegen, als ein vorbeikommender Tourist T ihn findet. T glaubt, dass dem A dies als Denkzettel dienen solle, beschließt diesen noch für einige Tage dort liegen zu lassen und geht weiter. In diesem Fall liegt kein Versetzen in eine hilflose Lage vor, da sich A selbst in die hilflose Lage gebracht hat. Da T dem A gegenüber auch keine Garantenstellung innehat, kommt die Nr. 2 ebenfalls nicht in Betracht. Verwirklicht ist jedoch eine unterlassene Hilfeleistung nach § 323c. ◼

Etwas anderes kann sich nur dann ergeben, wenn der Täter als Garant verpflichtet war, das **139** Opfer von der Gefährdung abzuhalten. In solchen Fällen kann unter den Voraussetzungen des § 13 ein **Versetzen durch Unterlassen** möglich sein.

160　Schönke/Schröder-Eser/Sternberg-*Lieben* § 221 Rn. 4.

161　Vgl. zum Meinungsstand *Joecks/Jäger* § 221 Rn. 6.

162　Schönke/Schröder-Eser/Sternberg-*Lieben* § 221 Rn. 4.

Beispiel Im obigen Fall ist A mit dem Bergführer B unterwegs, der es unterlässt, A davon abzuhalten, bei schlechtem Wetter in die Eiger Nordwand zu steigen. B ist aufgrund Vertrages verpflichtet, Gefahren von A abzuwenden, so dass er sich gem. §§ 221 Abs. 1 Nr. 1, 13 strafbar gemacht hat. ◼

> **Hinweis**
>
> Wie Sie sehen, kann auch bei Abs. 1 Nr. 1 eine **Obhuts- und Beistandspflicht** relevant werden. Allerdings im Gegensatz zu Abs. 1 Nr. 2 **nur unter den Voraussetzungen des § 13**, der in der Klausur im Obersatz mit zu zitieren ist.

2. Im-Stich-Lassen in einer hilflosen Lage

140 Täter der zweiten Alternative kann nur derjenige sein, der das Opfer in einer hilflosen Lage im Stich lässt, obwohl er ihn in seiner Obhut hatte oder ihm sonst beizustehen verpflichtet ist.

Erforderlich für diese Alternative ist zunächst **das Im-Stich-Lassen in einer hilflosen Lage**. Dafür bedarf es keines räumlichen Sich-Entfernens. Der Handlungspflichtige kann sich auch auf andere Art und Weise der Beistandsleistung vorsätzlich entziehen. Entscheidend ist ausschließlich, dass der Beistandspflichtige **den möglichen Beistand unterlässt**, unabhängig davon, ob er sich räumlich entfernt oder trotz Anwesenheit nicht beisteht. Auch die Fälle des nicht rechtzeitigen Zurückkehrens sind über Abs. 1 Nr. 2 erfasst.[163]

Beispiel Schwiegertochter S hat keine Lust mehr, sich um den ans Bett gefesselten, pflegebedürftigen Vater ihres Mannes, der im 1. OG des gemeinsamen Hauses lebt, zu kümmern und stellt eines Tages, als ihr Mann verreist ist, die Versorgung des Vaters ein, indem sie einfach nicht mehr nach oben geht und die Hilferufe geflissentlich ignoriert.

Der Ehemann erfährt durch Nachbarn von den Vorgängen im Haus, unterlässt es aber, zu seinem Vater zurückzukehren, da ihn gleichfalls die Lust verlassen hat, für den Vater zu sorgen. ◼

141 Unter **Obhut** ist ein **bereits bestehendes Schutz- oder Betreuungsverhältnis** zu verstehen. Der Täter muss Garant dafür sein, dass die unter seiner Obhut stehende Person nicht in eine Lebens- oder schwere Gesundheitsgefahr gerät. In erster Linie sind damit die so genannten **Beschützergaranten gem. § 13** gemeint, so z.B. die Eltern für die unmündigen Kinder.

Beispiel Eine Obhutspflicht kann der Gastwirt haben, der einen schwer alkoholisierten Gast hinauswirft.[164] Gleiches gilt für einen Taxifahrer, der einen solchen Gast in einer menschenleeren Gegend zurück lässt.[165] ◼

142 Daneben gibt es **sonstige Beistandspflichten**, für die ebenfalls die Grundsätze des echten Unterlassungsdeliktes für die Entstehung der Garantenstellung heranzuziehen sind. Eine Schutzpflicht kann demnach auch durch **pflichtwidriges gefährdendes Vorverhalten**

---

163 *Wessels/Hettinger/Engländer* Strafrecht BT 1 Rn. 223; Schönke/Schröder-Eser/Sternberg-*Lieben* § 221 Rn. 6 f.
164 *BGHSt* 26, 35.
165 *LG Zweibrücken* DAR 00, 226.

(Ingerenz) entstehen.[166] Diese Ingerenz liegt jedenfalls immer dann vor, wenn der Täter das Opfer bereits in die hilflose Lage versetzt hat. Das Verhältnis der beiden Alternativen wird dann auf Konkurrenzebene geklärt.

Ob § 221 Abs. 1 Nr. 2 ein echtes Unterlassungsdelikt[167] oder ein gesetzlich normiertes unechtes Unterlassungsdelikt[168] oder aber gar ein Delikt ist, welches sowohl durch aktives Tun als auch gem. § 13 durch Unterlassen[169] verwirklicht werden kann, ist streitig. Für die Verwirklichung des Tatbestands ist dies zunächst nicht wesentlich. Wichtig ist es jedoch für die **Anwendbarkeit des § 13 Abs. 2**, wonach eine Strafmilderung in Betracht kommen kann.

Beispiel   A lebt mit seiner wesentlich jüngeren Freundin F zusammen, für die er im Alltag „die Verantwortung" übernommen hat. Als F, die zuvor schon Schwindelanfälle hatte, nachts aus nicht aufklärbaren Gründen über das Balkongeländer kippt und nun außen in 12 Meter Höhe hängt, verlässt A, der von den Schreien der F aufwacht, lachend die Wohnung, ohne ihr zu helfen, obgleich er die gefährliche Lage der F erkennt. Irgendwann verlassen F die Kräfte, sie stürzt ab und verletzt sich tödlich.[170]

Das *LG Memmingen* konnte trotz der gefährlichen Umstände den Tötungsvorsatz nicht mit der erforderlichen Gewissheit feststellen. Übrig blieb damit eine Aussetzung mit Todesfolge gem. § 221 Abs. 1 Nr. 2, Abs. 3. ■

Sieht man § 221 Abs. 1 Nr. 2 als gesetzlich normiertes unechtes Unterlassungsdelikt oder als Delikt an, welches sowohl durch aktives Tun als auch über § 13 durch Unterlassen begangen werden kann, dann ist § 13 Abs. 2 anwendbar. Der *BGH*[171] hat sich im obigen Fall der Ansicht angeschlossen, wonach § 221 Abs. 1 Nr. 2 ein **echtes Unterlassungsdelikt** sei, so dass eine Strafmilderung nicht in Betracht komme. Teilweise schließt sich die Literatur dieser Auffassung an, wendet aber § 13 Abs. 2 analog an, vor allem um einen Gleichlauf der Nr. 2 mit der Nr. 1 herzustellen, da bei der Nr. 1 eine Verwirklichung durch Unterlassen über § 13 möglich ist, mithin dort also auch eine Strafmilderung in Betracht kommen kann.[172]

3. Konkrete Gefahr

Weitere Voraussetzung sowohl der ersten als auch der zweiten Alternative ist, dass das Opfer **durch** das Versetzen in die hilflose Lage bzw. das Im-Stich-Lassen in der hilflosen Lage **in die konkrete Gefahr des Todes oder einer schweren Gesundheitsbeschädigung** gebracht wird.   **143**

> Eine **konkrete Gefahr** liegt vor, wenn es in der konkreten Situation nur noch vom Zufall abhängt, ob die Schädigung (Verletzung) des Opfers ausbleibt oder eintritt.[173]

166   *Fischer* § 221 Rn. 4 f.
167   *Jäger* JA 2012, 154; *BGH* JA 2012, 154.
168   *Roxin* Strafrecht Allgemeiner Teil Band II 2003 § 31 Rn. 18.
169   Schönke-Schröder-*Eser* (28. Aufl. 2010) § 221 Rn. 10.
170   *BGH* JA 2012, 154.
171   *BGH* JA 2012, 154.
172   *Jäger* JA 2012, 154.
173   *Küper/Zopfs* Strafrecht BT Rn. 252.

144   Bei der **Gefahr** handelt es sich um den **Erfolg der Tathandlung.** Das bedeutet, dass die Gefahr **kausal** und **zurechenbar** auf der Tathandlung beruhen muss. Daraus folgt, dass sich in der Gefahr gerade das Risiko realisiert haben muss, dass der Täter mit seiner Tathandlung geschaffen hat.

> Unter einer **schweren Gesundheitsbeschädigung** versteht man alle gesundheitlichen Beeinträchtigungen, die mit den in § 226 Aufgeführten vergleichbar sind, mithin also eine langwierige Krankheit darstellen, welche u.a. eine längere Arbeitsunfähigkeit zur Folge hat.[174]

145   Da die hilflose Lage schon begriffsnotwenig eine gewisse Gefährdung des Opfers beinhaltet ist **unklar,** wie sich die **hilflose Lage,** in die das Opfer versetzt wird oder in der es im Stich gelassen wird, überhaupt **von der konkreten Gefahr unterscheidet.** Der Tatbestand erfordert, dass durch die Nr. 1 oder die Nr. 2 erst die Gefahr des Todes oder der schweren Gesundheitsschädigung entsteht.

Allgemein wird zur Lösung dieses Problems angenommen, dass **in der hilflosen Lage nur die potenzielle Hilflosigkeit** und die damit einhergehende **potenzielle Gefährlichkeit** gemeint ist, zu welcher sodann eine konkrete Gefahr hinzutreten muss.

146   **Problematisch** ist dies **insbesondere bei der zweiten Alternative,** bei welcher bereits eine hilflose Lage besteht und die Gefahr des Todes oder der schweren Gesundheitsbeschädigung durch das Im-Stich-Lassen entstehen muss. Entsprechend dem Wortlaut und der Vorstellung des Gesetzgebers ist diese Alternative so zu verstehen, dass das Opfer vorher zwar hilflos und damit potenziell gefährdet war, durch das Im-Stich-Lassen den Gefahren jedoch erst ausgesetzt wird bzw. diese erhöht werden.[175]

Beispiel   Im obigen Fall (Rn. 140) ergab sich die hilflose Lage des A aus der Bewegungsunfähigkeit und dem Angewiesensein auf die Hilfe Dritter. Solange diese Hilfe erfolgte, bestanden keine konkreten Gefahren für Leib oder Leben des A. Erst dadurch, dass S die Ernährung unterließ und damit den A im Stich ließ im Sinne der Vorschrift, obwohl sie aufgrund der Übernahme des Betreuungsverhältnisses eine tatsächliche Beistandspflicht hatte, realisierte sich die in der Hilflosigkeit des A angelegte potenzielle Gefährlichkeit und wurde zu einer konkreten Gefahr für Leib oder Leben. ◼

III. Subjektiver Tatbestand

147   In subjektiver Hinsicht benötigt der Täter **Gefährdungsvorsatz,** d.h. die Kenntnis, dass das Opfer in die hilflose Lage versetzt oder in der hilflosen Lage im Stich gelassen wurde und dadurch eine konkrete Gefahr des Todes oder der schweren Gesundheitsbeschädigung eingetreten ist. Im Falle des Abs. 1 Nr. 2 muss der Täter darüber hinaus die Umstände kennen, die seine Garantenstellung begründen.[176]

---

174   *Jäger* Strafrecht BT Rn. 68.
175   *Fischer* § 221 Rn. 10.
176   *Wessels/Hettinger/Engländer* Strafrecht BT 1 Rn. 226.

> ### JURIQ-Klausurtipp
>
> Achten Sie in Klausuren darauf, dass der Vorsatz sich **nur auf den Eintritt einer konkreten Gefahr**, nicht jedoch auf die Realisierung dieser Gefahr beziehen muss.

IV. Qualifikation gemäß § 221 Abs. 2 Nr. 1

Absatz 2 Nr. 1 stellt eine Qualifikation zu Abs. 1 dar, indem er das von der Tat betroffene Opfer **148** näher umschreibt.

Unter den Begriff **„sein" Kind** werden leibliche und adoptierte Kinder subsumiert. Nach h.M.[177] ist dabei das Alter des Kindes unbeachtlich. Ausschlaggebend sollen allein die personenstandsrechtlichen Verhältnisse sein, so dass auch ein 60-jähriger Vater, der seine 35-jährige Tochter aussetzt, die Qualifikation verwirklichen kann.

Zur Erziehung anvertraut sind Personen, denen gegenüber der Täter verpflichtet ist, die Lebensführung und die geistig-seelische Entwicklung zu überwachen.[178] Neben den o.g. Kindern kommen damit auch Pflegekinder sowie Heim- und Stiefkinder in Betracht.

Zur Betreuung in der Lebensführung anvertraut sind Personen, denen gegenüber der Täter verpflichtet ist, aufgrund tatsächlicher Übernahme während einer gewissen Dauer für das geistig-sittliche Wohl zu sorgen.[179] Darunter sind Kinder zu verstehen, die Kindermädchen anvertraut wurden, aber auch Erwachsene, die unter Betreuung gestellt wurden.

V. Erfolgsqualifikation gemäß § 221 Abs. 2 Nr. 2 und Abs. 3

Absatz 2 Nr. 2 enthält ebenso wie Abs. 3 eine Erfolgsqualifikation. Das bedeutet, dass hinsichtlich der schweren Folge (schwere Gesundheitsschädigung des Opfers im Sinne des Abs. 2 Nr. 2 oder aber der Tod im Sinne des Abs. 3) **Fahrlässigkeit gemäß § 18** vorliegen muss. Darüber hinaus muss zwischen dem Grunddelikt und der Folge ein **kausaler und unmittelbarer Zusammenhang** bestehen, d.h. in der Folge muss sich gerade die Gefahr realisiert haben, die der Täter durch die Verwirklichung des Grunddelikts geschaffen hat. **149**

» Wiederholen Sie an dieser Stelle das Kapitel „Erfolgsqualifiziertes Delikt" aus dem Skript „Strafrecht AT I". «

VI. Rechtswidrigkeit und Schuld

Es gibt keine deliktsspezifischen Besonderheiten, so dass die allgemeinen Grundsätze gelten. **150**

VII. Konkurrenzen

Sofern der Täter das Opfer in eine hilflose Lage versetzt hat, hat er damit zugleich eine Beistandspflicht gem. § 221 Abs. 1 Nr. 2 begründet. Verlässt der Täter das Opfer nun oder lässt er es auf andere Weise im Stich, dann tritt die Nr. 2 im Wege der **Gesetzeskonkurrenz** hinter **151**

---

177 *Fischer* § 221 Rn. 14.
178 *Joecks/Jäger* § 221 Rn. 24.
179 *Joecks/Jäger* § 221 Rn. 25.

der Nr. 1 zurück (**Konsumtion**). § 221 tritt hinter den vollendeten Tötungsdelikten zurück. Tateinheit ist möglich mit den versuchten Tötungsdelikten sowie mit den §§ 223 ff., § 221 Abs. 1 Nr. 2 verdrängt § 323c. § 221 Abs. 2 Nr. 2 verdrängt § 229 und § 221 Abs. 3 verdrängt § 222.

Online-Wissens-Check

Was ist unter einem medizinischen Behandlungsabbruch zu verstehen?

Überprüfen Sie jetzt online Ihr Wissen zu den in diesem Abschnitt erarbeiteten Themen. Unter **www.juracademy.de/skripte/login** steht Ihnen ein Online-Wissens-Check speziell zu diesem Skript zur Verfügung, den Sie kostenlos nutzen können. Den Zugangscode hierzu finden Sie auf der Codeseite.

H. Übungsfall Nr. 1

„Tödlicher Schlaf" 152

Der 75-jährige Ehemann E ist schwer krebskrank, schon seit Monaten bettlägerig und hat nur noch wenige Wochen zu leben. Er wird zu Hause von seiner gleichaltrigen Ehefrau F gepflegt.

F ist mit der Pflege ihres Mannes inzwischen stark überfordert und möchte das unvermeidliche Ableben beschleunigen. Außerdem gehen die finanziellen Rücklagen der Eheleute langsam zur Neige. F, dadurch in absolute Verarmungsangst geraten, würde daher gerne auch das Haus verkaufen, was jedoch nicht möglich ist, solange E noch lebt, da dieser niemals mit dem Verkauf einverstanden sein wird.

Als eines Sonntags ihre gutgläubige und sensible Tochter T zu Besuch ist, erklärt F ihr wahrheitswidrig, dass der E sie täglich inständig darum bitte, ihn von seinen Leiden zu erlösen und ihm in hoher Dosis Schlaftabletten zu verabreichen. Sie bringe es jedoch nicht fertig. Außerdem habe sie nicht die nötige Erfahrung mit Schlaftabletten. Gleichwohl leide auch sie jetzt fürchterlich, weil sie dem E diesen letzten Gefallen nicht erfüllen könne. Die F hofft, dass diese Worte ihre Wirkung bei T nicht verfehlen und T nunmehr ihrem Ehemann heimlich die Schmerztabletten verabreichen werde. Um dieser Wirkung Nachdruck zu verleihen, sagt sie noch, dass sie wünschte, T wäre mutiger als sie.

In der Tat ist T tief bewegt und löst einige Tage später, als sie E besucht, eine ihrer Vorstellung nach tödliche, in Wahrheit jedoch ungefährliche Dosis Schlaftabletten in Orangensaft auf. Dieses Getränk flößt sie ihrem Vater ein, ohne ihn über den Inhalt aufzuklären. Da die Dosis allerdings nicht hoch genug ist, tritt die gewünschte Wirkung nicht ein. E fällt in einen langen tiefen Schlaf, aus dem er 18 Stunden später wieder erwacht.

F und T sind letztlich erleichtert, dass E überlebt und beschließen, so etwas nie wieder zu tun. E jedoch, inzwischen zermürbt von seiner Krankheit, verlangt nun einige Wochen später von seiner Tochter T, ihm Schlaftabletten zu besorgen. T sträubt sich zunächst, gibt dann aber der Bitte des E nach. E nimmt daraufhin im Beisein von F diese Tabletten ein, nachdem er sich vorher von ihr verabschiedet und ihr für die schönen gemeinsamen Jahre gedankt hat. E bleibt auf ausdrücklichen Wunsch des E bis zum Ende bei ihm. Dieses Mal ist die Dosis hoch genug. E fällt zunächst ins Koma und verstirbt einige Zeit später. Hätte sie nach Eintreten des Komas die Rettungskräfte alarmiert, so wäre E gerettet worden.

Strafbarkeit von F und T wegen Tötungs- und Körperverletzungsdelikten? (evt. erforderliche Anträge sind gestellt)

153 **Lösung**

Erster Handlungsabschnitt: Verabreichen der Schmerzmittel ohne tödlichen Ausgang

I. Strafbarkeit der T

1. Strafbarkeit gemäß §§ 216, 22, 23

T könnte sich wegen versuchter Tötung auf Verlangen gemäß §§ 216, 22, 23 strafbar gemacht haben, indem sie ihrem Vater einen Orangensaft einflößt, in welchem Schlaftabletten aufgelöst waren.

a) Vorprüfung

Der Versuch der Tötung auf Verlangen ist gem. Abs. 2 strafbar. Der Erfolg ist vorliegend nicht eingetreten, da E nach einem langen tiefen Schlaf 18 Stunden später wieder erwacht ist.

b) Tatentschluss

Der Tatentschluss der T müsste darauf gerichtet gewesen sein, aufgrund eines an sie gerichteten ernstlichen Verlangens den E zu töten.

T wollte durch Auflösen der Schlaftabletten im Orangensaft und anschließendes Trinken durch E kausal und objektiv zurechenbar den Tod des E herbeiführen. Eine eigenverantwortliche Selbstgefährdung des E hätte nicht vorgelegen, da E nicht bewusst sein sollte, dass der Saft vergiftet ist.

Fraglich ist jedoch, ob der Tatentschluss der T das ernstliche an sie gerichtete Verlangen des E umfasste.

Voraussetzung für ein ernstliches Verlangen ist zunächst die uneingeschränkte Einsichts- und Urteilsfähigkeit des Sterbenden sowie die fehlerfreie Willensbildung und der fehlerfreie Willensentschluss. Darüber hinaus ist erforderlich, dass dieses Verlangen unzweideutig ausgedrückt, im Zeitpunkt der Tat fortbestehend und an einen bestimmten oder bestimmbaren Täter adressiert ist.

Aufgrund des Gesprächs mit ihrer Mutter glaubte T, dass E täglich den Wunsch geäußert habe, sterben zu wollen. Mangels anderweitiger Anhaltspunkte muss davon ausgegangen werden, dass T sich insofern eine fehlerfreie Willensbildung und einen fehlerfreien Willensentschluss vorstellte, der unzweideutig ausgedrückt wurde und zum Zeitpunkt der Tat fortbestand. Auch musste T von der uneingeschränkten Einsicht und Urteilsfähigkeit des E ausgehen.

Aufgrund des Gesprächs mit der Mutter glaubte T jedoch auch, dass E von der Hand der Mutter sterben wolle, da die Mutter erklärt hat, dass E sie täglich darum bitte, ihm einen schmerzlosen Tod von ihrer Hand zu bereiten. T konnte mithin nicht davon ausgehen, dass dieses Verlangen auch an sie adressiert war, da es aufgrund des Gesprächs mit der Mutter keine diesbezüglichen Anhaltspunkte gab.

Damit lag nach den Vorstellungen der T allerdings kein an sie gerichtetes, ernstliches Verlangen vor. Das Verlangen war vielmehr an die Mutter gerichtet. Da § 216 als privilegierender Tatbestand aber nur für denjenigen einschlägig ist, an den das ernstliche Verlangen adressiert ist, nach der Vorstellung der T der Wunsch des Vaters jedoch an die Mutter gerichtet war, ist das nach § 216 erforderliche ernstliche Verlangen nicht vom Tatentschluss der T umfasst. Bei Verwirklichung des Erfolges läge der objektive Tatbestand des § 216 nicht vor.

T hat sich damit nicht der versuchten Tötung auf Verlangen strafbar gemacht.

> #### Hinweis
>
> Hätte der Versuch zum Erfolg geführt, so wäre § 16 Abs. 2 zu diskutieren gewesen. Allerdings hätte auch hier beachtet werden müssen, dass das vermutete Verlangen nicht an T adressiert gewesen ist. Im Rahmen der Versuchsprüfung ist § 16 Abs. 2 allerdings irrelevant, da Sie nur den Tatentschluss, mithin also die subjektive Vorstellung des Täters prüfen. Ein Auseinanderfallen von objektiver Tatbestandsverwirklichung und subjektiver Vorstellung ist mithin nicht möglich.

2. Strafbarkeit gemäß §§ 211, 212, 22, 23

T könnte sich wegen versuchten Mordes gem. § 211, 212, 22, 23 strafbar gemacht haben, indem sie Schlaftabletten im Orangensaft auflöste und ihm dieses Getränk einflößte.

a) Vorprüfung

Die Strafbarkeit des Versuchs ergibt sich aus § 23 Abs. 1, da es sich bei § 212 um ein Verbrechen handelt. Der Tod des E ist nicht eingetreten, die Verabreichung der Schlaftabletten hatte lediglich einen langen Schlaf zur Folge.

b) Tatentschluss

T ging irrtümlich davon aus, dass die von ihr aufgelöste Menge an Schlaftabletten tödliche Wirkung haben würde. Ihr Tatentschluss war mithin auf die Vornahme einer ihrer Vorstellung nach geeigneten und kausal zum Tod führenden Handlung gerichtet. Der Tatentschluss umfasste auch die objektive Zurechnung und war damit auf die Tötung des E gerichtet.

Der Tatentschluss könnte ferner auf die heimtückische Begehung der Tat gerichtet gewesen sein.

Heimtücke liegt vor bei der bewussten Ausnutzung der Arg- und Wehrlosigkeit des Opfers, wobei unter Arglosigkeit ein Zustand verstanden wird, bei welchem jemand sich keines Angriffs versieht. Wehrlos ist das Opfer, wenn es infolge der Arglosigkeit zur Verteidigung außer Stande ist.

Nach der Vorstellung der T wollte E zwar sterben. Jedoch glaubte sie, dass er dieses Verlangen an die Mutter, seine Ehefrau F gerichtet habe. Sie konnte nicht davon ausgehen, dass der E auch damit rechnete, von ihrer Hand zu sterben. Insofern ging sie davon aus, dass zum Zeitpunkt der Verabreichung des Orangensaftes E sich keines Angriffs auf sein Leben versah und mithin arglos war. Sie ging ferner davon aus, dass er aufgrund der Arglosigkeit zur Verteidigung außer Stande war. Der Entschluss der T war mithin auf eine heimtückische Begehung gerichtet.

Fraglich ist jedoch, wie es sich auswirkt, dass T nach ihrer Vorstellung dem Leiden des E aufgrund dessen Verlangen ein Ende bereiten wollte. In Rechtsprechung und Literatur ist anerkannt, dass die Mordmerkmale in Anbetracht der lebenslangen Freiheitsstrafe restriktiv auszulegen sind. Als Einschränkung wird daher zunächst verlangt, dass der Täter bei der Begehung der Tat in feindseliger Willensrichtung gehandelt haben muss. Eine solche feindselige Willensrichtung wird verneint, wenn der Täter bei der Tötung zum vermeintlichen Besten des Opfers handelt.

Im vorliegenden Fall bestand das tatauslösende Motiv der T im Mitleid mit dem Zustand des E und in der Annahme, E wolle seinem Leben ein Ende bereiten. Aufgrund dieser Umstände handelte T nicht in feindseliger Willensrichtung, sodass nicht davon ausgegangen werden kann, dass T eine heimtückische Tötung beabsichtigt.

Eine Gegenauffassung verlangt jedoch zur Eingrenzung des Mordmerkmals einen verwerflichen Vertrauensbruch, der vorliegend gegeben sein könnte, da E – auch nach der Vorstellung der T – sicherlich seitens seiner Tochter nicht mit einem Angriff gerechnet hat. Fraglich ist jedoch, ob aufgrund der Vorstellung der T dieser Vertrauensbruch verwerflich wäre. Der verwerfliche Vertrauensbruch ist allerdings in seinen Konturen zu unscharf, um ein taugliches Abgrenzungskriterium sein zu können. Es bestehen Bedenken im Hinblick auf das Bestimmtheitsgebot gem. Art. 103 Abs. 2 GG. Außerdem würden damit alle Morde straflos, bei denen Täter und Opfer in keiner vertrauensvollen Beziehung stehen, die aber gleichwohl „aus dem Hinterhalt" begangen werden und damit „heim"-tückisch sind. Die Auffassung ist daher abzulehnen.

Da täterbezogene Mordmerkmale nicht in Betracht kommen, hat T nur Tatentschluss bezüglich der Verwirklichung des Grundtatbestandes des Totschlags gem. § 212.

c) Unmittelbares Ansetzen

T müsste nach ihrer Vorstellung von der Tat zu dieser unmittelbar angesetzt haben.

Ein unmittelbares Ansetzen liegt vor, wenn nach der Vorstellung des Täters keine weiteren wesentlichen Zwischenschritte mehr erforderlich sind, eine konkrete Gefährdung für das Opfer eingetreten ist und darüber hinaus subjektiv die Schwelle zum „Jetzt geht's los" überschritten wurde.

Durch das Auflösen der Schlaftabletten und das Einflößen des Getränkes an den E hat die T das Leben des E ihrer Vorstellung nach konkret gefährdet. Es bedurfte nunmehr nur noch des Herunterschluckens des Orangensaftes, welches jedoch nach der Vorstellung der T bevorstand. Auch hat die T in dem Moment subjektiv die Schwelle zum „Jetzt geht's los" überschritten, da es für sie kein Zurück mehr gab. Einer Abkehr vom Tatentschluss hätte zur Folge gehabt, dass sie dem E hätte untersagen müssen, den Orangesaft herunterzuschlucken und sich damit dem E gegenüber hätte offenbaren müssen.

T hat mithin unmittelbar zur Tat angesetzt. Dass die Menge der Schlaftabletten letztlich nicht geeignet war, den Tod des E herbeizuführen, ist insoweit irrelevant, da es ausschließlich auf die Vorstellung der T ankommt und die danach bestehende konkrete Gefährdung für das Leben des E. Im vorliegenden Fall handelt es sich um einen sog. untauglichen Versuch, der nach allgemeiner Meinung strafbar ist (Umkehrschluss aus § 23 Abs. 3).

d) Rechtswidrigkeit und Schuld

Rechtfertigungsgründe sind nicht ersichtlich.

Es bestehen keine Anhaltspunkte dafür, an der Schuldfähigkeit der T zu zweifeln. Auch sind Entschuldigungsgründe nicht ersichtlich.

T hat sich damit wegen versuchten Totschlags gem. §§ 212, 22, 23 strafbar gemacht.

e) Minder schwerer Fall gemäß § 213 Alt. 2

Es könnte sich um einen minder schweren, unbenannten Fall des Totschlags gem. § 213 Alt. 2 handeln. Voraussetzung dafür ist, dass bei Gesamtbetrachtung aller Umstände die Anwendung des Regelstrafrahmens unangemessen wäre.[180] T wurde hier eindeutig auf-

---

180 *BGHSt* 4, 11.

grund eines irrtümlich angenommenen Tötungsverlangens zur Tat motiviert. Außerdem wollte sie nach ihrer Vorstellung auch der verzweifelten Lage ihrer Mutter ein Ende bereiten. Die Motivation, die T zur Tötung trieb, weicht damit erheblich von jener des Normaltäters ab, so dass ein minder schwerer Fall angenommen werden kann.

3. Strafbarkeit gemäß § 221 Abs. 1 Nr. 1

Eine Strafbarkeit gem. § 221 Abs. 1 Nr. 1 wegen Aussetzung kommt nicht in Betracht. Zwar befand sich E eventuell in einer hilflosen Lage. Diese hat jedoch nicht zu einer konkreten Gefahr einer schweren Gesundheitsschädigung oder gar des Todes geführt.

Eine versuchte Aussetzung tritt hinter dem versuchten Totschlag zurück.

4. Strafbarkeit gemäß §§ 223, 224 Abs. 1 Nr. 1 und 5

T könnte sich aber wegen gefährlicher Körperverletzung gem. den §§ 223, 224 Abs. 1 Nr. 1 und 5 strafbar gemacht haben, indem sie E den Orangensaft einflößte, in welchem Schlaftabletten aufgelöst waren.

a) Objektiver Tatbestand

Durch das Verabreichen der Schlaftabletten und die dadurch hervorgerufene körperliche Funktionsstörung, die darin bestand, dass E 18 Stunden aufgrund einer Vergiftung mit chemischen Substanzen schlief, hat T den E körperlich an der Gesundheit geschädigt.

> **Hinweis**
>
> Beachten Sie, dass eine Gesundheitsschädigung weder unangenehm noch als solche vom Opfer empfunden zu werden braucht. Es reicht ein vom Normalzustand abweichender Zustand aus.

Fraglich ist, ob die Schlaftabletten auch als Gift im Sinne des § 224 Abs. 1 Nr. 1 anzusehen sind. Bei einem Gift handelt es sich um einen gesundheitsschädlichen Stoff, der unter bestimmten Bedingungen durch chemische oder chemisch-physikalische Wirkung die Gesundheit zu beeinträchtigen vermag. Umstritten ist, ob eine besondere Gefährlichkeit für den Körper des Opfers bestehen muss. Gegen die besondere Gefährlichkeit spricht die Formulierung der Norm, die lediglich von gesundheitsschädlichen und nicht gesundheitszerstörenden Stoffen spricht.[181] Auf der anderen Seite sprechen die Gesetzesüberschrift (gefährliche Körperverletzung) und das verhältnismäßig hohe Strafmaß dafür, die Nr. 1 einschränkend auszulegen. Dies ergibt sich auch und insbesondere aus einem Vergleich mit Nr. 2, wo es der Herbeiführung der Körperverletzung mittels einer Waffe oder eines anderen gefährlichen Werkzeuges bedarf, wobei ein gefährliches Werkzeug ein solches ist, welches geeignet ist, aufgrund seiner Beschaffenheit und der Verwendung im Einzelfall erhebliche Verletzungen hervorzurufen.

Legt man die Nr. 1 des § 224 Abs. 1 eng aus, so gelangt man zu dem Ergebnis, dass die verabreichten Schlaftabletten kein Gift darstellten, da die Dosis vorliegend von T zu gering gewählt worden war und lediglich einen 18-Stunden-Schlaf nach sich zog. Zwar birgt auf der einen Seite ein solch langer Schlaf für einen Kranken die Gefahr der Dehydration, auf der anderen Seite kann er aber auch etwas Erholsames haben, so dass er nicht geeignet war, erhebliche weitere Gesundheitsschädigungen hervorzurufen. Aufgrund der geringen Dosierung bestand keine besondere Gefährlichkeit (anderes Ergebnis sicherlich vertretbar).

Fraglich ist, ob das Verabreichen des Schlafmittels eine das Leben gefährdende Behandlung im Sinne der Nr. 5 darstellt. Auch hier ist zweifelhaft, ob eine abstrakte oder konkrete Gefahr Voraussetzung ist. Nach h.M. bedarf es hier keiner konkreten Lebensgefährdung. Ausreichend sei, dass die Lebensgefährdung möglich ist.[182] Eine solche abstrakte Lebensgefährdung muss jedoch erneut in Anbetracht der geringen Dosierung verneint werden, so dass auch die Nr. 5 nicht verwirklicht ist (anderes Ergebnis auch hier vertretbar, wenn vornehmlich auf die Risiken eines langen Schlafs bei bettlägerigen, kranken Menschen abgestellt wird).

Der objektive Tatbestand der gefährlichen Körperverletzung liegt nicht vor. Jedoch liegt der objektive Tatbestand der einfachen Körperverletzung vor.

b) Vorsatz

Das Auflösen der Schlaftabletten und die spätere Einnahme durch E war vom Vorsatz der T umfasst. Allerdings richtete sich T's Vorsatz auf das Töten des E, nicht auf dessen Körperverletzung. Nach herrschender Meinung umfasst jedoch der Tötungsvorsatz den Körperverletzungsvorsatz mit, da zwangsnotwendig der Tötung eine Körperverletzung vorausgeht. Es ist mithin unschädlich, dass T in erster Linie den E töten wollte, da insoweit der Vorsatz, den E zu verletzen, im Tötungsvorsatz mitenthalten ist.

c) Rechtswidrigkeit und Schuld

Rechtfertigungsgründe sind nicht ersichtlich. Das Handeln der T ist mithin rechtswidrig.

Fraglich ist jedoch, wie es sich auswirkt, dass T annahm, der Vater wolle sterben. Sie könnte hier irrtümlich eine rechtfertigende Einwilligung angenommen haben. Voraussetzung dafür wäre aber, dass sie zum Zeitpunkt der Verabreichung des Schlafmittels davon ausgegangen wäre, der Vater sei mit dieser Körperverletzung einverstanden. Da sie annahm, der Vater wolle von der Hand der Mutter sterben, erscheint dies zweifelhaft. Zudem würde dieses Einverständnis gem. § 228 gegen die guten Sitten verstoßen, da die Körperverletzung auf die Herbeiführung des Todes gerichtet war, die auch bei einem Einverstanden sein strafbar wäre, vgl. § 216.

Für die Annahme eines Erlaubnistatbestandsirrtums ist daher kein Raum.

Anhaltspunkte dafür, dass T nicht schuldfähig war, liegen ebenso wenig vor wie Entschuldigungsgründe, so dass T auch schuldhaft handelte.

T hat sich mithin wegen einfacher Körperverletzung gemäß § 223 strafbar gemacht.

Die Körperverletzung steht zum versuchten Totschlag in Tateinheit gem. § 52.

181　SK-*Horn/Wolters* § 224 Rn. 8a.
182　*BGHSt* NStZ-RR 97, 67.

II. Strafbarkeit der F

1. Strafbarkeit gemäß §§ 216, 22, 23, 25 Abs. 1 Alt. 2

F könnte sich wegen versuchter Tötung auf Verlangen in mittelbarer Täterschaft gemäß §§ 216, 22, 23, 25 Abs. 1 Alt. 2 strafbar gemacht haben, indem sie der T wahrheitswidrig erzählt, E habe ihr erklärt, sterben zu wollen.

a) Vorprüfung

Der Versuch ist gem. § 216 Abs. 2 strafbar, der Erfolg ist vorliegend nicht eingetreten.

b) Tatentschluss

Der Tatentschluss der F müsste darauf gerichtet gewesen sein, durch T als ihr Werkzeug eine Tötung auf Verlangen zu begehen.

Im vorliegenden Fall wusste F jedoch, dass es kein entsprechendes Verlangen des Ehemannes E gab. Dies hat sie T lediglich wahrheitswidrig vorgespiegelt. Mithin war der Tatentschluss nicht auf eine Tötung auf Verlangen gerichtet. Eine Strafbarkeit gem. § 216, 22, 23, 25 Abs. 1 Alt. 2 scheidet mithin aus.

2. Strafbarkeit gemäß §§ 212, 22, 23, 25 Abs. 1 Alt. 2

F könnte sich jedoch wegen versuchten Totschlags in mittelbarer Täterschaft gemäß §§ 212, 22, 23, 25 Abs. 1 Alt. 2 strafbar gemacht haben, indem sie der T wahrheitswidrig vorspiegelte, E habe täglich erklärt, sterben zu wollen.

a) Vorprüfung

Der Versuch ist gemäß § 23 Abs. 1 strafbar, da es sich bei dem Totschlag um ein Verbrechen handelt. Der Erfolg ist, wie oben dargestellt, nicht eingetreten.

b) Tatentschluss

Der Tatentschluss der F müsste darauf gerichtet gewesen sein, durch T die Tötung des E zu begehen.

Der Tatentschluss umfasste zunächst den Eintritt des Todes des E. Dieser Tod sollte jedoch nach Vorstellung der F nicht von ihr selbst, sondern vielmehr durch T herbeigeführt werden. Diese Handlung der T wäre F nur dann zuzurechnen, wenn F gemäß § 25 Abs. 1 Alt. 2 mittelbare Täterin wäre und die Tat als solche durch T begangen hätte. Fraglich ist, ob der Tatentschluss der F darauf gerichtet war, die Tötung des E in mittelbarer Täterschaft zu begehen, oder ob nicht vielmehr eine Anstiftung zu einer Tötung durch T vorliegt.

Mittelbare Täterschaft bedeutet nach allgemeiner Ansicht, dass der Hintermann über das ausführende Werkzeug Tatherrschaft hat. Nach Ansicht des *BGH* liegt eine mittelbare Täterschaft vor, wenn bei dem Täter ein sog. animus auctoris, d.h. ein Täterwille festzustellen ist. Dieser animus auctoris wird vom *BGH* angenommen, wenn objektiv der Hintermann den Vordermann aufgrund der bestehenden Tatherrschaft leiten kann. Die Literatur beantwortet die Frage nach der mittelbaren Täterschaft objektiv, indem sie von vorneherein auf die Tatherrschaft abstellt.

Tatherrschaft liegt bei der mittelbaren Täterschaft vor, wenn der Hintermann den Vordermann durch überlegenes Wissen oder Wollen manipuliert und aufgrund dieser Manipulation die Tatherrschaft inne hat.

Die F wusste, dass E nicht sterben wollte und dass er niemals ein derartiges Verlangen ihr gegenüber geäußert hat. F selbst wollte den E sterben lassen. In ihrer Tochter sah sie insofern die geeignete Täterin, da diese gutgläubig und sensibel ist, so dass F davon ausgehen konnte, dass sie ihre Worte nicht hinterfragen und erhebliches Mitleid sowohl mit ihr als auch dem Vater haben werde. Aufgrund dessen erklärte sie der T, dass E ihr gegenüber täglich davon spreche, von ihrer Hand sterben zu wollen, sie es jedoch nicht fertig bringe, gleichwohl jedoch sehr leide, weil sie dem E diesen letzten Gefallen nicht erfüllen könne.

Indem F ihrer Tochter T dies erzählte, hoffte sie, dass T nunmehr das Erforderliche veranlassen würde. Die Tat der T war insoweit maßgeblich durch die wahrheitswidrige Behauptung der F geprägt. T entschloss sich zur Tat, weil sie glaubte, dass E tatsächlich sterben wolle, was de facto jedoch nicht zutreffend war.

Man kann mithin davon sprechen, dass F gegenüber T einen Wissensvorsprung hatte und dass T durch den wahrheitswidrigen Sachverhalt zur Tat bestimmt wurde. Diese durch F hervorgerufene Manipulation der T lässt es sachgerecht erscheinen, die F als Zentralfigur des Geschehens und als Hintermann der T durch überlegenes Wissen zu begreifen. Da diese Umstände allesamt vom Tatentschluss der F umfasst waren, ist anzunehmen, dass der Tatentschluss der F auf die Begehung der Tötung in mittelbarer Täterschaft gerichtet war.

Hinweis

Hier ist auch ein anderes Ergebnis vertretbar. Es handelt sich um die Fallgruppe des „Täters hinter dem Täter". Sie können auch zu dem Ergebnis gelangen, dass eine mittelbare Täterschaft aufgrund des volldeliktischen Handelns nicht vorliegt und sich F wegen Anstiftung strafbar gemacht hat. Im Rahmen dieser Prüfung müssen Sie dann auf § 28 zu sprechen kommen, da es denkbar erscheint, dass F ein täterbezogenes Mordmerkmal verwirklicht hat.

c) Unmittelbares Ansetzen

Ein unmittelbares Ansetzen zur Tat liegt vor, wenn subjektiv die Schwelle zum „Jetzt geht's los" überschritten wurde, darüber hinaus nach der Vorstellung des Täters das Rechtsgut konkret gefährdet wurde und keine weiteren wesentlichen Zwischenschritte zum Erfolgseintritt mehr notwendig sind.

Spätestens ab dem Zeitpunkt der Vornahme der Handlung durch T lag das unmittelbare Ansetzen auch für F vor, so dass es der Entscheidung des Meinungsstreites, ob schon mit der Einflussnahme auf T das unmittelbare Ansetzen gegeben ist, nicht bedarf.

d) Rechtswidrigkeit und Schuld

Rechtfertigungsgründe liegen ebenso wenig wie Entschuldigungsgründe vor. Auch bestehen keine Anhaltspunkte, die Veranlassung geben, an der Schuldfähigkeit der F zu zweifeln.

F hat sich damit wegen versuchter Tötung in mittelbarer Täterschaft gem. §§ 212, 22, 23, 25 Abs. 1 Alt. 2 strafbar gemacht.

3. Strafbarkeit gemäß §§ 211, 212, 22, 23, 25 Abs. 1 Alt. 2

F könnte sich auch wegen versuchten Mordes in mittelbarer Täterschaft gem. §§ 211, 212, 22, 23, 25 Abs. 1 Alt. 2 strafbar gemacht haben, indem sie T zur Tat motivierte.

a) Vorprüfung

Wie bereits festgestellt, wurde die Tat nicht vollendet. Die Versuchsstrafbarkeit ergibt sich aus den §§ 23 Abs. 1, 12 Abs. 1.

b) Tatentschluss

Fraglich ist zunächst, ob nach der Vorstellung der F tatbezogenen Mordmerkmale durch T verwirklicht werden sollten.

Denkbar ist, dass F sich vorstellte, T werde den Vater heimtückisch töten. Ihr Tatentschluss war darauf gerichtet, dass die T dem Vater die Tabletten heimlich verabreichen soll. Mithin wusste und wollte sie, dass T die Arg- und Wehrlosigkeit des Vaters ausnutzen sollte. Sie wusste allerdings auch, dass T dies nicht aus einer feindlichen Willensrichtung heraus tun würde. Bei dieser Restriktion handelt es sich jedoch um eine subjektive Einschränkung, die der F nicht zugerechnet werden kann. Aus dem tatbestandsbezogenen Täterbegriff ergibt sich vielmehr, dass die übrigen tatbestandlichen Voraussetzungen, wie z.B. der Vorsatz sowie besondere subjektive Absichten nicht zugerechnet werden, sondern beim Täter selber vorliegen müssen. Von daher muss geprüft werden, ob denn bei F eine feindliche Willensrichtung vorliegt. F möchte Ihren Mann töten, da sie selber mit der Pflege völlig überfordert ist und zudem an Verarmungsängsten leidet. Damit möchte sie nicht in erster Linie zum vermeintlich Besten des Opfers sondern zum eigenen Besten handeln. Eine feindliche Willensrichtung kann mithin angenommen werden (a.A. mit entsprechender Argumentation vertretbar).

Der Tatentschluss war daher auf eine heimtückische Tötung gerichtet.

F könnte auch aus Habgier gehandelt haben. Habgier liegt vor, wenn der Täter aus rücksichtslosem Gewinnstreben um jeden Preis eine Vermögensmehrung durch die Tat erwartet. F wollte E auch deswegen töten, weil sie das Haus verkaufen wollte, um so die Finanzdecke zu stärken. Dies ist ein pekuniäres Interesse. Allerdings war dieses Interesse bestimmt durch eine Verarmungsangst, die bei F in Anbetracht ihres Alters verständlich erscheint. Damit liegt jedoch keine Steigerung des Erwerbssinnes auf ein ungewöhnliches und sittlich anstößiges Maß, wie z.B. bei einem Auftragskiller, vor. Das Mordmerkmal der Habgier muss verneint werden.

Schließlich könnte E noch aus sonstigen niedrigen Beweggründen gehandelt haben. Beweggründe sind niedrig, wenn sie sittlich auf tiefster Stufe stehen und besonders verachtenswert sind. Dies kann vor allem dann angenommen werden, wenn die Tat durch eine hemmungslose, nicht nachvollziehbare Eigensucht gekennzeichnet ist. F ist 75 Jahre alt und mit der Pflege ihres bettlägerigen Mannes total überfordert. Diese Überforderung ist sowohl körperlicher als auch psychischer Natur. Zudem sind die Verarmungsängste der F zu berücksichtigen und der Umstand, dass die finanziellen Rücklagen zur Neige gehen. Insbesondere Letzteres dürfte dazu führen, dass F wahrscheinlich nicht die Möglichkeit sah, externe Pflegekräfte zu ihrer Unterstützung einzustellen. In Anbetracht dessen erscheinen die Beweggründe der F nicht niedrig.

Da der Tatentschluss aber auf eine heimtückische Tötung gerichtet war, ist der Tatentschluss hinsichtlich der Begehung eines heimtückischen Mordes zu bejahen.

c) Unmittelbares Ansetzen

Das unmittelbare Ansetzen ist wie bereits geprüft gegeben.

d) Rechtswidrigkeit und Schuld

Rechtfertigungsgründe liegen ebenso wenig wie Entschuldigungsgründe vor.

F hat sich damit gem. §§ 211, 212, 22, 23, 25 Abs. 1 Alt. 2 strafbar gemacht

4. Strafbarkeit gemäß §§ 223, 25 Abs. 1 Alt. 2

F hat sich aber darüber hinaus wegen Körperverletzung in mittelbarer Täterschaft gem. den §§ 223, 25 Abs. 1 Alt. 2 strafbar gemacht. Die Körperverletzung steht, ebenso wie bei T, in Tateinheit zu der versuchten Tötung.

Zweiter Handlungsabschnitt: Einnahme der Schlaftabletten durch E

I. Strafbarkeit der T

Durch Einnahme der Schlaftabletten hat E einen straflosen Selbstmord begangen, an welchem eine Teilnahme der T durch das Besorgen der Tabletten nicht möglich ist.

II. Strafbarkeit der F

1. Strafbarkeit gemäß §§ 216, 13

F könnte sich gem. §§ 216, 13 wegen Tötung auf Verlangen durch Unterlassen strafbar gemacht haben, indem sie, nachdem E ins Koma gefallen war, keine Rettungsmaßnahmen einleitete.

Durch Unterlassen der Rettungsmaßnahmen hat F kausal den Tod des E herbeigeführt. Hätte sie ab diesem Zeitpunkt einen Rettungswagen alarmiert, hätten die Rettungskräfte durch Auspumpen des Magens des E aller Wahrscheinlichkeit nach dessen Tod verhindern können.

Garant

Als Ehefrau war F auch als Beschützerin dafür verantwortlich, die erforderlichen Rettungsmaßnahmen einzuleiten.

Fraglich ist jedoch, ob der Todeseintritt der F objektiv zugerechnet werden kann, da letztlich der Eintritt des Todes auf der eigenverantwortlichen Einnahme der Schlaftabletten durch E selbst beruht.

Die Rechtsprechung bejahte bislang in Fällen der vorliegenden Art eine Handlungspflicht des Täters und verneinte damit die Teilnahme an einer eigenverantwortlichen Selbsttötung. Sie führte aus, dass ab dem Zeitpunkt der Bewusstlosigkeit die Tatherrschaft dem Täter zufalle. Das Opfer selber könne nunmehr nicht mehr darüber entscheiden, ob es den Eintritt des Todes wolle oder nicht. Vor dem Hintergrund, dass viele Selbstmörder, die einen Selbstmordversuch überlebt haben, ihr Tun bereuen und dieses Tun letztlich als Hilfeschrei verstanden wissen wollen, ging die Rechtsprechung davon aus, dass unter Berücksichtigung des grundgesetzlichen Schutzes des menschlichen Lebens eine generelle Rettungsverpflichtung bestehe mit der Folge, dass die objektive Zurechnung zu bejahen wäre. Nachdem der *BGH*[183] nun aber das Selbstbestimmungsrecht eines sterbewilligen Patienten unter Hinweis auf das Patientenverfügungsgesetz (§§ 1901a ff. BGB) deutlich gestärkt hat, stellt sich die Frage, ob der *BGH* bei seiner bisherigen Rechtsauffassung bleiben wird. Die *StA München*[184] und das *LG Hamburg*[185] haben in vergleichbaren Fällen eine Strafbarkeit verneint und ausgeführt, dass die Garantenpflicht durch einen freiverantwortlichen Selbsttötungswillen eingeschränkt werde mit der Folge der Straflosigkeit des Garanten, der diesen Willen respektiere.

Die Literatur hat der bisherigen Rechtsprechung entgegengehalten, dass diese einen nicht unerheblichen Wertungswiderspruch herbeiführe, indem sie über den Umweg des Unterlassen eine Tat bestrafe, die durch aktives Tun nicht bestraft werden könne. So könne der Täter dem Opfer zwar das Seil reichen, die Schlinge knüpfen, die Schlinge um den Hals legen, er müsse dann allerdings, ab dem Zeitpunkt, ab dem das Opfer den Hocker umstoße und bewusstlos werde dafür sorgen, dass er den Selbstmörder wieder abschneide. Sofern jedoch ein durchgehender Sterbewille bis zum Eintritt der Bewusstlosigkeit fortbestehe, seien die Verhaltensanforderungen, die die Rechtsprechung an den Täter stelle, widersprüchlich.

Berücksichtigt man das Prinzip der Eigenverantwortlichkeit und den fortbestehenden Sterbewillen des Getöteten, der ohne äußere Beeinflussung und frei von Willensmängeln gefasst wurde, so muss entgegen dem Ansatz der Rechtsprechung mit der Literatur davon ausgegangen werden, dass vorliegend diese eigenverantwortlichen Selbstgefährdung die objektive Zurechnung unterbricht. Daraus folgt, dass F sich nicht wegen Tötung auf Verlangen durch Unterlassen nach §§ 216, 13 strafbar gemacht hat. (Auch hier ist selbstverständlich eine andere Ansicht gut vertretbar.)

2. Strafbarkeit gemäß § 323c

Eine Strafbarkeit der F gemäß § 323c kommt nicht in Betracht. Der Selbstmord kann zwar als Unglücksfall angesehen werden. Es ist aber die Zumutbarkeit zu verneinen. Auch hier ist aufgrund des Prinzips der Eigenverantwortlichkeit diese Entscheidung zu respektieren mit der Folge, dass die unterlassene Verhinderung der Selbsttötung straflos bleibt.

3. Strafbarkeit gemäß § 221 Abs. 1 Nr. 2 i.V.m. Abs. 3

Auch eine Strafbarkeit gem. § 221 Abs. 1 Nr. 2 i.V.m. Abs. 3 scheidet aus, da wie oben festgestellt keine Verpflichtung zum Handeln besteht, die F damit auch keine Obhutsbeziehung zu E hat.

> **Hinweis**
>
> Wenn Sie mit der bisherigen Rechtsprechung oben anders argumentiert haben, empfiehlt sich auch hier eine Bejahung der §§ 221 und 323c, welche jedoch hinter dem Unterlassungsdelikt in Gesetzeskonkurrenz zurücktreten, mithin nur kurz erwähnt zu werden brauchen.

Gesamtergebnis:

T hat sich mithin wegen versuchten Totschlags in einem minder schweren Fall gem. §§ 212, 213, 22, 23 in Tateinheit gem. § 52 mit der vollendeten Körperverletzung gem. § 223 strafbar gemacht.

F hat sich wegen versuchten Mordes in mittelbarer Täterschaft gem. §§ 211, 212, 22, 23, 25 Abs. 1 Alt. 2 in Tateinheit gem. § 52 mit der vollendeten Körperverletzung in mittelbarer Täterschaft gem. §§ 223, 25 Abs. 1 Alt. 2 strafbar gemacht.

183 *BGH* Urteil vom 25.6.2010 Az 2 StR 454/09 – abrufbar unter www.bundesgerichtshof.de.

184 *StA München* NStZ 2011, 345.

185 *LG Hamburg* NStZ 2018, 281.

3. Teil
Straftaten gegen die körperliche Unversehrtheit

A. Einführung

154 **Geschütztes Rechtsgut** der Straftaten gegen die körperliche Unversehrtheit gem. §§ 223 ff. ist die körperliche Integrität und die Gesundheit eines Menschen.

Wie bei den §§ 211 ff. auch ist das Handlungsobjekt ein **anderer Mensch**, was sich hier schon aus dem Wortlaut der Norm ergibt. Daraus folgt zum einen, dass eine **Selbstverletzung straflos** ist, womit auch eine **Teilnahme an einer Selbstverletzung straflos** ist.

> **Hinweis**
>
> Allerdings kann unter denselben Voraussetzungen wie bei §§ 211 ff. auch eine Körperverletzung in mittelbarer Täterschaft, eine fahrlässige Verursachung sowie eine Körperverletzung durch Unterlassen für den Beteiligten strafbar sein. Die Abgrenzungsprobleme, die wir unter Rn. 104 kennen gelernt haben, können Ihnen auch hier wieder begegnen. Maßgebliches **Abgrenzungskriterium** ist auch bei den Körperverletzungsdelikten die **Eigenverantwortlichkeit der Selbstverletzung**.

155 Zum anderen ergibt sich aus dem Gesetzestext, dass eine Verletzung oder Schmerzzufügung an einem **Ungeborenen** nicht den §§ 223 ff. unterfällt. Erst mit Beginn der Eröffnungswehen oder einem diese Wehen ersetzenden ärztlichen Eingriff beginnt der strafrechtliche Schutz des Menschen gemäß §§ 223 ff. Die Körperverletzungsdelikte sind auch dann nicht anwendbar, wenn die vor Beginn des Menschseins bewirkten **Missbildungen oder Körperschäden** nach der Geburt an dem Menschen fortbestehen, was unter anderem von Bedeutung ist bei Nebenwirkungen von Medikamenten, die während der Schwangerschaft eingenommen wurden.[1] Allerdings kann ein Eingriff, der zu einer Verletzung der Leibesfrucht führt, als Köperverletzung an der Schwangeren angesehen werden, so z.B. wenn durch diesen Eingriff eine Frühgeburt ausgelöst wird.[2]

156 Das systematische Verhältnis der Körperverletzungsdelikte zueinander sieht wie folgt aus:

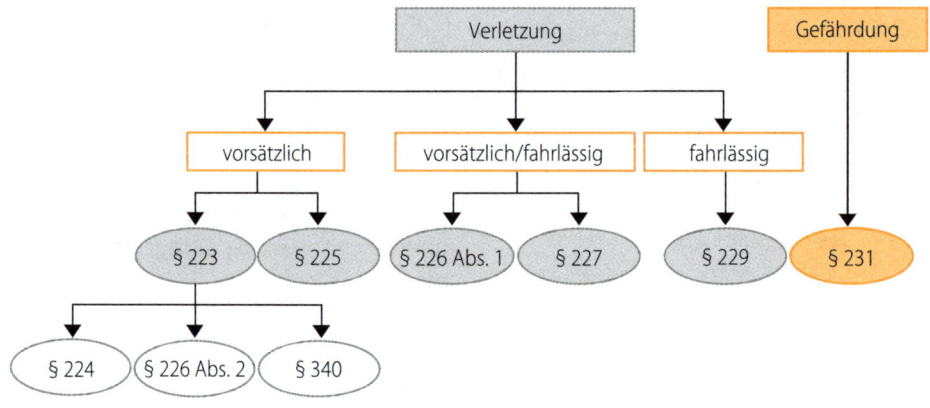

---

1 *BVerfG* NJW 88, 2945; *BGHSt* 31, 348 (Conterganfall).
2 *BGHSt* 31, 348.

Die körperliche Integrität wird in den §§ 223 bis 229 und § 340 sowohl gegen ihre Verletzung als auch in § 231 gegen ihre Gefährdung geschützt.   **157**

Die Verletzung der körperlichen Integrität ist **vorsätzlich** gemäß §§ 223 bis 225, 226 Abs. 2, § 226a, **fahrlässig** gemäß § 229 sowie **vorsätzlich/fahrlässig** gemäß §§ 226 Abs. 1 und 227 möglich.

Innerhalb der vorsätzlichen Verletzung der körperlichen Integrität bildet § 223 das **Grunddelikt**. Auf diesem Grundtatbestand bauen mehrere Qualifikationstatbestände auf:

Die gefährliche Körperverletzung gemäß § 224, die schwere Körperverletzung gemäß § 226 Abs. 2, die Verstümmelung weiblicher Genitalien gemäß § 226a sowie die Körperverletzung im Amt gemäß § 340. Daneben gibt es Erfolgsqualifikationen wie die schwere Körperverletzung nach § 226 Abs. 1 sowie die Körperverletzung mit Todesfolge gemäß § 227.

Die Einordnung des § 225 ist umstritten. Teilweise wird in dieser Vorschrift ein erschwerter Fall des § 223 gesehen.[3] Überwiegend wird § 225 aber wohl als ein eigenständiges Sonderdelikt verstanden.[4] Da § 225 nicht sonderlich klausurrelevant ist, werden wir uns nur in der gebotenen Kürze mit dieser Vorschrift auseinander setzen.

In § 229 ist die fahrlässige Körperverletzung geregelt.

§ 228 normiert eine besondere Voraussetzung für die **Einwilligung** in die Körperverletzung.

> **Hinweis**
>
> Beachten Sie bitte, dass § 228 **nicht die gesetzliche Grundlage** für den Rechtfertigungsgrund der Einwilligung ist. Die rechtfertigende Einwilligung wird vielmehr in § 228 als bestehend vorausgesetzt und um eine weitere Anforderung ergänzt.

---

§ 231 schließlich stellt ein abstraktes Gefährdungsdelikt dar, bei welchem im Gegensatz zu den §§ 223 bis 229 der Eintritt eines tatbestandlichen Erfolges nicht erforderlich ist.

In § 230 schließlich ist geregelt, dass die vorsätzliche und fahrlässige Körperverletzung nur auf **Antrag** verfolgt werden, sofern die Strafverfolgungsbehörde das besondere Interesse an der Strafverfolgung nicht bejaht.

B. Die einfache vorsätzliche Körperverletzung, § 223

I. Überblick

§ 223 enthält zwei Varianten der Körperverletzung: Zum einen die körperliche Misshandlung (erste Alternative), zum anderen die Gesundheitsschädigung (zweite Alternative). Beide Tatmodalitäten stehen selbstständig nebeneinander, überschneiden sich aber häufig.   **158**

---

3 *BGHSt* 3, 20; 4, 113.
4 *Maurach/Schroeder/Maiwald* Strafrecht BT 1 § 10 Rn. 2; *Wessels/Hettinger/Engländer* Strafrecht BT 1 Rn. 272.

Beispiele Das Schlagen mit der Faust ist zum einen eine körperliche Misshandlung zum anderen aber auch, wenn dadurch z.B. ein Bluterguss verursacht wird, eine Gesundheitsschädigung.

Das Abschneiden eines langen Zopfes hingegen ist nur eine körperliche Misshandlung, so wie andererseits das 55-fache Röntgen, bei welchem eine Zellveränderung eintreten kann, nur eine Gesundheitsschädigung ist. ◼

159 In beiden Varianten stellt § 223 ein **Erfolgsdelikt** dar, mit der Folge, dass zwischen der Körperverletzungshandlung und dem eingetretenen Erfolg sowohl **Kausalität** als **auch objektive Zurechnung** bestehen muss. Der Prüfungsaufbau gem. § 223 sieht mithin wie folgt aus:

PRÜFUNGSSCHEMA

Körperverletzung, § 223

I. Objektiver Tatbestand
   1. Körperliche Misshandlung:
      a) Beeinträchtigung des körperlichen Wohlbefindens oder der körperlichen Unversehrtheit
      b) kausal und objektiv zurechenbar durch eine üble und unangemessene Behandlung
   2. Gesundheitsschädigung
      a) pathologischer Zustand
      b) kausal und objektiv zurechenbar hervorgerufen oder gesteigert
         ⓘ ärztlicher Heileingriff   Rn. 168

II. Subjektiver Tatbestand
   dolus eventualis reicht aus
      ⓘ HIV Fälle   Rn. 174

III. Rechtswidrigkeit
      ⓘ hypothetische Einwilligung beim ärztlichen Heileingriff   Rn. 179

IV. Schuld

V. Strafantrag gem. § 230

II. Objektiver Tatbestand

160 Der objektive Tatbestand ist verwirklicht bei einer

körperlichen Misshandlung	oder	Gesundheitsschädigung

1. Körperliche Misshandlung

161 Unter einer **körperlichen Misshandlung** ist eine üble, unangemessene Behandlung zu verstehen, durch die kausal und objektiv zurechenbar das körperliche Wohlbefinden oder die körperliche Unversehrtheit mehr als nur unerheblich beeinträchtigt wird.[5]

---

5 *BGHSt* 14, 269; *Wessels/Hettinger/Engländer* Strafrecht BT 1 Rn. 278.

Die **körperliche Unversehrtheit** ist beeinträchtigt, wenn es zu einem **Substanzverlust**, zu   **162**
einem **Ausfall** oder zu einer **Herabsetzung der körperlichen Funktionen** oder zu **Verunstal-**
tungen gekommen ist, wobei eine Schmerzzufügung nicht erforderlich ist.[6]

Beispiel   Um B zu demütigen, greift A im Rahmen einer Auseinandersetzung zu einer
Schere und schneidet B den ihr lieb gewordenen, einen Meter langen Zopf ab.

Der *BGH* hat in diesem Fall eine körperliche Misshandlung angenommen, da die körperliche Unversehrtheit durch das Abschneiden der Haare beeinträchtigt war. Es wurde deutlich gemacht, dass es nicht auf eine Schmerzempfindung ankomme.[7] ■

Das **körperliche Wohlbefinden** ist regelmäßig beeinträchtigt beim Hervorrufen oder Auf-   **163**
rechterhalten von **Schmerzzuständen** sowie ohne Schmerzempfinden auch bei der **Beein-**
trächtigung des Nervensystems durch z.B. extreme Schalleinwirkung. Rein seelische Beeinträchtigungen, die sich nicht körperlich auswirken, z.B. durch Schocklähmung oder Schlaf-
und Konzentrationsstörungen, reichen nicht aus.[8]

Die Behandlung muss das körperliche Wohlbefinden oder die körperliche Unversehrtheit   **164**
mehr als nur unerheblich beeinträchtigt haben. Ob die Erheblichkeitsschwelle überschritten
ist, beurteilt sich aus der Sicht des objektiven Beobachters, wobei sowohl die Dauer als
auch die Intensität der Einwirkung zu berücksichtigen sind.[9] Hier kann in der Klausur wie
immer i.E. vieles mit der entsprechenden Begründung vertreten werden.

Beispiel   Fußballspieler A hat sich auf dem Platz so sehr über den Schiedsrichter S geär-
gert, dass er ihn bei nächster Gelegenheit anspuckt.

Das *OLG Zweibrücken* hat in einem vergleichbaren Fall die beim Betroffenen ausgelösten
Ekelgefühle als unterhalb des Erheblichen eingestuft und eine Strafbarkeit wegen Körper-
verletzung verneint.[10] Davon unberührt bleibt selbstverständlich eine Bestrafung wegen
Beleidigung. ■

Beispiel   Nachdem die in einer Diskothek jobbende Studentin S einen Raucher (R) aufgefordert hatte, dieses vor der Türe zu tun, kam R aggressiv auf sie zu und blies ihr aus
einer Entfernung von unter einem Meter Zigarettenqualm mit spürbar feuchter, d.h. mit
Spuckeanteilen versetzter Atemluft ins Gesicht. Durch dieses Anpusten wurden die
Schleimhäute der S merkbar gereizt.

Anders als im obigen Fall hat das AG Erfurt[11] neben der Beleidigung eine Körperverletzung bejaht. Zigarettenrauch und Spucke seien über die Bagatellgrenze hinausgehende
Beeinträchtigungen des körperlichen Wohlbefindens. Diese Gesundheitsbeeinträchtigung
resultiere sowohl aus den karzinogenen Anteilen des Rauchs als auch aus den potentiel-
len Viren und Bakterien der Körperflüssigkeit „Spucke". ■

Beispiel   Im Rahmen einer hitzigen Auseinandersetzung versetzt A der B eine schallende
Ohrfeige, die zur Wangenrötung mit sichtbaren Fingerspuren führt.

---

6 *Küper/Zopfs* Strafrecht BT Rn. 393.
7 *BGH* NJW 53, 1440.
8 *BGH* NStZ 2000, 25; *Wessels/Hettinger/Engländer* Strafrecht BT 1 Rn. 282.
9 Schönke/Schröder-*Eser* § 223 Rn. 4.
10 NJW 91, 240.
11 *AG Erfurt* beck-online, FD-StrafR 2013, 352027; auch *BGH* NStZ 2016, 27.

Hier hat der *BGH* eine Körperverletzung bejaht, da die bei der Geschlagenen hervorgerufenen Beeinträchtigung mehr als nur unerheblich war.[12] ■

2. Gesundheitsschädigung

165　Unter einer **Gesundheitsschädigung** wird das kausale und objektiv zurechenbare Hervorrufen oder Steigern eines vom Normalzustand nachteilig abweichenden, pathologischen Zustandes verstanden.[13]

166　Unter einem **pathologischen, d.h. krankhaften Zustand** ist dabei jede nachteilig abweichende Veränderung der körperlichen Verfassung zu verstehen. Unerheblich ist es, ob bei dem Betreffenden diese Veränderung Schmerzempfindungen auslöst.

Beispiel　Arzt A hat die Patientin P davon überzeugt, über 55 Röntgenaufnahmen ihres Skeletts anfertigen zu lassen, weil angeblich nur auf diese Art und Weise eine Krebserkrankung ausgeschlossen werden könne.

Hier hat Arzt A sich aufgrund des exzessiven Röntgens wegen Körperverletzung strafbar gemacht, auch wenn die Veränderungen der Körperzellen nicht sofort nachweisbar sind. Nach Ansicht des *BGH* ist es ausreichend, dass „die Zerstörung der Zellstrukturen durch Röntgenuntersuchungen die Gefahr von Langzeitschäden nicht unwesentlich erhöht" hat.[14] ■

167　Wichtiger Anwendungsfall der Gesundheitsschädigung sind die **Übertragungen von Krankheiten**, wobei es nicht erforderlich ist, dass diese Krankheiten schon zum Ausbruch gekommen sind, so z.B. bei einer **Infektion mit dem HI-Virus,** da der tödliche Ausbruch der Krankheit mit der Infektion bereits prädeterminiert ist.[15]

> **Hinweis**
>
> Psychische Beeinträchtigungen erfüllen bislang grundsätzlich nicht den Tatbestand des § 223 StGB. Wirkt also ein Täter auf sein Opfer lediglich psychisch ein, dann liegt eine Körperverletzung erst dann vor, wenn ein pathologisch, somatisch objektivierbarer Zustand hervorgerufen wurde, der vom Normalzustand nachteilig abweicht. Dies erscheint in Anbetracht der nachhaltigen Auswirkungen von psychischen Beeinträchtigungen auf die gesamte Lebensführung befremdlich, ist aber vor dem Hintergrund der erforderlichen Objektivierbarkeit einer Körperverletzung erklärlich.[16]

12　*BGH* bei *Dallinger* MDR 1973, 901.
13　*BGHSt* 36, 1; *Wessels/Hettinger/Engländer* Strafrecht BT 1 Rn. 281.
14　*BGH* StV 1998, 203.
15　*BGHSt* 36, 1; 36, 262.
16　Wie schwerwiegend diese Beeinträchtigungen sein können, ohne dass § 223 verwirklicht ist, hat der *BGH* erneut deutlich gemacht mit seinem Beschluss vom 18.7.2013 Az 4 StR 168/13 – abrufbar unter www.bundesgerichtshof.de.

III. Ärztliche Heilbehandlung

In Literatur und der Rechtsprechung ist **umstritten**, ob der ärztliche Heileingriff eine Körperverletzung nach §§ 223 ff. darstellt. **168**

Nach der **herrschenden Meinung in der Literatur** liegen ärztliche Heileingriffe außerhalb **169** des Schutzzwecks der Körperverletzungsdelikte und stellen damit **keine tatbestandliche Handlung** dar (teleologische Restriktion). Bei einer notwendigen Gesamtschau erfolge der ärztliche Eingriff nämlich nicht, um den Körper zu verletzen, sondern um ihn ganz im Gegenteil zu heilen. Der Eingriff diene damit der Wiederherstellung und Erhaltung der Gesundheit.[17]

Ein ärztlicher Heileingriff liegt nach Ansicht der Literatur dann vor, wenn
- er **zu Heilzwecken** vorgenommen wurde,
- nach den Erkenntnissen der medizinischen Wissenschaft **angezeigt** ist und
- in seiner Ausführung den **Regeln der ärztlichen Kunst entspricht**.[18]

Sind diese Voraussetzungen gegeben, wobei teilweise darüber hinaus noch ein objektives **170** Gelingen des Heileingriffs verlangt wird,[19] so stellt der Heileingriff, **auch wenn er gegen den Willen des Patienten erfolgt, keine Körperverletzung** dar. Nach Ansicht der Literatur ist ein Schutz vor eigenmächtiger Heilbehandlung einzig über die §§ 239 und 240 zu gewährleisten.[20]

Von der **Rechtsprechung** wird dieser Ansicht entgegen gehalten, dass der über die **171** §§ 239, 240 gewährte Schutz häufig versage, so z.B. wenn an einem Patienten ohne Bewusstsein ein Eingriff vorgenommen werde, der dem mutmaßlichen Willen des Patienten widerspreche aber medizinisch sinnvoll sei. Einen ausreichenden **Schutz des Selbstbestimmungsrechts des Patienten** sieht die Rechtsprechung nur dann gewährleistet, wenn in jedem ärztlichen Eingriff eine tatbestandliche Körperverletzung gesehen wird, unabhängig davon, ob die Maßnahme zu Heilzwecken angezeigt ist oder nicht.[21] Die Strafbarkeit des Arztes soll dann entfallen, wenn der Eingriff aufgrund einer wirksam erteilten **Einwilligung**, kraft **mutmaßlicher Einwilligung** oder im Rahmen eines **rechtfertigenden Notstandes** zulässig ist.[22] Im Rahmen der zu prüfenden Einwilligung wird die **ärztliche Aufklärung** bedeutsam: Ist sie nur unvollständig vorgenommen worden, so leidet die vom Patienten abgegebene Willenserklärung an rechtlichen Mängeln mit der Folge, dass die Einwilligung nicht wirksam erteilt wurde.[23] (Es sei denn, der Mangel kann über eine sog. „hypothetische Einwilligung" geheilt werden. Vgl. dazu Rn. 179).

---

17 *Maurach/Schroeder/Maiwald* Strafrecht BT I § 8 Rn. 34; Übersicht über den Meinungsstand innerhalb der Literatur: *Wessels/Hettinger/Engländer* Strafrecht BT 1 Rn. 369 m.w.N.
18 *Wessels/Hettinger/Engländer* Strafrecht BT 1 Rn. 368.
19 LK-*Lilie* vor § 223 Rn. 2 ff.
20 *Maurach/Schroeder/Maiwald* Strafrecht BT I § 8 Rn. 34.
21 *BGHSt* 11, 111; *BGH* NStZ 96, 34.
22 *BGHSt* 16, 309; *BGH* NJW 68, 1206.
23 *BGH* NStZ 96, 34.

Beispiel Motorradfahrer M wird mit einer schweren Verletzung am rechten Unterschenkel ins Krankenhaus eingeliefert. Arzt A rät dem M zur sofortigen Operation und Amputation des Unterschenkels, da ansonsten die Gefahr des Absterbens des Beins mit weiteren Komplikationen für den Gesamtorganismus bestünde. Aus religiösen Gründen weigert sich Motorradfahrer M jedoch, diese Operation vornehmen zu lassen und verweist auf Gottes Wille. Arzt A setzt sich über diese Weigerung hinweg, narkotisiert M und nimmt ihm danach in einer mehrstündigen Operation den Unterschenkel ab.

Hier könnte man eine Körperverletzung nach § 223 ablehnen, da der von A vorgenommene Eingriff medizinisch indiziert war und den Regeln der ärztlichen Kunst entsprach. Darüber hinaus war die Heilbehandlung erfolgreich, da das Absterben des gesamten Beins abgewendet werden konnte. Arzt A hat sich jedoch nach § 240 strafbar gemacht, indem er M nötigte, die Operation zu dulden. Ggf. liegt auch eine Strafbarkeit nach § 239 vor.

Dagegen spricht jedoch die Außerachtlassung des Selbstbestimmungsrechts des A. Nach Ansicht der Rechtsprechung läge demgemäß eine Körperverletzung nach § 223 vor, da ein ausdrücklich entgegenstehender Wille des M eine rechtfertigende Einwilligung scheitern lässt und der Tatbestand des § 223 durch den ärztlichen Eingriff verwirklicht ist. Auch eine Berufung auf § 34 scheidet aus, da der Eingriff nicht angemessen ist. ∎

172   Ärztliche **Eingriffe**, die zu **experimentellen Zwecken** oder aus rein **kosmetischen Gründen** erfolgen, unterfallen auch nach Ansicht der Literatur nicht dem § 223, sie bedürfen also zu ihrer Straflosigkeit grundsätzlich der Rechtfertigung durch eine vom Patienten erteilte Einwilligung.[24]

> **JURIQ-Klausurtipp**
>
> Der Streit zwischen Rechtsprechung und Literatur muss in der Klausur **im objektiven Tatbestand** dargestellt werden und zwar bei der Frage, ob der Arzt eine tatbestandsmäßige Handlung vorgenommen hat.

IV. Subjektiver Tatbestand

173   Der Täter muss mit Wissen und Wollen der Tatbestandsverwirklichung handeln, wobei dolus eventualis ausreicht.

174   **Problematisch** kann die Bestimmung des Vorsatzes bei den **HIV-Fällen** werden. Nach der herrschenden „Billigungstheorie" muss der Täter die Möglichkeit einer Ansteckung bei einem ungeschützten Sexualverkehr kennen und billigend in Kauf nehmen. Das kognitive Element bereitet dabei dann keine Schwierigkeiten, wenn der Täter von seiner eigenen Infektion weiß. Problematisch ist jedoch die Frage, ob der Täter sich innerlich gedacht hat „Na wenn schon" oder ob er pflichtwidrig darauf vertraut hat „Es wird schon gut gehen".

---

24   *Wessels/Hettinger/Engländer* Strafrecht BT 1 Rn. 330.

Wie bereits bei den Tötungsdelikten dargestellt, wird mit der **Gefährlichkeit der Handlung** und der **Wahrscheinlichkeit des Erfolgseintritts** argumentiert. Je wahrscheinlicher und gefährlicher, desto weniger kann der Täter tatsächlich darauf vertraut haben, es werde alles gut gehen. In diesem Zusammenhang wird relevant, dass bei ungeschütztem normalem Sexualverkehr die Ansteckungsgefahr nur bei 0,1 bis 1,0 % liegt.

Der *BGH*[25] lässt es gleichwohl ausreichen, dass der Täter die Umstände kennt, aus denen sich **175** die Gefährlichkeit ergibt. Denn trotz der geringen Ansteckungsgefahr trage jeder einzelne Sexualkontakt das volle Risiko einer Infizierung in sich (Gedanke des „Russisch Roulette"). Zu diesem Risiko gehöre auch, dass es bis heute kein Heilmittel gegen eine HIV-Erkrankung gebe und dem Täter dies normalerweise bewusst sei. Einen Tötungsvorsatz verneint der *BGH* hingegen regelmäßig. Insoweit habe der Täter möglicherweise die Hoffnung, dass die tödliche Krankheit entweder überhaupt nicht oder erst nach Entdeckung eines Medikaments ausbrechen werde.[26]

> **Hinweis**
>
> Eine Straflosigkeit eines infizierten Täters ist mithin nur möglich, wenn der Täter seinen Sexualpartner über seine Infektion aufklärt. Vollzieht der Partner gleichwohl den Geschlechtsverkehr mit dem Infizierten, so liegt eine **eigenverantwortliche Selbstgefährdung** vor, die die objektive Zurechnung unterbricht.

In der **Literatur** ist diese Rechtsprechung teilweise auf Kritik gestoßen. Es wird darauf hinge- **176** wiesen, dass der *BGH* von seinem Standpunkt aus auch den Körperverletzungsvorsatz nicht habe bejahen dürfen, da auch hier der Täter die gleiche Hoffnung gehabt haben könne, die zur Verneinung des Vorsatzes führen müsse.[27] Außerdem müsse auch in den HIV-Fällen die äußerst geringe Wahrscheinlichkeit der Infektion zugunsten des Täters sprechen, so dass auch hier unterstellt werden kann, der Täter sei davon ausgegangen, es werde alles gut gehen.[28]

V. Rechtswidrigkeit und Schuld

Zunächst einmal gelten die allgemeinen Grundsätze. **177**

1. Ärztlicher Heileingriff

Beim **ärztlichen Heileingriff** wird die rechtfertigende Einwilligung relevant, wenn Sie diesen **178** mit der Rechtsprechung tatbestandlich als Körperverletzung angesehen haben. Sie müssen dann überprüfen, ob der Eingriff durch eine **rechtfertigende Einwilligung** gedeckt ist.

Diese rechtfertigende Einwilligung muss unter anderem **frei von Willensmängeln**, insbeson- **179** dere frei von Täuschung erfolgt sein. Dies ist grundsätzlich nicht der Fall, wenn der Patient nicht vollumfänglich über die wesentlichen Risiken des Eingriffs aufgeklärt wurde. Allerdings

» Wiederholen Sie an dieser Stelle die Voraussetzungen der rechtfertigenden Einwilligung, dargestellt im Skript „Strafrecht AT I". «

---

25 *BGHSt* 36, 1 ff. und 262.
26 *BGHSt* 36, 1 ff. und 262.
27 Schönke/Schröder-*Cramer/Sternberg-Lieben* § 15 Rn. 87a m.w.N.
28 LK-*Lilie* § 223 Rn. 14.

fragt der *BGH* bei **Aufklärungsfehlern** danach, ob der Patient die Einwilligung versagt hätte, wenn er über das infrage kommende Risiko aufgeklärt worden wäre. Hätte er die Einwilligung gleichwohl erteilt, z.B. weil das Risiko gering und die Operation sehr wichtig ist, dann ist der Aufklärungsfehler über die sog. **„hypothetische Einwilligung"** geheilt (Gedanke des rechtmäßigen Alternativverhaltens).[29]

Dem wird in der Literatur[30] teilweise entgegengehalten, dass dadurch Aufklärungsmängel strafrechtlich weitgehend irrelevant würden und zudem der Grundsatz der Subsidiarität der mutmaßlichen Einwilligung, mit der die hypothetische Einwilligung im Wesentlichen vergleichbar ist, da auch hier nach dem vermeintlichen und nicht dem tatsächlichen Willen gefragt wird, keine Rechnung getragen werde.

Beispiel   Arzt A nimmt bei Patient P eine Fettabsaugung vor, ohne ihn darüber aufgeklärt zu haben, dass bei der OP die eigentlich erforderliche Anästhesieschwester bzw. der Anästhesist selbst nicht zugegen sind und die Betäubung sowie das Patientenmonitoring von ihm selbst unter der Assistenz eines Chemiestudenten vorgenommen wird. P verstirbt aufgrund einer fehlerhaften Narkose.[31]

Hier hat der *BGH* eine fehlerhafte Einwilligung angenommen, da nicht davon ausgegangen werden kann, dass P seine Einwilligung erteilt hätte, wenn er die genauen Umstände gekannt hätte, zumal es sich nur um eine Schönheitsoperation gehandelt hat, die auch zu einem späteren Zeitpunkt hätte durchgeführt werden können.

(Auch die Literatur hätte i.Ü. den Tatbestand der Körperverletzung bejaht, da der Eingriff nicht medizinisch indiziert war.) ∎

2.   Einwilligung in religiös motivierte Beschneidungen von männlichen Kindern

180   2012 hat das *LG Köln* eine kontrovers diskutierte Entscheidung zum Thema „religiös motivierte Beschneidung bei männlichen Kindern" erlassen. Ein Arzt hatte in seiner Praxis unter örtlicher Betäubung die Beschneidung eines 4-jährigen Jungen durchgeführt. In diese Beschneidung hatten die Eltern zuvor eingewilligt, gleichwohl erachtete das *LG* diese Einwilligung als unwirksam, da sie von der Personensorge nicht umfasst gewesen sei. Daraufhin erließ der Gesetzgeber **§ 1631d BGB**, wonach die Personensorge nun auch das Recht umfasst, in eine medizinisch nicht erforderliche Beschneidung des nicht einsichts- und urteilsfähigen männlichen Kindes einzuwilligen, wenn diese nach den Regeln der ärztlichen Kunst durchgeführt werden soll.[32]

3.   § 228

181   Zu beachten ist bei den Körperverletzungsdelikten **§ 228**. Danach bleibt die Tat rechtswidrig, wenn sie trotz der Einwilligung **gegen die guten Sitten** verstößt. § 228 legt damit eine

---

29   *BGH* NStZ 96, 34, StV 2004, 376. Zustimmend ein Teil der Literatur, siehe dazu den Überblick bei *Otto/Albrecht* Jura 10, 267 ff.; *Jansen* ZJS 11, 485 ff.

30   *Schönke/Schröder-Eser* § 223 Rn. 40h; *Wessels/Hettinger/Engländer* Strafrecht BT 1 Rn. 362.

31   *BGH* Entscheidung vom 5.7.2007 Az 4 StR 549/06 – abrufbar unter www.bundesgerichtshof.de.

32   Kritisch dazu *Putzke* Monatsschr Kinderheilkd 2013 S. 950–95; zu den Voraussetzungen im Einzelnen: *OLG Hamm* Az 3 UF 133/13 – abrufbar unter http://www.justiz.nrw.de/nrwe/olgs/hamm/j2013/3_UF_133_13_Beschluss_20130830.html.

generalpräventiv begründete Grenze individueller Autonomie fest.[33] Nach herrschender Auffassung richtet sich die Sittenwidrigkeit vor allem nach **Art und Gewicht des Erfolges der Körperverletzungen und dem Grad der möglichen Lebensgefahr**. Der mit der Tat verfolgte **Zweck** ist nur dann von Bedeutung, wenn er eine eigentlich als sittenwidrig zu bewertende Körperverletzung kompensiert, weil er positiv oder einsehbar ist (z.B. bei lebensgefährlichen ärztlichen Eingriffen, die zur Lebensrettung vorgenommen werden). Je gravierender die tatsächlich eingetretenen Verletzungen oder die drohenden Gefahren sind, desto eher kann die Sittenwidrigkeit angenommen werden. Ob die Grenze zur Sittenwidrigkeit überschritten ist, ist aufgrund einer „ex ante" vorzunehmenden Beurteilung zu entscheiden.[34]

Beispiel　Führt eine Tötung auf Verlangen nur zu einer Körperverletzung, so kann diese wegen § 228 nicht durch eine rechtfertigende Einwilligung gerechtfertigt sein, weil die Gefahr der Körperverletzung im Tod bestand und das Leben nicht disponibel ist.

Das Verabreichen von Rauschmitteln kann ebenso wie sadomasochistische Praktiken sittenwidrig sein, wenn „bei vorausschauender objektiver Betrachtung aller maßgeblichen Umstände der Betroffene … in konkrete Todesgefahr gebracht wird".[35] ■

Bei verabredeten und zugleich **einvernehmlichen Massenschlägereien** (gerne unter Fußballfans rivalisierender Vereine) insbesondere im öffentlichen Raum wird von der Rechtsprechung[36] regelmäßig die Sittenwidrigkeit bejaht, auch wenn zuvor Regeln festgelegt werden. Begründet wird dies mit der unkontrollierbaren Eskalationsgefahr des Geschehens und nicht ausschließbaren gravierenden Körperverletzungsfolgen. Der *BGH*[37] hat in Abgrenzung dazu aber auch deutlich gemacht, dass mit erheblichen Gesundheitsgefahren verbundene **Sportwettkämpfe** – auch bei einer Austragung durch Mannschaften – von dieser Rechtsprechung nicht erfasst seien (Boxen, Fußball). Hier solle das Regelwerk der Sportarten, welches regelmäßig durch eine neutrale Instanz (Schiedsrichter) kontrolliert werde, die Gefährdung begrenzen. Etwas anderes gelte nur bei grob regelwidrigem Verhalten (sog. „Blutgrätsche" beim Fußball).

> **JURIQ-Klausurtipp**
>
> Beachten Sie, dass in Zusammenhang mit § 228 eine Irrtumsproblematik sehr klausurrelevant werden könnte: **Irrt sich ein Täter über die tatsächlichen Gefahren eines Eingriffs**, hält er also z.B. bei sadomasochistischen Praktiken den Eintritt schwerer Körperverletzungen oder gar des Todes nicht für möglich, so ist die Einwilligung zwar unwirksam, es liegt aber ein Erlaubnistatbestandsirrtum vor, der ggfs. nur zur Bestrafung aus einer Fahrlässigkeitstat führt. **Kennt der Täter hingegen die Gefahren, bewertet aber gleichwohl die Tat nicht als sittenwidrig,** so irrt er sich in rechtlicher Hinsicht, so dass ein Verbotsirrtum gem. § 17 angenommen werden kann. Hier hängt die Strafbarkeit davon ab, ob der Irrtum vermeidbar war.

» Wiederholen Sie an dieser Stelle den Erlaubnis- und den Erlaubnistatbestandsirrtum, dargestellt im Skript „Strafrecht AT I". «

---

33 *Fischer* § 228 Rn. 8.

34 *BGHSt* 49, 34; 166; *Stree* NStZ 2005, 40.

35 *BGH* Urteil vom 26.5.2004 Az 2 StR 505/03 – abrufbar unter www.bundesgerichtshof.de.

36 *OLG München* BeckRS 2013, 18011; *BGH* Beschluss vom 20.2.2013 Az 1StR 585/12 – abrufbar unter www.bundesgerichthof.de.

37 *BGH* Beschluss vom 20.2.2013 Az 1StR 585/12 – abrufbar unter www.bundesgerichthof.de; bestätigend *BGH* NJW 2015, 1545.

C. Die gefährliche Körperverletzung, § 224

I. Überblick

182 Die gefährliche Körperverletzung gem. § 224 ist eine **Qualifikation** zur einfachen Körperverletzung. Die Strafschärfung erfolgt wegen der **besonderen Gefährlichkeit der Begehungsweise** und der damit einhergehenden **erhöhten Gefahr erheblicher Verletzungen**.[38]

183 § 224 nennt fünf verschiedene Begehungsweisen, die **kumulativ** verwirklicht sein können, was bedeutet, dass Sie alle Nummern bei Vorliegen entsprechender Anhaltspunkte durchprüfen müssen. Im Einzelnen gibt es folgende „gefährliche Körperverletzungen":

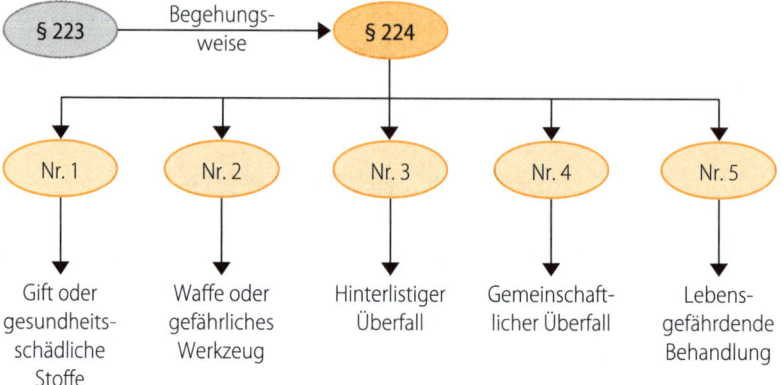

184 In **minder schweren Fällen** kann gem. § 224 Abs. 1 der Strafrahmen abgesenkt werden. Es handelt sich um eine Frage der Strafzumessung, die bei Vorliegen eindeutiger Anhaltspunkte nach der Schuld zu diskutieren ist.

JURIQ-Klausurtipp

Wie immer können Sie zunächst den Grundtatbestand der einfachen Körperverletzung komplett durchprüfen und danach den Tatbestand des § 224 prüfen, der ebenfalls aus einem objektiven und subjektiven Tatbestand besteht. **Eleganter** ist es jedoch, **Grundtatbestand und Qualifikation zusammen zu prüfen**. Im objektiven Tatbestand prüfen Sie dann die Voraussetzungen des § 223 und des § 224, im subjektiven Tatbestand Vorsatz bezüglich beider Normen: Bitte benennen Sie im Obersatz stets alle in Betracht kommenden Varianten des § 224.

---

38 *BGHSt* 19, 352.

Der Aufbau sieht dann wie folgt aus: **185**

Gefährliche Körperverletzung, § 224

I. Objektiver Tatbestand

1. Voraussetzungen des § 223
2. Voraussetzungen des § 224
   a) Nr. 1: durch Beibringung von Gift oder anderen gesundheitsschädlichen Stoffen
      - gesundheitsschädliche Eignung   Rn. 188
      - Beibringen   Rn. 190
   b) Nr. 2: mittels einer Waffe oder eines anderen gefährlichen Werkzeugs
      - unbewegliche Gegenstände als „gefährliches Werkzeug"   Rn. 193
   c) Nr. 3: mittels eines hinterlistigen Überfalls
   d) Nr. 4: mit einem anderen Beteiligten gemeinschaftlich
      - Beteiligter   Rn. 201
      - Wahrnehmung durch das Opfer   Rn. 202
   e) Nr. 5: mittels einer das Leben gefährdenden Behandlung
      - konkrete/abstrakte Gefahr   Rn. 206

II. Subjektiver Tatbestand

1. Vorsatz hinsichtlich der Voraussetzungen des § 223
2. Vorsatz hinsichtlich der Voraussetzungen des § 224

III. Rechtswidrigkeit

IV. Schuld

V. Minder schwerer Fall gem. § 224 Abs. 1 a.E.

PRÜFUNGSSCHEMA

II. Objektiver Tatbestand

1. Körperverletzung durch Beibringung von Gift oder anderen gesundheitsschädlichen Stoffen (Nr. 1)

Nach § 224 Abs. 1 Nr. 1 ist eine qualifizierte Körperverletzung zu bejahen, wenn diese durch   **186**
die Wirkung des beigebrachten Giftes oder sonstiger gesundheitsschädlicher Stoffe vollendet
wurde. Die Beibringung von Gift oder sonstigen gesundheitsschädlichen Stoffen bildet also
das tatbestandliche Verletzungsmittel.[39]

Wie der Gesetzesformulierung entnommen werden kann, ist Gift ein Spezialfall der gesund-   **187**
heitsschädlichen Stoffe.

> Unter einem **Gift** wird jeder anorganische oder organische Stoff verstanden, der die Gesundheit durch chemische oder chemisch-physikalische Wirkung zu beeinträchtigen vermag.[40]

---

39 *Wessels/Hettinger/Engländer* Strafrecht BT 1 Rn. 290.
40 *Küper/Zopfs* Strafrecht BT Rn. 115 f.

Beispiele Zu den organischen Giften zählen Salzsäure, bestimmte Rauschgifte wie z.B. Opium sowie das Gift von Schlangen. Zu den anorganischen Giften gehören unter anderem Arsen, Zyankali und Blausäure.

> Andere **gesundheitsschädliche Stoffe** sind solche Substanzen, die vor allem mechanisch oder thermisch wirken sowie darüber hinaus krankheitserregende Mikroorganismen, Bakterien aber auch Stoffe des alltäglichen Gebrauchs, wie z.B. Kochsalz.[41]

Beispiele Zerstoßenes Glas, heiße Flüssigkeiten sowie eine Infektion mit dem HI-Virus stellen gesundheitsschädliche Stoffe dar. ■

188 Das Gift und die Stoffe müssen geeignet sein, die Gesundheit zu schädigen. **Umstritten** ist, wie diese **gesundheitsschädliche Eignung** zu definieren ist.

Teilweise wird **jegliche gesundheitsschädliche Eignung**, also auch eine abstrakte, als ausreichend angesehen. Gegen eine besondere Gefährlichkeit spreche dieser Ansicht zufolge die Formulierung der Norm, wonach inzwischen lediglich gesundheitsschädliche nicht aber gesundheitszerstörende Stoffen erforderlich seien.[42] Nach **h.M.** genügt es jedoch nicht, dass der Stoff abstrakt gesundheitsschädlich ist. Erforderlich soll vielmehr sein, dass das Gift oder der gesundheitsschädliche Stoff **in der konkreten Art und Weise seiner Verwendung geeignet** sein muss, **erhebliche**, eventuell weitere, nicht notwendig lebensgefährliche **Körperverletzungen** herbeizuführen.[43] Begründet wird diese Einschränkung mit dem erhöhten Strafrahmen und dem Vergleich mit dem gefährlichen Werkzeug in der Ziffer 2, welches ebenfalls geeignet sein muss, erhebliche Verletzungen herbeizuführen. Diese Einschränkung führt dazu, dass abstrakt gefährliche Stoffe ungeeignet und abstrakt ungefährliche Stoffe geeignet sein können.

Beispiel A verabreicht B „K.O.-Tropfen", damit dieser in einen komatösen mehrstündigen Schlaf fällt und ihn bei seinem Vorhaben, seine Freundin zu verführen, nicht stört.

Hier liegt in dem komatösen Schlaf das Herbeiführen eines pathologischen Zustandes. Diese Herbeiführung erfolgte jedoch nicht durch die Beibringung von Gift, da eine geringe Menge K.O.-Tropfen nicht geeignet ist, eine erhebliche Körperverletzung herbeizuführen.[44] ■

Beispiel T zwingt ihre 4 Jahre alte Stieftochter S unter Androhung von Schlägen, einen mit 32 Gramm Kochsalz versehenen Pudding aufzuessen. Es soll sich dabei um eine erzieherische Maßnahme handeln, da S den Pudding in der Absicht, ihn zusätzlich zu süßen, versehentlich gesalzen hatte. T rechnete dabei mit Übelkeit und Bauchschmerzen, nicht jedoch mit der infolge von Durchfall und Erbrechen eintretenden Dehydration des Kindes, welche schließlich zum Tode führt.

Hier hat der *BGH*[45] die Beibringung eines gesundheitsschädlichen Stoffes bejaht. In Anbetracht der Höhe der Dosierung und der Konstitution eines kleinen Kindes (S wog 15 Kilo) war Salz als alltäglicher Stoff geeignet, die Gesundheit über die Übelkeit hinaus in erheblichem Maße zu gefährden. ■

---

41 *Wessels/Hettinger/Engländer* Strafrecht BT 1 Rn. 288; *BGH* JuS 2006, 758.
42 SK-*Horn/Wolters* § 224 Rn. 8a.
43 *Wessels/Hettinger/Engländer* Strafrecht BT 1 Rn. 291; *BGH* NJW 2006, 1822; *Jäger* Strafrecht BT Rn. 75.
44 Schönke/Schröder-Stree/Sternberg-*Lieben* § 224 Rn. 2b.
45 *BGH* JuS 2006, 758.

Das Gift bzw. der gesundheitsschädliche Stoff muss dem Körper des Opfers **beigebracht** 189
worden sein und die Körperverletzung ursächlich bewirkt haben.

Beigebracht ist das Gift bzw. der gesundheitsschädliche Stoff dann, wenn eine Verbindung
mit dem Körper hergestellt wurde, so dass das Gift bzw. der gesundheitsschädliche Stoff dort
seine schädliche Wirkung entfalten kann.[46]

In der Regel erfolgt die Beibringung durch eine direkte innere Anwendung. Umstritten ist 190
jedoch, ob das Beibringen auch zu bejahen ist, wenn der Stoff oder Gift **nur äußerlich** angewendet werden.

Nach **h.M.** ist es unerheblich, ob das Gift bzw. der gesundheitsschädliche Stoff in das Körper- 191
innere gelangt ist. Eine Entfaltung der Stoffe **auf der Körperoberfläche soll ausreichen**.
Maßgeblich ist allein die Gefährlichkeit der Begehungsweise, die sowohl „äußerlich" als auch
„innerlich" gleich intensiv sein kann.[47] Nach **anderer Ansicht** soll lediglich eine **interne Wirkung** des Stoffes unter den Anwendungsbereich der Nr. 1 fallen, da ansonsten Nr. 1 gegenüber Nr. 2 keinen eigenständigen Anwendungsbereich mehr hätte.[48] Demnach müsste der
äußerlich angebrachte Stoff seine Wirkung jedenfalls im Körperinneren entfalten.

Beispiel A überschüttet D mit kochend heißem Wasser und verursacht so bei D im
Bereich des Oberkörpers Verbrennungen dritten Grades.

Hier hat A nach h.M. eine gefährliche Körperverletzung mittels der Beibringung eines
gesundheitsschädlichen Stoffes begangen. Das heiße Wasser stellt einen solchen Stoff
dar, da es thermisch wirkt. Das Aufbringen des heißen Wassers auf den Körper reicht zur
Vollendung des Delikts aus. Nach a.A. liegt eine Körperverletzung gem. §§ 223,
224 Abs. 1 Nr. 2 vor, da das heiße Wasser als gefährliches Werkzeug angesehen werden
kann und für die Nr. 1 eine Wirkung im Körperinneren erforderlich ist. ■

2. Körperverletzung mittels einer Waffe oder eines anderen gefährlichen Werkzeugs (Nr. 2)

Bei § 224 Abs. 1 Nr. 2 ist Grund für die Strafschärfung, dass der Täter die Körperverletzung mit- 192
tels einer Waffe oder eines anderen gefährlichen Werkzeugs begangen hat.

Auch hier kann dem Gesetzestext entnommen werden, dass die **Waffe** den **Spezialfall des
gefährlichen Werkzeugs** darstellt.

Was unter einem gefährlichen Werkzeug zu verstehen ist, ist **umstritten**. Nach **h.M.** lautet 193
die Definition wie folgt:

Ein **gefährliches Werkzeug** ist jeder bewegliche Gegenstand, der nach seiner objektiven
Beschaffenheit und Art seiner Verwendung im konkreten Fall geeignet ist, erhebliche Verletzungen herbei zu führen.[49]

46 *Wessels/Hettinger/Engländer* Strafrecht BT 1 Rn. 289.
47 *BGHSt* 32, 130.
48 *Jäger* Strafrecht BT Rn. 76.
49 *BGH* NStZ 87,174; *BGH* Urteil vom 24.9.2009 Az 4 StR 347/09 – abrufbar unter www.bundesgerichtshof.de;
Wessels/Hettinger/Engländer Strafrecht BT 1 Rn. 296.

194   Nach **a.A.** sollen **auch unbewegliche Gegenstände**, wie feststehende Wände, gegen die der Kopf des Opfers geschlagen wird, unter den Begriff des Werkzeugs zu subsumieren sein, da es von der Wirkung keinen Unterschied mache, ob das Werkzeug beweglich sei oder nicht.[50]

195   Die **h.M.** hält dieser Ansicht entgegen, dass sie zum einen gegen den Wortlaut verstoße, da der natürliche Sprachgebrauch keine feststehenden Gegenstände als Werkzeug betrachten würde. Darüber hinaus wird ausgeführt, dass in den meisten Fällen bei den von der Literatur ins Auge gefassten Begehungsweisen eine gefährliche Behandlung gemäß Abs. 1 Nr. 5 vorliegen wird, sodass eine Erfassung über Abs. 1 Nr. 2 nicht erforderlich ist.[51]

> ### JURIQ-Klausurtipp
>
> Beachten Sie, dass allerdings auch nach h.M. es **unerheblich** ist, ob der **Gegenstand gegen das Opfer** oder das **Opfer gegen den Gegenstand** geführt wird. Wird also das Opfer mit seinem Kopf gegen einen beweglichen Amboss geschleudert, so liegt eine Körperverletzung nach § 224 Abs. 1 Nr. 2 vor.
>
> Auch aus diesem Grund will die o.g. Literaturauffassung unbewegliche Gegenstände unter den Begriff des Werkzeugs subsumieren, da letztlich **nicht die durch die Bewegung des Gegenstandes herbeigeführte Verletzung** maßgeblich ist.

Die erheblichen Verletzungen müssen nicht tatsächlich eingetreten sein. Es reicht nach der Definition, dass das gefährliche Werkzeug **potentiell geeignet** war, diese herbeizuführen.[52]

Beispiele   Je nach Verwendung im Einzelfall können gefährliche Werkzeuge sein:

Eine Schere, der Schuh am Fuß beim Tritt gegen empfindliche Stellen des Körpers, ein Kraftfahrzeug, auch das Ausdrücken einer brennenden Zigarette auf der Haut des Opfers wegen der nicht sicher absehbaren Folgen, wie z.B. komplizierte Wundheilung und Narbe, sowie das Übergießen mit siedenden Flüssigkeiten, wobei diese schon vom Anwendungsbereich der Nr. 1 umfasst werden. Keine gefährlichen Werkzeuge sollen Behandlungs- und Operationsinstrumente in den Händen von niedergelassenen Ärzten sein, die bestimmungsgemäß gebraucht werden, wie z.B. Skalpelle.[53] ■

196   Dem Wortlaut „gefährliches Werkzeug" ist zu entnehmen, dass als ein solches Werkzeug **nur körperfremde Sachen** in Betracht kommen. Unbewehrte Körperteile, wie z.B. die Faust, die Handkante oder das Knie, stellen mithin keine gefährlichen Werkzeuge dar. Unerheblich ist hingegen der Aggregatzustand des Werkzeugs, so dass auch Salzsäure und giftige Gase in Betracht kommen.[54]

> Unter einer **Waffe** ist eine Waffe im technischen Sinn zu verstehen. Umfasst werden gebrauchsbereite Werkzeuge, die nach ihrer Art der Anfertigung nicht nur geeignet, sondern allgemein auch dazu bestimmt sind, Menschen durch ihre mechanische oder chemische Wirkung körperlich zu verletzen.[55]

---

50   LK-*Lilie* § 224 Rn. 27; NK-*Paeffken* § 224 Rn. 13.

51   *BGHSt* 22, 235; *BGH* NStZ 88, 361; *Wessels/Hettinger/Engländer* Strafrecht BT 1 Rn. 274.

52   *BGH* Urteil vom 24.9.2009 Az 4 StR 347/09 – abrufbar unter www.bundesgerichtshof.de.

53   Siehe die Übersicht bei *Wessels/Hettinger/Engländer* Strafrecht BT 1 Rn. 300.

54   *Jäger* Strafrecht BT Rn. 78.

55   *BGHSt* 4, 125.

Wesentlich ist auch bei der Waffe die **konkrete, einsatzbezogene Gefährlichkeit**, wie beim **197** gefährlichen Werkzeug.

Beispiel Als Waffe werden gem. § 1 Abs. 2 WaffG i.V.m. Anlage 1 zum WaffG Pistolen, auch Gaspistolen, Gewehre, Messer, sofern sie nach ihrer Bauart als Waffen bestimmt sind, Handgranaten usw. angesehen.

Wird die Pistole allerdings nur mit einem leichten Schlag gegen den Oberkörper des Opfers geführt, so liegt keine gefährliche Körperverletzung vor, da es in diesem Fall an der einsatzbezogenen Gefährlichkeit der Waffe fehlt. ■

Beachten Sie, dass die Körperverletzung **„mittels"** des gefährlichen Werkzeugs oder der Waffe begangen worden sein muss. In der Verletzung muss sich also die **Gefährlichkeit des Tatwerkzeuges** in typischer Weise realisieren.

Beispiel Polizist P möchte einen anfahrenden Autofahrer stellen, indem er sich auf die Motorhaube des Fahrzeugs legt und sich an den Scheibenwischern festhält. Nachdem der Autofahrer nicht anhält, nutzt er bei der nächsten Kurve die Fliehkräfte und lässt sich auf den Asphalt fallen. Dabei zieht er sich Schürfwunden an Armen und Beinen zu.

Der *BGH*[56] hat § 224 Abs. 1 Nr. 2 in diesem Fall verneint. Zwar könne ein fahrendes Auto grundsätzlich ein gefährliches Werkzeug sein, so z.B. beim Zufahren auf einen Fußgänger. Die Verletzungen des P seien jedoch, so der *BGH*, nicht durch eine Einwirkung des Fahrzeuges auf den Körper, sondern durch den Sturz auf den Asphalt entstanden. ■

3. Körperverletzung mittels eines hinterlistigen Überfalls (Nr. 3)

Ein weiterer Qualifikationsgrund liegt nach § 224 Abs. 1 Nr. 3 in der Begehung mittels eines **198** hinterlistigen Überfalls.

> Unter einem **Überfall** ist jeder plötzliche unerwartete Angriff auf einen Ahnungslosen zu verstehen.[57] Dieser Überfall ist **hinterlistig**, wenn der Täter planmäßig berechnend vorgeht, indem er seine wahre Absicht verschleiert und gerade dadurch dem Angegriffenen die Abwehr erschwert.[58]

Das Ausnutzen eines Überraschungsmoments genügt für sich alleine insofern nicht.[59] **199**

Beispiel A und B befinden sich in einer wortreichen Auseinandersetzung, die B dadurch zu beenden vorgibt, dass er A die Hand zum Friedensschluss entgegen streckt. Kaum hat der ahnungslose A die Hand ergriffen, stößt ihm B unvermittelt das Knie in den Unterleib.

Hier hat der *BGH* einen hinterlistigen Überfall bejaht, da der Täter durch das Ausstrecken der Hand zum Friedensschluss seine wahre Absicht planmäßig berechnet verdeckt hat.[60]

Weitere hinterlistige Überfälle können sein: Verstecken und Auflauern, Beibringen eines Betäubungsmittels, Anbringen einer Stolperfalle etc. ■

---

56 *BGH* Beschluss vom 30.6.2011 Az 4 StR 266/11 – abrufbar unter www.bundesgerichtshof.de; ähnlich *BGH* Beschluss vom 20.12.2012 Az 4 StR 292/12.
57 *Wessels/Hettinger/Engländer* Strafrecht BT 1 Rn. 304.
58 *BGH* GA 89, 32.
59 *BGH* GA 61, 241.
60 *BGH* MDR/D 56, 526.

4. Körperverletzung mit einem anderen Beteiligten gemeinschaftlich (Nr. 4)

200 Gem. § 224 Abs. 1 Nr. 4 ist die Körperverletzung gefährlich, wenn sie mit einem anderen Beteiligten gemeinschaftlich begangen wird.

> **Gemeinschaftlich** ist die Körperverletzung begangen, wenn **mindestens zwei Personen** als Angreifer am Tatort zusammen wirken.

201 **Umstritten** ist, was unter dem Begriff des „Beteiligten" zu verstehen ist.

Teilweise wird unter Hinweis auf das Tatbestandsmerkmal „gemeinschaftlich" noch immer verlangt, dass die beiden Personen mittäterschaftlich handeln müssen.[61] Nach inzwischen **herrschender Meinung** in der Literatur und Rechtsprechung lässt die Formulierung „mit einem anderen Beteiligten" jedoch darauf schließen, dass die Täter nicht als Mittäter miteinander verbunden sein müssen, sondern dass es ausreicht, dass **Anstifter und Haupttäter** bzw. **Gehilfe und Haupttäter** am Tatort zusammenwirken. Das Tatbestandsmerkmal „gemeinschaftlich" soll lediglich sicherstellen, dass ein verbundenes Handeln mehrerer Personen erfasst wird, die gefahrerhöhend am Tatort anwesend sind, so dass das Opfer immer damit rechnen muss, auch der unterstützende Angreifer könne jederzeit zum täterschaftlichen Angriff übergehen.[62]

Beispiel A, B und C wollen eine Gaststätte überfallen. Während C draußen wartet, betreten A und B das Gebäude und treffen zunächst in der Küche auf den Koch K. Nachdem dieser erklärt hat, er habe kein Geld und könne auch nicht auf die Kasse zugreifen, betritt die Pächterin P die Küche. Diese erkennt die Sachlage, verlässt die Küche und betritt über einen Flur einen Nebenraum, um die Polizei zu rufen. Während A den K in Schach hält, folgt B der P. Im Nebenraum schubst er sie gegen eine „Entkorkmaschine", wobei P Prellungen erleidet. Die Täter verschwinden alsdann ohne Geld.

Hier stellte sich für den *BGH*[63] die Frage, ob B die Körperverletzung mit einem anderen Beteiligten gemeinschaftlich begangen hat. C, der draußen Schmiere stand, schied als Beteiligter aus. In Betracht kam aber A, der in der Küche K in Schach hielt. Der *BGH* hat § 224 Abs. 1 Nr. 4 verneint und dabei darauf abgestellt, dass sich beide Täter in unterschiedlichen Räumen aufhielten. Das überzeugt aufgrund der doch immer noch bestehenden räumlichen Nähe nicht unbedingt. Vielmehr spricht gegen die Anwendung der Nr. 4, dass A damit beschäftigt war, K in Schach zu halten und von daher nicht zur Unterstützung des B im Nebenraum zur Verfügung stand.[64] ■

> **JURIQ-Klausurtipp**
>
> In der Klausur ist der Aufbau der **Prüfung des § 224 Abs. 1 Nr. 4 nicht ganz unproblematisch,** da inzident die Beteiligungsform einer anderen Person mitgeprüft werden muss.
>
> Sofern unproblematisch eine mittäterschaftliche Begehung angenommen werden kann, sollten Sie den gemeinsamen Aufbau bei der Mittäterschaft wählen und *„… die Strafbarkeit von A und B gem. §§ 223, 224 Abs. 1 Nr. 4, 25 Abs. 2…"* prüfen.

---

61 *Schroth* NJW 1998, 2861.

62 *Wessels/Hettinger/Engländer* Strafrecht BT 1 Rn. 306; *BGH* Urteil vom 3.9.2002 Az 5 STR 210/02 – abrufbar unter www.bundesgerichtshof.de.

63 *BGH* NStZ 2017, 640.

64 So auch Anm. *Bock* NStZ 2017, 640.

Sofern unproblematisch die andere Person Anstifter oder Beihelfender ist, prüfen Sie bei dem Merkmal „Beteiligter" inzident den jeweiligen Beitrag *(„fördern oder bestimmen")* und stellen fest, dass insoweit eine gemeinschaftliche Begehung vorliegt. Später können Sie dann bei der Prüfung des Teilnehmers hinsichtlich des Beitrags auf oben verweisen.

Sofern die Abgrenzung zwischen Täterschaft und Teilnahme in der Klausur Probleme aufwirft, sollten Sie erneut mit dem Haupttäter beginnen (im obigen Fall B) und bei § 224 Abs. 1 Nr. 4 dann feststellen, dass zumindest ein die Tat fördernder Beitrag i.S.d. Beihilfe oder ein bestimmender Beitrag i.S.d. Anstiftung in Betracht kommt, was nach h.M. ausreicht. Ob der Tatbeitrag zudem auch eine Mittäterschaft begründen könnte, lassen Sie an dieser Stelle dann offen und verweisen auf die spätere Prüfung.

Umstritten ist ferner, ob das Opfer den weiteren Beteiligten auch **wahrgenommen** haben muss. **202**

Beispiel A will X einen Denkzettel verpassen und möchte auf die Reifen seines fahrenden Fahrzeuges schießen. Damit der Plan gelingt, bittet er B, sich 250 m vorher ins Gebüsch zu setzen und ihm mittels eines Walkie Talkie Bescheid zu geben, sobald X sich nähert. Das Fahrzeug gerät aufgrund des Schusses von der Fahrbahn ab und landet im Graben. Die Insassen ziehen sich diverse Verletzungen zu. ■

In der **Literatur** wird überwiegend vertreten, dass das Opfer die unterstützungsbereite Person am Tatort auch wahrgenommen haben müsse, da es nur dann auch aufgrund seiner psychischen Zwangslage in seiner Verteidigung eingeschränkt sei.[65] **203**

Der *BGH* und Teile der Literatur hingegen verweisen auf die erhöhte Gefährlichkeit, die sich auch aus der Angriffs- und Wehrbereitschaft mehrerer Angreifer ergebe, so dass eine Wahrnehmung des Opfers nicht erforderlich sei.[66] **204**

5. Körperverletzung mittels einer das Leben gefährdenden Behandlung (Nr. 5)

Gem. § 224 Abs. 1 Nr. 5 kann sich die Gefährlichkeit der Körperverletzung schließlich noch aus der lebensgefährdenden Behandlung ergeben. **205**

Dabei ist **umstritten**, ob es sich bei der Gefahr um eine **konkrete oder abstrakte Gefahr** handeln muss. **206**

Im Hinblick auf die hohe Strafandrohung wird in der **Literatur teilweise** vertreten, dass das Opfer in eine **konkrete Lebensgefahr** gekommen sein müsse. Dafür spreche auch die Unbestimmtheit des Begriffs der abstrakten Gefahr.[67] Eine konkrete Gefahr liegt vor, wenn es nur noch vom rettenden Zufall abhängt, ob der Tod eintritt.

65 LK-*Lilie* § 224 Rn. 35; MüKo-*Hardtung* § 224 Rn. 26.
66 *BGHSt* 2006, 572; *Joecks/Jäger* § 224 Rn. 36a.
67 Schönke/Schröder-Stree/Sternberg-*Lieben* § 224 Rn. 12.

> **Hinweis**
>
> § 221 Abs. 1 verlangt eine derart konkrete Lebensgefahr als tatbestandlichen Erfolg. Dementsprechend finden Sie dort auch die Formulierung „... ihn dadurch der Gefahr des Todes ... aussetzt".

207   Die **herrschende Meinung** lässt hingegen die **abstrakte Gefährlichkeit** der Körperverletzungshandlung ausreichen.[68] Eine tatsächliche Lebensgefahr muss demnach nicht eintreten. Begründet wird dies damit, dass keine der in § 224 genannten Ziffern eine tatsächlich eingetretene schwere Folge voraussetzt und dass der Wortlaut schließlich auch nicht von dem Herbeiführen einer Lebensgefahr, sondern nur von einer lebensgefährdenden Behandlung spreche. Schließlich habe auch der Gesetzgeber deutlich gemacht, dass eine konkrete Gefahr nicht erforderlich sei.[69] Nach herrschender Meinung wird die lebensgefährdende Behandlung damit wie folgt definiert:

> Eine **das Leben gefährdende Behandlung** liegt vor, wenn die Verletzungshandlung generell geeignet ist, das Leben des Opfers in Gefahr zu bringen.

Beispiele   Sowohl eine konkrete als auch eine abstrakte Gefahr kann bejaht werden bei einem festen Würgegriff, der zu Schmerzen und Würgemerkmalen am Hals führt,[70] Anfahren mit einem Fahrzeug, zu Boden stoßen auf eine viel befahrene Autobahnfahrbahn,[71] Verabreichen eines versalzenen Puddings[72].

Anders hingegen in dem oben beschriebenen Fall des exzessiv röntgenden Arztes, da hier allenfalls eine abstrakte Gefahr für die Zellen besteht.[73] Auch eine Ansteckung mit dem HI-Virus wird von der herrschenden Meinung als eine das Leben gefährdende Behandlung angesehen, sofern der Nachweis der Kausalität gelingt.[74] ■

> **JURIQ-Klausurtipp**
>
> Sofern Sie eine andere **Definition** wählen als die der h.M., wirkt sich das auch auf den **Vorsatz** aus. Sind Sie z.B. der Auffassung, dass bei Nr. 5 eine konkrete Gefahr erforderlich ist, so muss der Täter auch mit dieser konkreten Gefahr gerechnet und sie billigend in Kauf genommen haben. In der Klausur kann es sein, dass insbesondere bei der Nr. 5 im objektiven Tatbestand die unterschiedlichen Meinungen irrelevant sind, im subjektiven Tatbestand der Täter aber allenfalls Vorsatz im Hinblick auf eine abstrakte, nicht aber auf eine konkrete Gefahr hat, so dass Sie in Fällen dieser Art den Streit im objektiven Tatbestand entscheiden sollten.

208   Zu beachten ist, dass sich die **Lebensgefährdung aus der Behandlung** selber ergeben muss. Ergibt sich die Gefahr erst aus den nachfolgenden Konsequenzen, so muss § 224 Abs. 1 Nr. 5 verneint werden.

---

68   *BGHSt* 36, 9.
69   *Joecks/Jäger* § 224 Rn. 38.
70   *BGH* Entscheidung vom 3.7.2007 Az 5 StR 37/07 – abrufbar unter www.bundesgerichtshof.de.
71   *BGH* NStZ 2007, 34.
72   *BGH* JuS 2006, 758.
73   *BGHSt* 43, 356 mit abl. Bspr. *Jung* MedR 1998, 329.
74   *Wessels/Hettinger/Engländer* Strafrecht BT 1 Rn. 292.

Beispiel Wird ein Opfer vom Täter auf eine Straße geschubst und erleidet es seine Verletzungen erst dadurch, dass sich im Anschluss daran ein Unfall entwickelt, weil ein Autofahrer nicht rechtzeitig ausweichen kann, so ist die Behandlung, nämlich das „Schubsen", vom *BGH* nicht als lebensgefährliche Behandlung angesehen worden. Demnach muss die Gefahr auch hier „mittels" der Art der Behandlung eintreten.[75] ▪

III. Subjektiver Tatbestand

In subjektiver Hinsicht reicht für § 224 normaler Vorsatz, d.h. dolus eventualis aus. Der Vorsatz **209** muss sich also auch darauf beziehen, dass

- das **Gift oder der gesundheitsschädliche Stoff** in der konkreten Art und Weise seiner Verwendung geeignet ist, erhebliche, eventuell weitere, nicht notwendig lebensgefährliche Körperverletzungen herbeizuführen (Nr. 1),
- das **gefährliche Werkzeug** nach seiner objektiven Beschaffenheit und Art seiner Verwendung im konkreten Fall geeignet ist, erhebliche Verletzungen herbei zu führen (Nr. 2),
- **die das Leben gefährdende Behandlung** generell geeignet ist, das Leben des Opfers in Gefahr zu bringen (Nr. 5).

Beispiel Im obigen Kochsalzfall hat der *BGH*[76] den Vorsatz bezüglich der Nr. 1 bejaht, da die Täterin zumindest mit erheblichen Bauchschmerzen und Übelkeit gerechnet habe. Den Vorsatz bezüglich der Nr. 5 hat er nicht geprüft, da er sich anschließend auf die Strafbarkeit gem. § 227 fokussiert hat. Im Rahmen des § 227 hat er ausgeführt, dass es für die Täterin aufgrund ihrer intellektuellen Fähigkeiten und Kenntnisse nicht subjektiv vorhersehbar gewesen sei, dass eine derartige Salzmenge zu einer Dehydration und damit zum Tode führen könne. Ausgehend davon wird man den Vorsatz der Täterin bezüglich der abstrakten Lebensgefährdung wohl ebenfalls verneinen müssen. ▪

IV. Rechtswidrigkeit und Schuld

Es gibt keine deliktsspezifischen Besonderheiten. Insofern wird auf die allgemeinen Grund- **210** sätze verwiesen.

V. Konkurrenzen

Die Verwirklichung mehrerer Alternativen des § 224 stellt insgesamt **nur eine schwere Kör- 211 perverletzung** dar. Zu den Konkurrenzen mit § 226 und den Tötungsdelikten vgl. Rn. 239.

D. Misshandlung von Schutzbefohlenen, § 225

Wie bereits ausgeführt, ist die Vorschrift nicht sehr examensrelevant, weswegen sie an dieser **212** Stelle auch nur knapp behandelt wird. Es reicht aus, wenn Sie sich mit den wesentlichen Grundzügen vertraut machen.

---

75 *BGH* Beschluss vom 5.1.2010 Az 4 StR 478/09 – abrufbar unter www.bundesgerichtshof.de.
76 *BGH* JuS 2006, 758.

213 Die Misshandlung von Schutzbefohlenen wird **nach einer Auffassung** als **eigenständiger Vergehenstatbestand** angesehen.[77] Nach **gegenteiliger Auffassung** handelt es sich um eine **Qualifikation** der Körperverletzung, soweit die Tathandlungen der rohen Misshandlung, der Gesundheitsschädigung durch böswillige Vernachlässigung der Sorgepflicht sowie des Quälens i.F. der körperlichen Integritätsverletzung in Rede stehen, und um einen **eigenständigen Tatbestand**, soweit sich das Quälen als die Verursachung seelischer Leiden darstellt.[78]

214 Die Besonderheit der Vorschrift besteht in dem **geschützten Personenkreis**, der aus Minderjährigen und wegen Gebrechlichkeit oder Krankheit wehrlosen Personen besteht. Zwischen ihnen und dem Täter muss das in den Nummern 1–4 näher umschriebene, besondere **Schutz- oder Abhängigkeitsverhältnis** bestehen.

215 Die **Tathandlung** besteht in dem Quälen, dem rohen Misshandeln oder der böswilligen Vernachlässigung der Sorgepflicht.

> Unter **Quälen** ist dabei das Zufügen länger andauernder oder sich wiederholender Schmerzen oder Leiden körperlicher oder seelischer Art zu verstehen.[79]
>
> Ein **grobes Misshandeln** liegt in einer gefühllosen Behandlung, die auf unbarmherziger Gesinnung beruht und eine Körperverletzung von erheblichem Gewicht herbeiführt.[80]
>
> Eine **böswillige Vernachlässigung** ist anzunehmen, wenn die dem Täter obliegende Fürsorgepflicht aus besonders verwerflichen Gründen verletzt wird.[81]

Beispiel Um ihre Tochter, die die Hausaufgaben für den nächsten Schultag nicht gemacht hat, zu züchtigen, sperrt A die 8-Jährige in einen dunklen Keller, wobei sie ihr erzählt, dass in diesem Keller die Geister der verstorbenen Hausbewohner ihr Unwesen treiben würden. Erst nach einer Stunde lässt A die völlig verängstigte und am ganzen Körper zitternde Tochter aus dem Keller heraus.

Hier liegt das Tatbestandsmerkmal des Quälens vor, da durch das Einsperren ein besonderes Leiden seelischer Art bei der Tochter herbeigeführt wurde. Gemäß § 225 Abs. 1 Nr. 1 und 2 ist darüber hinaus auch das besondere Verhältnis zwischen der Täterin und dem Opfer anzunehmen, da die Tochter der Fürsorge sowie der Obhut ihrer leiblichen Mutter unterstand. ■

216 **§ 225 Abs. 3** enthält einen besonderen **Qualifikationstatbestand,** welcher eine Strafschärfung für den Fall vorsieht, dass das Opfer durch die Tat in die Gefahr des Todes, einer schweren Gesundheitsschädigung oder einer erheblichen Schädigung der körperlichen oder seelischen Entwicklung gerät.

Unter einer Gefahr wird hierbei die **konkrete Gefährdung** verstanden, d.h. es hängt letztlich nur vom Zufall ab, ob der Tod, die schwere Gesundheitsschädigung oder die Schädigung der körperlichen oder seelischen Entwicklung eintritt oder nicht.[82]

---

77 *BGHSt* 41, 113; *Maurach/Schroeder/Maiwald* Strafrecht BT 1 § 10 Rn. 2; *Wessels/Hettinger/Engländer* Strafrecht BT I Rn. 345.

78 *Schönke/Schröder-Stree/Sternberg-Lieben/Sternberg-Lieben,* StGB § 225 Rn. 1/2.

79 *BGHSt* 41, 113.

80 *BGHSt* 25, 277.

81 *BGHSt* 3, 20.

82 *Wessels/Hettinger/Engländer* Strafrecht BT 1 Rn. 351.

E. Schwere Körperverletzung, § 226

I. Überblick

Strafgrund der schweren Körperverletzung gemäß § 226 ist die besonders Schwere des Taterfolges.

217

Beachten Sie, dass § 226 in den Absätzen 1 und 2 zwei verschiedene Deliktstypen enthält:

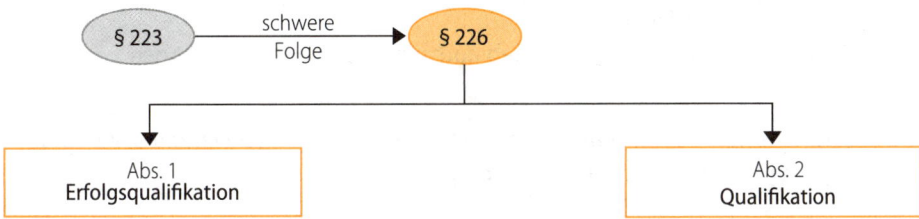

§ 226 Abs. 1 stellt eine **Erfolgsqualifikation** dar, d.h. hinsichtlich des Eintritts der schweren Folge reicht wenigstens Fahrlässigkeit gemäß § 18 aus. Verursacht der Täter die schwere Folge hingegen wissentlich oder absichtlich (dolus directus 1. oder 2. Grades) so greift § 226 Abs. 2 als **Qualifikation** ein.

218

§ 226 Abs. 3 enthält eine **Strafzumessungsvorschrift** für minder schwere Fälle.

219

JURIQ-Klausurtipp

Damit ist der Prüfungsaufbau bei Abs. 1 und 2 unterschiedlich!

Sofern Sie **Abs. 1** prüfen, müssen Sie den **Aufbau des erfolgsqualifizierten Delikts** wählen (siehe dazu bei § 227 unter Rn. 247). Sofern der Täter die Folge mit dolus eventualis herbeigeführt hat, ist ebenfalls Abs. 1 anwendbar, da Abs. 2 als Qualifikation wenigstens dolus directus 2. Grades voraussetzt.

Verwirklicht der Täter den Erfolg zumindest mit dolus directus 2. Grades wird § 226 Abs. 2 i.V.m. Abs. 1 aufgebaut wie eine normale **Qualifikation**.

---

220   Der gemeinsame **Aufbau** sieht wie folgt aus:

Schwere Körperverletzung, § 226 Abs. 2

I. Objektiver Tatbestand
1. Voraussetzungen des § 223
2. Voraussetzungen des § 226 Abs. 2 i.V.m. Abs. 1 Nr. 1–3,
   a) Nr. 1: Verlust des Sehvermögens, des Gehörs, des Sprechvermögens oder der Fortpflanzungsfähigkeit
   b) Nr. 2: Verlust oder dauernde Gebrauchsunfähigkeit eines wichtigen Gliedes
      ▶ Glied   Rn. 227
      ▶ wichtig   Rn. 230
   c) Nr. 3: erhebliche dauerhafte Entstellung oder Verfall in Siechtum, Lähmung, geistige Krankheit oder Behinderung

II. Subjektiver Tatbestand
1. Vorsatz hinsichtlich der Voraussetzungen des § 223
2. Vorsatz hinsichtlich der Voraussetzungen des § 226

III. Rechtswidrigkeit

IV. Schuld

V. Minder schwerer Fall gem. § 226 Abs. 3

II.   § 226 Abs. 1 Nr. 1

221   Nach § 226 Abs. 1 Nr. 1 ist der Verlust des Sehvermögens auf mindestens einem Auge, des Gehörs, des Sprechvermögens oder der Fortpflanzungsfähigkeit strafschärfend.

> Ein **Verlust** liegt vor, wenn die Fähigkeit im Wesentlichen, d.h. nicht unbedingt vollständig aufgehoben ist, ein Ausfall über einen längeren Zeitraum hindurch besteht und eine Heilung zumindest auf absehbare Zeit nicht eintreten kann.[83]

222   Das **Sehvermögen** ist verloren, wenn die Fähigkeit, Gegenstände zu erkennen, auf einem oder beiden Augen wesentlich (um bis zu 90 %) aufgehoben ist.

223   Das **Gehör** ist verloren, wenn die Fähigkeit, artikulierte Laute wahrzunehmen auf beiden Ohren wesentlich aufgehoben ist. Ist diese Fähigkeit nur auf einem Ohr aufgehoben, so ist § 226 Abs. 1 Nr. 1 nicht verwirklicht.

224   Das **Sprechvermögen** ist verloren, wenn die Fähigkeit, artikuliert zu reden, wesentlich aufgehoben ist, wobei es nicht erforderlich ist, dass völlige Stimmlosigkeit eingetreten ist. Auf der anderen Seite genügt aber bloßes Stottern nicht.

83 *OLG Hamm* GA 76, 304; *BayObLG* NStZ-RR 1994, 264.

Die **Fortpflanzungsfähigkeit** ist verloren, wenn die Fähigkeit, Nachkommen zu zeugen, zu **225** empfangen und auszutragen im Wesentlichen verloren ist. Die Fortpflanzungsfähigkeit kann auch bei Kindern schon verloren gehen, da es insoweit lediglich darauf ankommt, dass sie in ihnen angelegt ist.[84]

III. § 226 Abs. 1 Nr. 2

Bei § 226 Abs. 1 Nr. 2 ist der Verlust oder die dauernde Gebrauchsunfähigkeit eines wichtigen **226** Gliedes des Körpers der Strafschärfungsgrund. Diese Alternative wird Ihnen in der Klausur am häufigsten begegnen, da zum einen **umstritten** ist, was unter einem „**Glied**" zu verstehen ist und zum anderen, wann dieses Glied „**wichtig**" ist.

> Unter einem „**Glied**" ist nach **herrschender Meinung** dabei jedes **nach außen hin in** **227** **Erscheinung tretende Körperteil** zu verstehen, das eine in sich abgeschlossene Existenz mit besonderer Funktion im Gesamtorganismus hat und mit dem Körper durch ein Gelenk verbunden ist.[85]

Innere Organe, wie z.B. eine Niere, zählen nach dieser Auffassung nicht zu den geschützten Objekten.[86] Die **herrschende Meinung** bezieht sich insofern auf den **Wortlaut** als auch auf die **Systematik**, wonach in Nr. 1 des § 226 innere Organe wie z.B. die Fortpflanzungsfähigkeit abschließend **aufgezählt seien**. Darüber hinaus wird darauf hingewiesen, dass aus der Gesetzgebungsgeschichte zu entnehmen sei, dass der Begriff des wichtigen Gliedes die **Verstümmelung ersetzen sollte**. Diese Verstümmelung ist jedoch bei inneren Organen nicht möglich.[87]

Die **Gegenansicht** hingegen hält **in Anbetracht der Wichtigkeit der inneren Organe** für **228** den Gesamtorganismus die Einbeziehung bestimmter innerer Organe für erforderlich und verweist auf den **Strafzweck** des § 226.[88]

Wieder **andere verzichten auf die Gelenkverbindung**,[89] so dass auch Nase und Ohren dem **229** Schutz der Nr. 2 unterfallen, wobei in diesen Fällen zumeist eine Entstellung gegeben sein dürfte, die mit der Nr. 3 erfasst werden kann, so dass eine Ausweitung der Definition der h.M. an dieser Stelle kriminalpolitisch nicht erforderlich ist.

Umstritten ist darüber hinaus, wann ein Glied als **wichtig** anzusehen ist. **230**

Die **Ansicht der Rechtsprechung** zu der Definition des Begriffes hat sich mit einer Entschei- **231** dung auf dem Jahr 2007 **geändert**.[90] Bis zu diesem Zeitpunkt hat die Rechtsprechung die **Wichtigkeit des Gliedes nach seiner allgemeinen Bedeutung** bestimmt, d.h. sie hat danach gefragt, welche Bedeutung dieses einzelne Glied für jeden Menschen hat.[91] Körper-

---

84 *Wessels/Hettinger/Engländer* Strafrecht BT 1 Rn. 313.
85 *BGHSt* 28, 100.
86 *Wessels/Hettinger/Engländer* Strafrecht BT 1 Rn. 314.
87 *Wessels/Hettinger/Engländer* Strafrecht BT 1 Rn. 314.
88 *Otto* Strafrecht BT, § 17 Rn. 6.
89 *Wolters* JuS 98, 585.
90 *BGH* Entscheidung vom 15.3.2007 Az 4 StR 52/06 – abrufbar unter www.bundesgerichtshof.de.
91 *RGSt* 6, 346; 64, 201.

liche sowie sonstige individuelle Besonderheiten, wie z.B. eine besondere Berufstätigkeit des Verletzten, wurden nicht berücksichtigt.

232 Eine **in der Literatur vertretene Gegenansicht** stellt hingegen seit jeher auf einen **individuellen Maßstab** ab und berücksichtigt die persönlichen und damit auch beruflichen Verhältnisse des Verletzten.[92] Wieder **andere differenzieren** und beziehen die **besonderen körperlichen,** nicht aber die „außerkörperlichen" (z.B. die beruflichen) **Umstände** mit ein.[93]

233 Die **Einbeziehung sämtlicher persönlicher Umstände** war nach Ansicht der Rechtsprechung deshalb problematisch, weil dadurch zufällige persönliche Besonderheiten des Opfers, die bei Abs. 1 vom Vorsatz des Täters nicht umfasst zu sein brauchen (Erfolgsqualifikation), die Strafbarkeit begründen.

> **Beispiel**   A gibt einen Schuss auf B ab und trifft ihn versehentlich an der linken Hand. Aufgrund dieses Schusses verliert B den Ringfinger.
>
> Sofern es sich bei B um einen normalen Menschen handelt, stellt der Verlust des Ringfingers keinen Verlust eines wichtigen Gliedes im Sinne des § 226 Abs. 1 Nr. 2 dar, da auch ohne Ringfinger die Greiffunktion der Hand noch gegeben ist. Würde es sich hingegen bei B um einen Geigenvirtuosen handeln, so wäre der Verlust des Ringfingers als ein Verlust eines wichtigen Gliedes anzusehen, da ohne den Ringfinger die Geige nicht gespielt werden kann. Nach einer Ansicht der Literatur läge in diesem Fall eine schwere Körperverletzung mit einer erheblich erhöhten Strafe vor. Da für Abs. 1 allerdings Fahrlässigkeit ausreicht, würde eine nach außen nicht erkennbare persönliche Besonderheit, von der der Täter nichts wissen muss, zu einer Strafschärfung führen.
>
> Diese Literaturansicht scheint allerdings bei Abs. 2 das bessere Ergebnis erzielen zu können, wenn es A nämlich gerade darauf ankommt, den Geigenvirtuosen berufsunfähig zu schießen. Dieser Fall könnte nach h.M. ebenfalls nicht nach § 226 bestraft werden. ■

234 Der *BGH* ist in der o.g. Entscheidung (Rn. 231) von seiner bisherigen Auffassung abgerückt und bezieht **nun die körperlichen Besonderheiten des Verletzten** in die Beurteilung der Wichtigkeit des Gliedes mit ein. Er führt aus, dass das Außerachtlassen dieser körperlichen Besonderheiten „dem heutigen Verständnis eines gleichberechtigten Zusammenlebens von Menschen unterschiedlicher körperlicher Beschaffenheit" widerspräche.[94]

> **Beispiel**   Beim obigen Geigenspieler würde der kleine Finger vom *BGH* nach wie vor nicht als wichtig angesehen. Die Zehen eines Menschen, dem aufgrund einer körperlichen Behinderung die Arme fehlen, können jedoch nunmehr wichtige Glieder sein, wenn in diesem Fall die besondere „Greiffunktion" des Fußes aufgehoben ist.
>
> Der Verlust des Mittelfingers der rechten Hand kann ein wichtiges Glied sein, wenn an derselben Hand der Zeigefinger versteift ist und zwar unabhängig davon, ob dieser bereits vor der Tat versteift war oder erst durch die Tat zusammen mit dem abgetrennten Mittelfinger versteift wurde.[95] In der zitierten *BGH* Entscheidung hatten die Täter dem Opfer mittels eines Gipserbeils mir erheblicher Wucht auf die zu Boden gedrückte Hand geschlagen, wodurch die Finger in genannter Weise beeinträchtigt wurden. ■

---

92   *Maurach/Schroeder/Maiwald* Strafrecht BT 1 § 19 Rn. 21.
93   SK-*Horn/Wolters* § 226 Rn. 10.
94   *BGH* Entscheidung vom 15.3.2007 Az 4 StR 52/06 – abrufbar unter www.bundesgerichtshof.de.
95   *BGH* Entscheidung vom 15.3.2007 Az 4 StR 52/06 – abrufbar unter www.bundesgerichtshof.de.

Dieses wichtige Glied muss verloren oder dauernd nicht mehr gebrauchsfähig sein. **235**

> **Verloren** ist das Glied, wenn es vom Organismus abgetrennt ist. **Dauernd nicht mehr gebrauchsfähig** ist es, wenn es nicht mehr bestimmungsgemäß eingesetzt werden kann.[96]

IV. § 226 Abs. 1 Nr. 3

Die dritte Variante erfasst die Fälle, in denen das Opfer durch die Tat in erheblicher Weise **236** dauerhaft entstellt wird oder in Siechtum, Lähmung, geistige Krankheit oder Behinderung verfällt.

> **Erheblich entstellt** ist das Opfer, wenn das Erscheinungsbild durch eine körperliche Verunstaltung wesentlich beeinträchtigt wurde.[97]

Beispiel Der Verlust der Nasenspitze, einer Ohrmuschel oder mehrerer Vorderzähne sowie das Zurückbleiben störender Narben im Gesicht, am Hals oder an sonstigen Stellen, die dem Blick der Öffentlichkeit preisgegeben sind, stellt eine erhebliche Entstellung dar. ∎

> Diese Entstellung ist dann **dauerhaft**, wenn sie mit einer ständigen oder unbestimmt langwierigen Beeinträchtigung verbunden ist.[98]

> Unter **Siechtum** ist ein chronischer Krankheitszustand zu verstehen, der den Gesamtorganismus in Mitleidenschaft zieht und mit einem Schwinden der körperlichen und geistigen Kräfte einhergeht. Chronisch ist dieser Zustand, wenn zeitlich nicht absehbar ist.[99] **237**
>
> **Lähmung** bedeutet eine erhebliche Beeinträchtigung eines Körperteils, die sich auf die Bewegungsfähigkeit des ganzen Körpers auswirkt.[100]
>
> **Geistige Krankheit** sind alle endogenen und exogenen Psychosen i.S.v. § 20. Auch die **Behinderung** muss nach überwiegender Ansicht eine geistige sein.[101]

V. Zurechenbarkeit bei medizinischen Behandlungsmöglichkeiten

Bei § 226 geht es um „dauernde" Beeinträchtigungen (Nr. 2: „dauernd nicht mehr gebrauchen", Nr. 3: „dauernd entstellt"). Nun stellt sich die Frage, ob man von einer solchen Dauerhaftigkeit auch dann sprechen kann, wenn es **medizinische Behandlungsmöglichkeiten** gibt, die geeignet sind, den ursprünglichen Zustand (beinah gänzlich) wiederherzustellen, deren Durchführung das Opfer jedoch ablehnt. **238**

---

96 SK-*Horn/Wolters* § 226 Rn. 11.
97 *Wessels/Hettinger/Engländer* Strafrecht BT 1 Rn. 318.
98 *BGHSt* 24, 315.
99 *Wessels/Hettinger/Engländer* Strafrecht BT 1 Rn. 320.
100 *Wessels/Hettinger/Engländer* Strafrecht BT 1 Rn. 320.
101 *Joecks/Jäger* § 226 Rn. 21 f.

Beispiel O wehrt eine Messerattacke des A ab und verletzt sich dabei schwer an der linken Hand, mit der Folge, dass die Hand weitgehend gebrauchsunfähig wird. Diese Folge hätte wesentlich gemildert werden können, wenn O sich einer ärztlichen Nachbehandlung, vor allem aber einer Physiotherapie unterzogen hätte, was O aber ablehnte. Fraglich ist nun, **ob die Folge in einem solchen Fall dem Täter auch zurechenbar ist.** ■

Der *BGH* hat dies für § 226 Abs. 1 Nr. 2 bejaht. Es hat ausgeführt, dass, wollte man die Zurechenbarkeit verneinen, es nunmehr eine Obliegenheit des Opfers gäbe, an der Genesung mitzuwirken. Verletzte das Opfer diese Obliegenheit, wirke sich das strafmildernd auf den Täter aus. Dies widerspräche jedoch dem Gerechtigkeitsempfinden, attestiere man damit doch dem Opfer, dass es in gewisser Weise „selbst schuld" sei.[102]

In der **Literatur** wird das überwiegend anders beurteilt. Demnach wird die Folge dem Täter dann nicht zugerechnet, wenn die Beseitigung oder das Abmildern der Folge dem Opfer zumutbar und machbar gewesen wäre, was u.a. von den Erfolgsaussichten und dem Risiko des Eingriffs abhängt. Dies wird mit dem Gedanken der eigenverantwortlichen Selbstgefährdung und der Vermeidung von Willkür durch das Opfer begründet.[103] Hiergegen wendet wiederum der BGH ein, dass der Begriff „Zumutbarkeit" zu unbestimmt sei und gegen Art. 103 Abs. 2 GG verstoße.[104]

Beispiel Der *BGH* hat also im obigen *Beispiel* eine Strafbarkeit gem. § 226 Abs. 1 Nr. 2 bejaht. Da eine Physiotherapie weder gefährlich noch mit erheblichen Schmerzen verbunden ist, ist diese Entscheidung in der Literatur auf Widerspruch gestoßen.[105] Nach der gegenteiligen Auffassung läge demnach eine Strafbarkeit gem. § 226 Abs. 1 Nr. 2 nicht vor. ■

Interessanterweise hat der *BGH* bei der Dauerhaftigkeit der Entstellung in § 226 Abs. 1 Nr. 3 die Situation bislang anders beurteilt.

Beispiel A hat B vier Vorderzähne ausgeschlagen. Diese können unproblematisch durch eine Zahnprothese ersetzt werden mit der Folge, dass der Verlust der Zähne nicht mehr auffällt.

Hier hat der *BGH* die Dauerhaftigkeit der Entstellung verneint, da das Einfügen einer Zahnprothese dem Opfer zumutbar sei.[106] ■

VI. Konkurrenzen

239 Bislang war man überwiegend davon ausgegangen, dass **§ 226** den **§ 224** in Gesetzeskonkurrenz verdrängt. Mittlerweile ist man jedoch der Auffassung, dass aus Klarstellungsgründen **Tateinheit** zwischen beiden Normen angenommen werden kann, um die besonders verwerfliche Art der Tatbegehung deutlich zu machen.[107]

---

102 *BGH* NJW 2017, 176.
103 *Schönke/Schröder-Stree/Sternberg-Lieben/Sternberg-Lieben* § 226 Rn. 5; *Joecks/Jäger/Jäger* § 226 Rn. 30.
104 *BGH* NJW 2017, 176.
105 *Joecks/Jäger/Jäger* § 226 Rn. 30.
106 *BGHSt* 24, 315.
107 *BGH* NStZ 2014, 269; *Joecks/Jäger* § 226, Rn. 37.

§ 226 wird ebenso wie die anderen Körperverletzungsdelikte von den vollendeten §§ 211, 212, 216 **verdrängt**. Bleibt die mit dolus eventualis ausgeführte Tötung jedoch im Versuch stecken, so steht die absichtlich herbeigeführte gefährliche und/oder schwere Körperverletzung grds. in **Tateinheit** daneben. Fraglich ist, ob das auch gilt, wenn **§ 216 im Versuch** stecken geblieben ist. Aufgrund der privilegierenden Sperrwirkung des § 216 wird teilweise angenommen, dass ausnahmsweise der Versuch des § 216 die Vollendung der Körperverletzung nach § 226 verdränge.[108] Nach anderer Auffassung soll in diesen Fällen die Lösung über den minder schweren Fall gem. § 226 Abs. 3 gesucht werden.[109]

Tateinheit wird nach h.M. auch angenommen, wenn der Täter die Tötung beabsichtigt, diese jedoch nicht eintritt, dafür aber die schwere Folge, hinsichtlich derer er jedenfalls dolus directus 2. Grades hat.[110] Tritt der Täter vom Tötungsversuch zurück, so bleibt die Strafbarkeit gem. § 226 Abs. 2.

> **JURIQ-Klausurtipp**
>
> Das Konkurrenzverhältnis von Tötungs- und Körperverletzungsdelikten hat zur Folge, dass Sie bei versuchten Tötungsdelikten in der Klausur stets an die mitverwirklichten vollendeten Körperverletzungsdelikte denken und diese durchprüfen müssen. Lediglich bei einer vollendeten Tötung reicht ein Hinweis, dass die ebenfalls mitverwirklichten §§ 223 ff. zurücktreten.

F. Verstümmelung weiblicher Genitalien, § 226a

I. Überblick

Mit dem 47. Strafrechtsänderungsgesetz vom 24.9.2013 hat der Gesetzgeber einen neuen Straftatbestand in das StGB eingefügt, die Verstümmelung weiblicher Genitalien. Im Verhältnis zu § 223 handelt es sich um eine **Qualifikation**.[111] **240**

Schutzzweck dieser Norm ist nicht nur die **körperliche,** sondern auch die **seelische Unversehrtheit** des Opfers. Mittelbar wird darüber hinaus zugleich die **sexuelle Selbstbestimmung,** auf deren Unterdrückung ein solcher Eingriff in der Regel hinauslaufen soll, geschützt.[112]

Teilweise werden in der Literatur Bedenken hinsichtlich der **Verfassungskonformität** der Norm geäußert. Dies geschieht vor allem im Hinblick auf § 1631d BGB, der die Einwilligung in die Beschneidung eines männlichen Kindes gestattet. Ein möglicher Verstoß gegen Art. 3 GG wird damit begründet, dass es in beiden Fällen um religiös oder kulturell motivierte Verletzungen der Geschlechtsorgane junger Menschen gehe.[113] § 226a ist jedoch im Lichte der unterschiedlichen Intensität des Eingriffs zu verstehen. Die unten noch zu beschreibenden,

---

108 *Joecks/Jäger* § 226 Rn. 39.
109 *Jäger* JuS 2000, 37.
110 Vgl. *Wessels/Hettinger/Engländer* Strafrecht BT 1 Rn. 322.
111 *Rittig* JuS 2014, 499 ff.
112 *Scönke/Schröder-Sterberg-Lieben* § 226a Rn. 1.
113 *Henning Ernst Müller* beck blog Eintrag v. 4.10.2013 http://blog.beck.de/2013/10/04/der-neue-226-a-stgb-verst-mmelung-weiblicher-genitalien-verfassungswidrig; *Zöller/Thörnich* JA 2014, 167.

drastischeren Verstümmelungshandlungen an den weiblichen Genitalien gehen sowohl in ihren unmittelbaren als auch in den lebenslangen Folgen wohl weit über das hinaus, was bei einer Beschneidung eines männlichen Kindes zu erwarten ist.[114]

241 In einer Klausur müssen Sie § 226a wie folgt prüfen:

Verstümmelung weiblicher Genitalien, § 226a

I. Objektiver Tatbestand
1. jede weibliche Person unabhängig vom Alter
2. kausal und objektiv zurechenbar durch eine Handlung hervorgerufene Verstümmelung

II. Subjektiver Tatbestand
Dolus eventualis reicht aus

III. Rechtswidrigkeit
☞ Sittenwidrigkeit der Einwilligung

IV. Schuld

II. Tatbestand

242 **Tatobjekt** ist jede weibliche Person, unabhängig vom Alter, so dass auch und vor allem junge Mädchen geschützt sind.

Der **Tathandlung**, die kausal und objektiv zurechenbar zu einer Verstümmelung führen muss, muss an den **äußeren Genitalien** (große und kleine Schamlippen, Scheidenvorhof, Scheidenvorhofdrüsen, Klitoris samt Klitorisvorhaut) vorgenommen werden.[115] Dadurch werden medizinisch indizierte Eingriffe an den inneren Genitalien (z.B. eine tumorbedingte Entfernung der Gebärmutter) nicht erfasst. Diese unterfallen, wie andere medizinische Eingriffe auch, dem Schutz des § 223.

>> Wiederholen Sie an dieser Stelle die Problematik des ärztlichen Heileingriffs, dargestellt unter Rn. 168. <<

Aus den Gesetzesmaterialien ergibt sich, dass der durch die Handlung herbeigeführte **tatbestandliche Erfolg** der **Verstümmelung** eine **negative Veränderung von einigem Gewicht** sein muss. Nach allgemeinem Sprachgebrauch (grammatikalische Auslegung) wird unter einer Verstümmelung jede erhebliche Veränderung des äußeren Erscheinungsbildes durch äußere Einwirkung erfasst, die **unästhetisch oder entstellend** wirkt. Damit kann (systematische Auslegung) eine Parallele zu § 226 Abs. 1 Nr. 3 gezogen werden. Zu beachten ist, dass ein Funktionsverlust der weiblichen Genitalien nicht eintreten muss.[116]

Beispiel Nach dem Willen des Gesetzgebers[117] sollen Eingriffe wie eine Klitoridektomie (Entfernen der Klitoris), Exzision (Herausschneiden von Gewebe) Infibulation (vollständiges oder teilweise Verschließen der Vagina) sowie Einschnitte, Ausbrennungen oder Ätzungen erfasst sein.

Rein kosmetische Eingriffe wie Intimpiercings sollen nicht erfasst werden. Hier bleibt § 223 anwendbar. ■

---

114 *Rittig* JuS 2014, 499 ff.
115 *Schönke/Schröder-Sterberg-Lieben* § 226a Rn. 3.
116 Lesen Sie zum Thema den lehrreichen Aufsatz von *Rittig* JuS 2014, 499 ff.
117 *BT-Dr* 17/13707 S. 6.

III. Rechtswidrigkeit

Zu diskutieren sein wird regelmäßig das Problem der **wirksamen Einwilligung**. Unterschei- **243**
den Sie die Einwilligung der verletzten, einwilligungsfähigen Person von der Einwilligung des
Stellvertreters, insbesondere der Eltern.

Bei der **Einwilligung der verletzten Person** ist zunächst die Einwilligungsfähigkeit relevant.
Die **Einwilligungsfähigkeit** hängt nicht von der Geschäftsfähigkeit ab, so dass auch minder-
jährige Verletzte grundsätzlich einwilligungsfähig sein können. Da es sich bei der Verstümmelung allerdings tatbestandlich schon um einen schwerwiegenden Eingriff handeln muss,
dessen Folgen schwer abschätzbar sind, wird vertreten, dass die Einwilligungsfähigkeit hier
ausnahmsweise Volljährigkeit voraussetzt.[118]

Hat jedoch ein volljähriges Opfer in den Eingriff eingewilligt und ist diese Einwilligung auch
frei von (familiärem oder sozialem) Druck, dann stellt sich die Frage nach der **Sittenwidrigkeit gem. § 228** und in diesem Zusammenhang vor allem, welche Sitten bei der Bewertung
zu berücksichtigen sind. Je nach religiöser oder traditioneller Überzeugung sind die Sitten
unterschiedlich. Nun hat der Gesetzgeber in § 226a zwar zum Ausdruck gebracht, dass er
Verstümmelungen grundsätzlich ablehne, so dass nach den Sitten der hiesigen Rechtsordnung eine sittenkonforme Verstümmelung kaum denkbar erscheint. Gleichzeitig hat er aber
durch die Schaffung des § 1631d BGB zu erkennen gegeben, dass er auf religiöse Überzeugungen Rücksicht nimmt, sofern es um einen Eingriff in die männlichen Genitalien geht und
der Eingriff den Regeln der ärztlichen Kunst entspricht. Daraus abgeleitet ist es denkbar, die
Sittenwidrigkeit zu verneinen, wenn der Eingriff in seiner Intensität zwar noch unter den Tatbestand fällt aber nicht so schwerwiegend ist wie z.B. die Entfernung der Klitoris, die zu sexu-
eller Unempfindlichkeit führt und zugleich nach den Regeln der ärztlichen Kunst ausgeführt
wird. Zu beachten ist nämlich auch hier das Recht auf Selbstbestimmung des einwilligenden
Verletzten.[119]

Davon zu unterscheiden ist die **stellvertretende Einwilligung der Eltern** für das nicht ein-
willigungsfähige Kind. Grundsätzlich gilt, dass Einwilligungen in Körperverletzungen nicht
von der Personensorge der Eltern umfasst sind, § 1631 BGB. Eine Ausnahme wird selbstverständlich gemacht, wenn die Einwilligung dem Wohl und Interesse des Kindes entspricht
und medizinisch indiziert ist, da ansonsten ärztliche Eingriffe nicht möglich wären. Bei religiös oder kulturell motivierten Verstümmelungen ist demnach eine stellvertretende Einwilligung unzulässig. Für die Beschneidung eines männlichen Jungen jedoch gilt die schon
genannte Sondervorschrift des § 1631d BGB.

IV. Schuld

Bei der Schuld könnte ggfs. ein **Verbotsirrtum** gem. § 17 zu prüfen sein, wenn der Täter auf **244**
der Basis der eigenen Vorstellungen glaubt, Recht zu handeln. In Anbetracht der medien-
wirksamen Durchdringung dieses Themas kann im Regelfall aber eine Vermeidbarkeit dieses
Irrtums angenommen werden.

---

118 *Rittig* JuS 2014, 499 ff.
119 *Rittig* JuS 2014, 499 ff.

V. Konkurrenzen

245 Als Qualifikation verdrängt § 226a den § 223. Sofern beim Eingriff eine Rasierklinge o.ä. verwendet wurde, ist Idealkonkurrenz zu § 224 möglich. Besteht ein besonderes Schutzverhältnis, so kommt zudem ideal konkurrierend § 225 in Betracht. § 226 Abs. 1 Nr. 1 setzt den Verlust der Fortpflanzungsfähigkeit voraus, der regelmäßig nicht eintritt. § 226 Abs. 1 Nr. 3 entfällt, da die Entstellung im alltäglichen Leben nicht sichtbar ist.[120]

G. Körperverletzung mit Todesfolge, § 227

I. Überblick

246 § 227 ist, wie § 226 Abs. 1 auch, eine **Erfolgsqualifikation** zur einfachen Körperverletzung gem. § 223. Die Besonderheit bei Erfolgsqualifikationen bestehen darin, dass hinsichtlich der besonderen Folge (der Tod bei § 227 oder die Folgen gem. der Nrn. 1–3 bei § 226 Abs. 1) **gem. § 18 Fahrlässigkeit** ausreicht.

§ 227 Abs. 2 enthält eine **Strafzumessungsvorschrift** für minder schwere Fälle.

247 Der Aufbau der Erfolgsqualifikationen der §§ 226 Abs. 1 und 227 sieht wie folgt aus:

PRÜFUNGSSCHEMA

Schwere Körperverletzung und Körperverletzung mit Todesfolge, § 226 Abs. 1 bzw. § 227

I. Tatbestand
1. Verwirklichung des Grunddelikts, § 223
   a) Objektiver Tatbestand
   b) Subjektiver Tatbestand
2. Schwere Folge
   a) Eintritt der qualifizierenden Folge
      – Tod bei § 227
      – Folge gem. Nr. 1–3 bei § 226 Abs. 1
   b) Kausalität und
   c) Spezifischer Gefahrzusammenhang zwischen Grunddelikt und schwerer Folge
      ☞ Anknüpfungspunkt   Rn. 255
      ☞ Unterbrechung durch Fluchtverhalten des Opfers   Rn. 258
   d) zumindest Fahrlässigkeit (§ 18)

II. Rechtswidrigkeit

III. Schuld
   subjektiver Fahrlässigkeitsvorwurf

---

120 *Schönke/Schröder-Sterberg-Lieben*, § 226a Rn. 1.

II. Tatbestandliche Voraussetzungen

Erforderlich ist zunächst der **Eintritt der schweren Folge**. Es ist in der Klausur alsdann zu prüfen, ob zwischen dem Grunddelikt der Körperverletzung und der Folge **Kausalität** vorliegt.

248

Darüber hinaus muss auch ein **spezifischer Gefahrzusammenhang** (oder auch Unmittelbarkeitsbeziehung) vorliegen, was bedeutet, dass sich die spezifische Gefährlichkeit des Grunddeliktes in typischer Weise in der schweren Folge niedergeschlagen haben muss (Gedanke der objektiven Zurechnung). Hier werden in der Klausur typischerweise die Probleme liegen.

Schließlich muss **gem. § 18 „wenigstens Fahrlässigkeit"** gegeben sein. Die Fahrlässigkeit ist zunächst objektiv zu bestimmen. Wie bei den „normalen" Fahrlässigkeitsdelikten auch, ist in der Schuld dann der subjektive Fahrlässigkeitsvorwurf zu prüfen.

249

» Wiederholen Sie in diesem Zusammenhang das fahrlässige Delikt, insbesondere die Definition der Fahrlässigkeit sowie die objektive Zurechnung, dargestellt im Skript „Strafrecht AT I". «

1. Kausalität und Fahrlässigkeit

Die Feststellung der Kausalität und Fahrlässigkeit werden Ihnen in der Regel keine Schwierigkeiten bereiten.

250

Bei der **Kausalität** ist danach zu fragen, ob das Grunddelikt nicht hinweggedacht werden kann, ohne dass die konkrete Folge entfiele (conditio sine qua non).

251

Die **Fahrlässigkeit** bestimmt sich nach der objektiven, im Verkehr erforderlichen Sorgfalt bei objektiver Vorhersehbarkeit der Folge. Die **Außerachtlassung der Sorgfalt** liegt in der Regel in der **Verwirklichung des Grunddelikts**, so dass in der Klausur nur noch überprüft werden muss, ob bei Vornahme der vorsätzlichen Körperverletzungshandlung der **Eintritt der Folge objektiv vorhersehbar** war.

252

Bei der **subjektiven Sorgfaltspflichtwidrigkeit**, die in der Schuld zu prüfen ist, ist festzustellen, dass der Täter aufgrund seiner **individuellen Voraussetzungen** in der Lage war, das Sorgfaltspflichtwidrige seiner Handlung und den vorhersehbaren Eintritt der Folge zu erkennen. Dies kann z.B. aufgrund einer erheblichen Alkoholisierung fraglich sein.[121]

253

Beispiel Im bereits dargestellten Salzpuddingfall hat der *BGH* die subjektive Sorgfaltspflichtwidrigkeit der Täterin verneint. Da sie nicht wusste, in welchem Umfang der Pudding versalzen war und zudem auch keine Kenntnisse über die Möglichkeit und die Folgen einer Dehydration hatte, war es ihr nicht möglich, den Eintritt der Folge vorherzusehen. ■

2. Spezifischer Gefahrzusammenhang

Die Körperverletzung mit Todesfolge setzt sich aus **zwei strafrechtlichen Vorwürfen** zusammen: zum einen der vorsätzlichen Körperverletzung und zum anderen der fahrlässigen Verursachung des Todes. Beides könnte über § 223 und § 222 erfasst werden, mit der Folge, dass dem Tatrichter eine Geldstrafe und Freiheitsstrafe bis zu maximal 5 Jahren zur Verfügung stünden. § 227 hingegen gibt dem Strafrichter einen Strafrahmen von 3 Jahren bis zu 15 Jahren (vgl. § 38 Abs. 2) an die Hand. Aufgrund dieses hohen Strafrahmens besteht Einigkeit darüber, dass § 227 **restriktiv** auszulegen ist, weswegen ein **spezifischer Gefahrzusammen-**

254

---

121 *BGH* NStZ 2001, 478.

hang (auch **Unmittelbarkeitszusammenhang** genannt) **zwischen dem Grunddelikt und der Folge** bestehen muss. Dieser liegt vor, wenn sich die dem Grunddelikt anhaftende, spezifische Gefährlichkeit in typischer Weise in der Folge niedergeschlagen hat.

> **Hinweis**
>
> Sofern Sie – wie oben angeregt – die objektive Zurechnung wiederholt haben, werden Sie feststellen, dass der **Gedanke des Unmittelbarkeitszusammenhangs identisch ist mit jenem der objektiven Zurechnung**. In beiden Fällen wird eine Wertung vorgenommen. Bei der objektiven Zurechnung wird danach gefragt, ob der Erfolg „das Werk des Täters" ist, bei § 227 wird überprüft, ob die Folge „das Werk der Körperverletzung" ist. Wie bei der objektiven Zurechnung auch, kann der Unmittelbarkeitszusammenhang unterbrochen sein durch z.B. atypische Kausalverläufe oder das Dazwischentreten eines **Dritten**. **Praxis- und klausurrelevant ist vor allem das Dazwischentreten** des flüchtenden Opfers.

a) Anknüpfungspunkt

255   Bei der Körperverletzung mit Todesfolge ist der Anknüpfungspunkt für die Unmittelbarkeitsbeziehung **umstritten**.

256   Nach der in der **Literatur** vertretenen **Letalitätslehre** muss sich die in dem vorsätzlich herbeigeführten **Körperverletzungserfolg** liegende Gefahr im Tod realisiert haben. Der Tod muss also auf der Art und Schwere der eingetretenen Körperverletzung beruhen.[122] Begründet wird dies vor allem mit der oben dargestellten, beachtlichen Strafandrohung (auch und gerade im Verhältnis zu § 222, der bereits die Gefährlichkeit der Handlung erfasst) und dem sich daraus ergebenden Erfordernis einer engen Auslegung. Darüber hinaus wird auf den Wortlaut „verletzte Person" abgestellt.[123]

257   Die **Rechtsprechung sowie Teile der Literatur** vertreten hingegen, dass der Wortlaut diese Einschränkung nicht unbedingt stütze und verstehen hingegen unter der Körperverletzung im Sinne des § 227 nicht bloß den Erfolg, sondern darüber hinaus auch die **Ausführungshandlung**. Begründet wird dies des Weiteren damit, dass häufig bereits die vorsätzlich ausgeführte Handlung eine tatbestandsspezifische Gefährlichkeit in sich bergen könne, die, ohne dass der Körperverletzungserfolg selbst gefährlich ist, die schwere Folge herbeiführt. Zudem wird auf den Klammerzusatz Bezug genommen, wonach die §§ 223 bis 226 als Grunddelikte mit eingeschlossen sind, demnach also auch deren Absätze 2, die den Versuch unter Strafe stellen, also eine Situation, bei welcher der tatbestandliche Erfolg ausgeblieben ist.[124]

Beispiel   A ergreift B im Rahmen einer Auseinandersetzung und schleudert ihn vehement und mit großer Aggression gegen eine Wand. B verliert daraufhin das Gleichgewicht und stürzt eine Steintreppe herunter, an deren Kopf die Auseinandersetzung stattgefunden hat. Unten bleibt er regungslos liegen, da er sich beim Sturz einen tödlichen Genickbruch zugezogen hat.

---

122 *Lackner/Kühl* § 227 Rn. 2; *Schönke/Schröder-Stree/Sternberg-Lieben/Sternberg-Lieben* § 227 Rn. 5; differenzierend *Wessels/Hettinger/Engländer* Strafrecht BT 1 Rn. 330.

123 *Joecks/Jäger* § 227 Rn. 8; *Jäger* Strafrecht BT Rn. 90.

124 *BGHSt* 14, 110; 31, 96; *Sowada* Jura 94, 643; *Wolter*, JuS 81, 168.

Hier könnte nur nach der Ansicht der Rechtsprechung und der ihr folgenden Literatur eine Körperverletzung mit Todesfolge vorliegen, da es ausreichen würde, dass die Verletzungs**handlung** lebensbedrohlich ist und der Tod unmittelbar **auf dieser Handlung** beruht, insbesondere also keine atypische Folge darstellt. Die Literatur, die eine Gefährlichkeit des Körperverletzungserfolges verlangt, käme zu einer Bestrafung gem. §§ 223, ggfs. 224, und 222, da der Körperverletzungserfolg, also die Prellungen, die B sich durch den Aufprall auf der Wand zuzog, keine tödliche Gefahr, insbesondere nicht die Gefahr des Genickbruchs beinhaltete. ■

Beispiel A schlägt ohne Tötungsvorsatz mit einer entsicherten Pistole auf den B ein. Dabei löst sich ein Schuss, der B tödlich verletzt.

Der *BGH*[125] hat § 227 bejaht, da er auf die Gefährlichkeit der Körperverletzungshandlung (Schlagen mit einer entsicherten Pistole) abgestellt hat. Die Letalitätslehre würde wegen § 223 (ev. § 224 Abs. 1 Nr. 1) und gem. § 222 bestrafen. ■

Beispiel Im obigen Salzfall kommen beide Auffassungen zu demselben Ergebnis, da der vorsätzlich herbeigeführte Körperverletzungserfolg in der Aufnahme der Salzmenge und der dadurch ausgelösten Übelkeit und dem Erbrechen liegt. Dieses Risiko hat sich in der Dehydration realisiert. ■

> **JURIQ-Klausurtipp**
>
> Sofern in der Klausur **beide Auffassungen zu demselben Ergebnis** gelangen, reicht ein Hinweis auf die Letalitätslehre. Eine ausführliche Darstellung der unterschiedlichen Auffassungen ist nicht erforderlich. Auswirkungen hat der Meinungsstreit aber auch auf die Strafbarkeit des erfolgsqualifizierten Versuchs. Dazu mehr unter Rn. 261.

b) Unterbrechung des spezifischen Gefahrzusammenhangs durch das Fluchtverhalten des Opfers

Denkbar ist, dass die Folge erst dadurch eingetreten ist, dass das Opfer aus Furcht vor der Körperverletzung die Flucht ergreift und dabei zu Tode kommt. **Umstritten** ist in diesen Fällen, ob der spezifische Gefahrzusammenhang dann **durch das eigene Verhalten des Opfers unterbrochen** wird. **258**

Die **Literatur** vertritt die Ansicht, dass Fluchtreaktionen des Opfers dem **elementaren Selbsterhaltungstrieb** des Menschen entspringen und bei gravierenden Misshandlungen so naheliegend wie deliktstypisch sind. Aus diesem Grund unterbricht nach Ansicht der Literatur das eigene Verhalten des Opfers den Unmittelbarkeitszusammenhang nicht.[126] **259**

Der *BGH* hatte zunächst in dem sog. „Rötzelfall",[127] bei welchem eine Ehefrau aus Angst vor den anhaltenden Gewalttätigkeiten ihres Mannes auf den Balkon geflohen und dort tödlich abgestürzt war, eine Unterbrechung des Unmittelbarkeitszusammenhangs aufgrund einer eigenverantwortlichen Selbstgefährdung des Opfers angenommen. Inzwischen hat er sich jedoch der Ansicht der Literatur angenähert, wobei er **differenziert**: Ist der Geschädigte durch das Verhalten der Peiniger in **panikartige Angst** gebracht worden, so kann von einer eigenver- **260**

---

125 *BGHSt* 14, 110.

126 *Wessels/Hettinger/Engländer* Strafrecht BT 1 Rn. 332; *Rengier* Jura 86, 143.

127 *BGH* NJW 1971, 152.

antwortlichen Selbstgefährdung nicht ausgegangen werden, mit der Folge, dass eine gefährliche **Flucht des Opfers**, bei welchem dieses zu Tode kommt, den **Unmittelbarkeitszusammenhang nicht unterbricht**.[128] In allen anderen Fällen soll das eigenverantwortliche Verhalten des Opfers den Unmittelbarkeitszusammenhang nach wie vor beseitigen können.

Beispiel   B hat bereits mehrere Schläge mit dem Baseballschläger eingesteckt. Als A zu einem weiteren Schlag ausholt, läuft B auf die hinter ihm liegende, stark befahrene Straße und wird dort von einem vorbeifahrenden Auto überfahren. Er stirbt an den Folgen des Unfalls. Die Schläge mit dem Baseballschläger haben lediglich einige Knochenbrüche verursacht.

Hier könnte sich A wegen § 227 strafbar gemacht haben. Die vorsätzliche Körperverletzung liegt in dem Schlagen mit dem Baseballschläger. Dieses Schlagen war auch kausal für den eingetretenen Tod, da B nicht auf die Straße gelaufen wäre, wenn A nicht auf ihn eingeschlagen hätte. Problematisch ist jedoch der Unmittelbarkeitszusammenhang. Fraglich ist, ob sich die der Körperverletzung innewohnende Gefahr in der Folge niedergeschlagen hat. Verlangt man als Anknüpfungspunkt den Körperverletzungs**erfolg**, so ist schon aus diesem Grund der Unmittelbarkeitszusammenhang zu verneinen, da der Erfolg in den Knochenbrüchen lag. Diese bargen jedoch nicht das Risiko des Todes durch Überfahren. Stellt man hingegen auf die Körperverletzungs**handlung** ab, so stellt sich die Frage, ob diese denn das tatsächlich eingetretene Risiko in sich barg. Der Unmittelbarkeitszusammenhang könnte aufgrund eines eigenverantwortlichen Dazwischentretens des A unterbrochen sein. Allerdings ist zu berücksichtigen, dass Flucht ein elementarer Selbsterhaltungstrieb ist und dass B erheblichen Gefahren aufgrund des Baseballschlägers ausgesetzt war, die Grund zu der Annahme geben, dass er in Panik auf die Straße gelaufen ist. Aufgrund dessen kann nicht von einer Eigenverantwortlichkeit der Selbstgefährdung gesprochen werden. Da A auch fahrlässig gehandelt hat, sind die tatbestandlichen Voraussetzungen des § 227 gegeben. ■

> **JURIQ-Klausurtipp**
>
> Unterscheiden Sie – wie soeben gesehen – in den „Flucht-Fällen" sorgfältig zwischen dem Anknüpfungspunkt und der Unterbrechung des Unmittelbarkeitszusammenhangs durch die Flucht des Opfers.

III. Versuch

  261   Wie bereits erwähnt, hat der Meinungsstreit bezüglich der unterschiedlichen Anknüpfungspunkte Auswirkungen auch auf die **Strafbarkeit des erfolgsqualifizierten Versuchs**.

---

128 *BGH* NJW 1992, 1708.

Der erfolgsqualifizierte Versuch ist dabei zunächst vom Versuch der Erfolgsqualifikation zu **262**
unterscheiden.

Eine **Versuch der Erfolgsqualifikation** liegt vor, wenn der Täter bei Verwirklichung des **263**
Grunddelikts die **schwere Folge zumindest billigend in Kauf nimmt,** so z.B. wenn der Täter
einer Körperverletzung billigend in Kauf nimmt, dass das Opfer in Folge des Schlages das
Sehvermögen verliert, diese Folge allerdings ausbleibt, wobei der Erfolg des Grunddelikts
eintreten oder ebenfalls ausbleiben kann. Dieser Versuch ist möglich, da § 18 nur davon
spricht, dass die Folge „wenigstens" fahrlässig herbeigeführt worden sein muss. Daraus
folgt, dass der Täter diesbezüglich auch mit dolus eventualis handeln kann.

» Wiederholen Sie
an dieser Stelle den
Aufbau des erfolgs-
qualifizierten Ver-
suchs, dargestellt
im Skript „Straf-
recht AT I". «

JURIQ-Klausurtipp

Nimmt der Täter bei § 227 den tatsächlich ausbleibenden Tod mit dolus eventualis in Kauf,
dann liegt versuchter Totschlag vor, den der versuchte § 227 verdrängt, so dass eine Prüfung
überflüssig ist. Bei § 226 Abs. 1 hingegen kann der Versuch der Erfolgsqualifikation relevant
werden. In einem solchen Fall müssen Sie im Tatentschluss feststellen, dass dieser auf die
Verwirklichung der Nrn. 1–3 gerichtet war. Sofern der Täter dolus directus 1. oder 2. Grades
hatte, liegt kein Versuch der Erfolgsqualifikation gem. Abs. 1, sondern ein Versuch der Qualifikation gem. Abs. 2 vor!

Ein **erfolgsqualifizierter Versuch** ist hingegen anzunehmen, wenn schon beim Versuch des **264**
Grunddelikts die **schwere Folge eintritt.**

Die Vertreter der **Letalitätslehre,** die verlangen, dass sich die Gefährlichkeit des Körperverlet- **265**
zungs**erfolges** in der schweren Folge niederschlagen muss, lehnen eine Strafbarkeit des
erfolgsqualifizierten Versuchs ab.[129]

Die **andere Auffassung** knüpft an die Körperverletzungs**handlung** an und fragt danach, ob
sich deren spezifische Gefährlichkeit in der Folge realisiert hat. Der erfolgsqualifizierte Versuch
ist hiernach mithin möglich.

Beispiel Der von mehreren Gewalttätern verfolgte A tritt mit dem Fuß eine Glasscheibe
ein, um sich vor seinen Peinigern, die ihn zusammenschlagen wollen, in Sicherheit zu
bringen. Bei diesem Versuch sowie bei dem nachfolgenden Durchsteigen der Türe
schlitzt sich A die Hauptschlagader am Fuß auf und verblutet („Gubenfall").[130]

Die Vertreter der Letalitätstheorie müssten eine Strafbarkeit gem. §§ 223, 22, 23, 227
ablehnen, da ein vorsätzlich herbeigeführter Körperverletzungserfolg, dessen Gefahr sich
hätte realisieren können, nicht eingetreten ist. Der *BGH* hat sich mit der Versuchsstrafbarkeit auseinander gesetzt, musste sich dann aber fragen, ob sich das durch die Körperverletzungshandlung geschaffene Risiko verwirklicht hat, da die Verletzung eingetreten ist,
als das Opfer durch die Glasscheibe trat, was er aber mit der oben dargestellten Argumentation bejaht hat. ∎

---

129 *Lackner/Kühl* § 227 Rn. 2; *Joecks/Jäger* § 227 Rn. 15.
130 *BGH* Urteil vom 9.10.2002 Az 5 STR 42/02 – abrufbar unter www.bundesgerichtshof.de.

IV. Täterschaft und Teilnahme

266 Sind an der Körperverletzung mit Todesfolge mehrere beteiligt, so ist gem. **§ 29 für jeden Beteiligten** separat zu prüfen, ob ihm hinsichtlich der schweren Folge wenigstens **Fahrlässigkeit** zur Last fällt.

267 Bei der **Anstiftung/Beihilfe** muss mithin zum Zeitpunkt der Erbringung des Teilnehmerbeitrages der Eintritt der schweren Folge für den Teilnehmer vorhersehbar sein.

> **Beispiel** Nehmen Sie an, dass im obigen Baseballschlägerfall (Rn. 260) A von seiner Freundin F angestiftet wurde, den B mit einem Baseballschläger gehörig zu verprügeln.
>
> In der Klausur müsste nun geprüft werden, ob F sich wegen Anstiftung zur Körperverletzung mit Todesfolge strafbar gemacht haben kann. Die vorsätzliche, rechtswidrige Haupttat ist § 227, der gem. § 11 Abs. 2 als Vorsatztat anzusehen ist. Zu dieser Tat hat F den A bestimmt. Bezüglich des Grunddelikts der §§ 223, 224 Abs. 1 Nr. 1 hatte F auch Vorsatz. Hinsichtlich der Folge braucht sie keinen Vorsatz zu haben, da andernfalls die Anforderungen an ihre Strafbarkeit höher wären als jene an den Haupttäter, bei dem Fahrlässigkeit ausreicht. Im subjektiven Tatbestand müssen Sie also differenzieren: Fraglich ist nämlich, ob Sie hinsichtlich der Folge fahrlässig gehandelt hat, als sie A anstiftete. In der Anstiftung liegt unproblematisch ein Außerachtlassen der im Verkehr erforderlichen Sorgfalt. Ob es für einen Dritten jedoch objektiv vorhersehbar war, dass B aus Furcht vor weiteren Schlägen auf die viel befahrene Straße läuft, dort vom Auto erfasst wird und verstirbt, hängt davon ab, ob der Tatort und die Umstände der Tat zum Zeitpunkt der Anstiftung fest standen. Ist dies zu bejahen, so liegt eine Anstiftung zur Körperverletzung mit Todesfolge vor. ▪

268 Gleiches gilt für die **Mittäterschaft**. Auch hier muss danach gefragt werden, ob der Mittäter zum Zeitpunkt der Erbringung seiner Handlung fahrlässig im Hinblick auf die Folge gehandelt hat.

> **Beispiel** A, B und C, allesamt der rechtsradikalen Szene angehörend, schlagen und treten gemeinsam auf den unterlegenen X ein. Im Zuge der intensiver werdenden Misshandlungen springt A aufgrund eines spontan gefassten Entschlusses auf den Kopf des X, der gerade gezwungen worden war, in die Kante eines Schweinetrogs zu beißen. Mit diesem Sprung haben B und C nicht gerechnet („Schweinetrogfall").[131]
>
> A hat sich wegen Mordes aus niedrigen Beweggründen gem. § 211 strafbar gemacht. B und C haben sich zunächst, mangels Tötungsvorsatzes, nicht des mittäterschaftlich begangenen Mordes sondern der gemeinschaftlich begangenen, schweren Körperverletzung gem. §§ 223, 224 Abs. 1 Nr. 4, 25 Abs. 2 strafbar gemacht. Darüber hinaus hat der *BGH* beide wegen gemeinschaftlich begangener Körperverletzung mit Todesfolge gem. §§ 227, 25 Abs. 2 verurteilt. Der gefährlichen Körperverletzungshandlung haftet nach Auffassung des *BGH* im konkreten Fall die Gefahr der Eskalation an. Genau diese Gefahr hat sich in dem vorsätzlichen Sprung des A auch realisiert. Aus diesem Grund kommt auch kein, den Unmittelbarkeitszusammenhang unterbrechendes Dazwischentreten des A in Betracht, da A nicht „dazwischen" getreten ist, sondern, veranlasst durch B und C, die Gefahr weiter entwickelt hat. ▪

---

131 *BGH* NStZ 2005, 93.

V. Konkurrenzen

§ 227 **verdrängt** den § 222 und die §§ 223, 224 und 226 im Wege der Gesetzeskonkurrenz. **269** § 227 **wird verdrängt** von den §§ 211, 212.

Hat der Täter zunächst mit Körperverletzungsvorsatz gehandelt und dann mit Tötungsvorsatz und lässt sich nicht mehr feststellen, ob der Tod die Folge der Körperverletzungs- oder der Tötungshandlung ist, kommt ausnahmsweise Tateinheit in Betracht.[132]

> **JURIQ-Klausurtipp**
>
> In der Klausur sollten Sie zunächst **mit den Tötungsdelikten beginnen,** sofern es Anhaltspunkte für einen dolus eventualis gibt. Sofern Sie den Vorsatz verneint haben, prüfen Sie nicht im Anschluss § 222, sondern beginnen mit der Prüfung der Körperverletzungsdelikte, die in § 227 mündet. Ist § 227 einschlägig, muss § 222 nicht mehr geprüft werden.

H. Beteiligung an einer Schlägerei, § 231

I. Überblick

Die Beteiligung an einer Schlägerei stellt ein **abstraktes Gefährdungsdelikt** dar. Strafgrund **270** ist die **generelle Gefährlichkeit von Schlägereien** für Leib und Leben, da Auseinandersetzungen von mehr als zwei Personen häufig schwere Folgen haben und sich darüber hinaus im Nachhinein zumeist nicht ermitteln lässt, wer die schweren Folgen verursacht hat. § 231 möchte demgemäß auch **Beweisschwierigkeiten** begegnen, die sich aus der bei einer Schlägerei typischerweise auftretenden Unübersichtlichkeit der Situation ergeben.[133]

Der **objektive Tatbestand** besteht in der Beteiligung an einer Schlägerei oder in dem Ver- **271** üben eines Angriffs mehrerer. Hinsichtlich dieser Umstände muss **subjektiv** Vorsatz vorliegen. Der Eintritt der schweren Folge, nämlich des Todes oder der schweren Körperverletzung im Sinne des § 226 stellte eine **objektive Bedingung der Strafbarkeit** dar, auf welche sich der Vorsatz nicht zu erstrecken braucht. Diese objektive Bedingung der Strafbarkeit wird dementsprechend **nach dem subjektiven Tatbestand geprüft.** Voraussetzung ist, dass die schwere Folge durch die Schlägerei verursacht wurde, wobei nicht nachgewiesen werden muss, wessen Tatbeitrag ursächlich wurde.[134]

---

132 *Wessels/Hettinger/Engländer* Strafrecht BT 1 Rn. 339.
133 *Wessels/Hettinger/Engländer* Strafrecht BT 1 Rn. 382.
134 *Jäger* Strafrecht BT Rn. 96.

272 Der Aufbau des § 231 sieht wie folgt aus:

PRÜFUNGSSCHEMA

Beteiligung an einer Schlägerei, § 231

I. Objektiver Tatbestand
1. Beteiligung an einer Schlägerei oder
    psychische Mitwirkung als Beteiligung Rn. 274
2. Verüben eines Angriffs mehrerer

II. Subjektiver Tatbestand
dolus eventualis reicht aus

III. Objektive Bedingung der Strafbarkeit
1. dadurch verursacht
2. der Tod oder
3. eine schwere Körperverletzung
    Zeitpunkt der Teilnahme Rn. 280

IV. Rechtswidrigkeit

V. Schuld

II. Objektiver Tatbestand

273 Der objektive Tatbestand kann durch zwei verschiedene Tathandlungen verwirklicht werden:

Beteiligung an einer Schlägerei	oder	Verüben eines Angriffs

> Unter einer **Schlägerei** ist eine mit gegenseitigen Tätlichkeiten einhergehende Auseinandersetzung mehrerer zu verstehen, wobei mindestens drei Personen mitwirken müssen.[135]

Dabei müssen die erforderlichen Tätlichkeiten zwischen mehr als 2 Personen nicht gleichzeitig begonnen werden. Eine **Schlägerei** ist **auch dann** anzunehmen, **wenn nacheinander jeweils nur 2 Personen gleichzeitig wechselseitig Tätlichkeiten verüben**. Voraussetzung ist dann aber, dass zwischen diesen Vorgängen ein so enger innerer Zusammenhang besteht, dass die Annahme eines **einheitlichen Gesamtgeschehens** gerechtfertigt ist.[136]

Beispiel Nach einem Fußballspiel kommt es zwischen A, B und C auf der einen und X, Y und Z auf der anderen Seite zu Meinungsverschiedenheiten hinsichtlich der Qualitäten des Schiedsrichters. Irgendwann fangen A und Z an, aufeinander einzuschlagen, während die anderen noch diskutieren. Nachdem Z dem A sein Knie in den Unterleib gerammt hat, wird es B zu blöd und er beginnt auf den lachenden X einzuschlagen. Z hat sich zu diesem Zeitpunkt bereits abgewendet. ∎

 274 **Umstritten** ist, was unter einer **Beteiligung** zu verstehen ist.

---

135 *BGHSt* 31, 124.
136 *BGH* Urteil vom 19.12.2013 Az 4 StR 347/13 – abrufbar unter www.bundesgerichtshof.de.

Eine Beteiligung liegt nach **herrschender Meinung** vor, wenn der Täter am Tatort anwesend ist und durch **physische oder psychische Mitwirkung** an den Auseinandersetzungen teilnimmt. Ein aktives Mitschlagen ist für die Beteiligung nicht erforderlich. Es reicht vielmehr jede aktive Teilnahme an der Auseinandersetzung, auch eine psychische Unterstützung, da auch diese gefahrerhöhend wirkt.[137]

Nach **anderer Auffassung** soll jedenfalls die **psychische Mitwirkung** nicht als täterschaftliche Beteiligung, sondern nur als Teilnahme gem. § 27 strafbar sein, da sie einen anderen Unrechtsgehalt aufweist als z.B. das aktive Schlagen.[138]   **275**

Beispiel   Zwischen A, B sowie X und Y ist es zu einer tätlichen Auseinandersetzung gekommen. C, der von Natur aus ängstlich ist, beteiligt sich nicht aktiv an dieser Auseinandersetzung, steht jedoch am Rand und feuert A und B lautstark an.

Hier ist C nach h.M. als Beteiligter an der Schlägerei anzusehen, da er durch das Anfeuern eine psychische Mitwirkung geleistet hat. Nach anderer Auffassung ist in diesem Fall lediglich Teilnahme gemäß den §§ 26, 27 anzunehmen. ■

Weitere Voraussetzungen für die Beteiligung ist die **feindselige Angriffsrichtung**. Daraus   **276**
folgt, dass derjenige, der lediglich Frieden zu stiften versucht oder dessen Tatbeitrag sich in reiner Schutzwehr erschöpft, sich schon gar nicht an einer Schlägerei beteiligt.[139]

> Ein **Angriff mehrerer** liegt vor, wenn in feindseliger Willensrichtung unmittelbar auf den Körper eines anderen eingewirkt wird, wobei mindestens zwei Personen diesen Angriff verüben müssen.[140]

Der Angreifer muss dabei das **Ziel** verfolgen, den oder die **Angegriffenen körperlich zu verletzen**. Nicht erforderlich ist nach h.M. erneut, dass die Angreifer notwendig Mittäter im   **277**
Sinne des § 25 Abs. 2 sein müssen. Es reicht vielmehr jedes Zusammenwirken, aus dem sich die Einheitlichkeit des Angriffs ergibt.[141]

Beispiel   Die Arbeitskollegen A, B und C sind auf dem Nachhauseweg, als sich ihnen Z in den Weg stellt. Aufgrund eines spontan gefassten Entschlusses rennen alle drei mit erhobenen Fäusten auf Z zu. Einer von dreien versetzt Z einen Schlag, infolgedessen Z hinfällt, sich den Kopf an einem Stein aufschlägt und verblutet. Wer diesen Schlag ausgeführt hat, lässt sich im Nachhinein nicht mehr ermitteln.

Hier haben A, B und C sich nach § 231 in der Variante des Angriffs mehrerer strafbar gemacht. Eine Körperverletzung mit Todesfolge kommt weder für A, noch für B oder für C in Betracht, da nicht festgestellt werden kann, wer den Schlag ausgeführt hat. ■

III. Subjektiver Tatbestand

Der Täter muss mit Wissen und Wollen handeln, wobei dolus eventualis ausreicht.   **278**

---

137 *BGHSt* 15, 369; *Wessels/Hettinger/Engländer* Strafrecht BT 1 Rn. 388.
138 Schönke/Schröder-Stree/*Sternberg-Lieben* § 231 Rn. 12.
139 Schönke/Schröder-Stree/*Sternberg-Lieben* § 231 Rn. 6; *BGHSt* 15, 369.
140 *BGH* NJW 84, 621.
141 *BGHSt* 31, 124.

IV. Objektive Bedingung der Strafbarkeit

279 Nach dem subjektiven Tatbestand ist zu prüfen, ob durch die Schlägerei oder den Angriff der **Tod** eines Menschen **oder** eine **schwere Körperverletzung gem. § 226 verursacht** worden ist. Hinsichtlich der Folge ist mithin lediglich erforderlich, dass diese in einem **Zurechnungszusammenhang** mit der Schlägerei eingetreten ist, so dass auch Fluchtreaktionen in Panik erfasst sind. Es muss ferner nicht nachgewiesen werden, wer die Folge verursacht hat. Es ist auch nicht erforderlich, dass die schwere Folge rechtswidrig herbeigeführt wurde. § 231 ist vielmehr **auch** dann **anwendbar**, wenn die schwere **Folge auf einer Notwehrhandlung** beruht und einen Angreifer trifft.[142]

Beispiel A, B, C und X prügeln sich. Y kommt hinzu und will gerade auf A einschlagen, als sich ihm X, der mit Y noch eine Rechnung offen hat, mit einem Messer nähert. Zur Verteidigung schlägt Y dem X das Messer mit einem intensiven Schlag aus der Hand, was zu einer Steifheit des Handgelenks führt. Hier war die gefährliche Körperverletzung an X gem. § 32 gerechtfertigt. Nicht gerechtfertigt war allerdings die Beteiligung an der Schlägerei. Da die Rechtfertigung „teilbar" ist, müssen Sie sorgfältig zwischen den Normen unterscheiden. ▪

Unerheblich ist ferner, bei wem die Folge eintritt. Es kann ein an der Schlägerei Beteiligter oder auch ein unbeteiligter Dritter (z.B. der herbeigerufene Polizist) sein. Auch der **Täter** selber kann **zugleich das Opfer** sein. Anders als bei den §§ 223 ff. muss das Tatobjekt schon nach dem Wortlaut des § 231 kein „anderer" sein. Zudem ergibt sich dies auch aus dem abstrakten Gefährdungscharakter der Norm. Letztlich hängt es nur vom Zufall ab, bei wem die schwere Folge oder der Tod eintritt. Härtefälle können über § 60 (lesen!) gelöst werden.[143]

280 **Umstritten** in Rechtsprechung und Literatur ist der **Zeitpunkt der Beteiligung.**

Unterschieden werden dabei **zwei Fallkonstellationen:** Sofern ein **Beteiligter erst nach Eintritt der schweren Folge** sich der Schlägerei anschließt, ist nach einer teilweise in der **Literatur** vertretenen Ansicht eine Strafbarkeit gemäß § 231 für diesen Beteiligten abzulehnen, da aus Zurechnungsgründen nur derjenige haften solle, der zurechenbar das Risiko gesetzt habe, welches sich dann in der Folge verwirklicht habe.[144] Ist der genaue Zeitpunkt unklar, so solle nach dem Grundsatz in dubio pro reo zugunsten des Täters angenommen werden, dass er erst später hinzugekommen ist.[145] Dies soll nach einigen Literaturvertretern sogar dann gelten, wenn der Beteiligte zunächst mitgewirkt hat, dann aber die **Schlägerei verlassen hat, bevor es zu der schweren Folge gekommen** ist.[146]

281 Für die **herrschende Meinung** ist es demgegenüber **unbeachtlich, zu welchem Zeitpunkt der Täter an der Schlägerei beteiligt war.** Begründet wird dies vor allem damit, dass § 231 geschaffen wurde, um Beweisschwierigkeiten zu vermeiden, diese Beweisschwierigkeiten jedoch wieder auftreten würden, wenn man den Nachweis verlangen wollte, dass der Beteiligte zum Zeitpunkt des Eintritts der schweren Folge an dem Geschehen beteiligt war. Außerdem erhöhe jede Beteiligung wiederum abstrakt den Eintritt einer weiteren Gefahr, so dass in Ansehung des zweiten Strafgrundes eine Bestrafung geboten sei.[147]

---

142 *BGHSt* 33, 100.
143 *Fischer* StGB § 230 Rn. 6.
144 *Jäger* Strafrecht BT Rn. 96; Schönke/Schröder-Stree/Sternberg-*Lieben* § 231 Rn. 15.
145 *Joecks/Jäger* § 231 Rn. 10.
146 *Welzel* Das deutsche Strafrecht 11. Aufl. 1969 S. 297; *Krey/Heinrich* Strafrecht BT I S. 297.
147 *BGHSt* 14, 132; *Wessels/Hettinger/Engländer* Strafrecht BT 1 Rn. 398.

Beispiel In der Stammkneipe des A ist eine schwere Schlägerei im Gange, als A die Kneipe betritt. Spontan beteiligt er sich, weil er dies als eine gute Gelegenheit ansieht, seine Aggressionen abzureagieren. Zu diesem Zeitpunkt ist wahrscheinlich der D bereits tödlich am Kopf verletzt worden und stirbt in einer Ecke vor sich hin. Genau lässt sich dies jedoch nicht mehr aufklären.

Nach h.M. hat sich hier A gleichwohl wegen Beteiligung an einer Schlägerei strafbar gemacht, auch wenn er sich gegenüber dem Gericht dahingehend einließe, dass er erst mit geschlagen habe, als D bereits tödlich verletzt war, da der Zeitpunkt der Beteiligung unerheblich ist. Die Literaturauffassung müsste nach dem Grundsatz „in dubio pro reo" davon ausgehen, dass A tatsächlich erst später hinzugekommen und deswegen nicht nach § 231 strafbar ist. ■

V. Rechtswidrigkeit und Schuld

Die Formulierung in **Absatz 2** ist nicht mehr als ein **deklaratorischer Hinweis** auf die allgemeinen Rechtfertigungs- und Entschuldigungsgründe, wie insbesondere **rechtfertigende Notwehr gem. § 32** und **entschuldigender Notstand gem. § 35**. Eine **rechtfertigende Einwilligung** kommt nicht in Betracht, da § 231 ein abstraktes Gefährdungsdelikt ist, mit welchem den schwerwiegenden Folgen körperlicher Auseinandersetzungen unter Beteiligung mehrerer entgegengetreten werden soll. Die Gefährlichkeit solcher Auseinandersetzungen resultiert gerade daraus, dass sie jederzeit eskalieren können und es letztlich nur vom Zufall abhängt, wodurch die schwere Folge herbeigeführt wird.[148]

282

Im Gegensatz zur alten Formulierung[149] ist nunmehr klargestellt, dass strafbar ist, wer zwar **schuldlos hineingezogen** wurde, **dann aber mitmacht**, ohne die Gelegenheit zum Verlassen des Ortes zu nutzen.[150]

VI. Konkurrenzen

§ 231 kann in **Tateinheit** zu den §§ 211 und 223 ff. stehen.

283

I. Fahrlässige Körperverletzung, § 229

Wird die Körperverletzung nicht vorsätzlich begangen, sondern durch Fahrlässigkeit verursacht, so macht der Täter sich gem. § 229 strafbar. Voraussetzung des Straftatbestandes ist, dass der Erfolg kausal und objektiv zurechenbar durch eine fahrlässige Handlung verursacht wird. Wie bei der fahrlässigen Tötung auch, werden Ihnen in der Klausur bei § 229 vor allem Probleme aus dem Allgemeinen Teil begegnen. Vergleichen Sie zum **Aufbau** die Ausführungen bei § 222 unter Rn. 129.

284

---

148 Vgl. hierzu *BGHSt* 39, 305.
149 „…wer ohne sein Verschulden in die Schlägerei hineingezogen wurde…".
150 *Jäger* JuS 2000, 39.

J. Körperverletzung im Amt, § 340

285   § 340 ist eine **Qualifikation zu § 223**, bei welcher die **Amtsträgereigenschaft** als **besonderes persönliches Merkmal** strafschärfend hinzutritt. § 340 ist damit ein Sonderdelikt. Täter kann nur ein Amtsträger gemäß § 11 Abs. 1 Nr. 2 oder gemäß § 48 Abs. 1 WStG (Offizier oder Unteroffizier der Bundeswehr) sein.

> **Hinweis**
>
> Infolge dessen ist zu beachten, dass bei einem Hinzutreten eines Teilnehmers **§ 28 Abs. 2** gilt, mit der Folge, dass die Akzessorietät für den Teilnehmer durchbrochen werden kann, sofern dieser kein Amtsträger ist.

286   Die **Tathandlung** liegt entweder in der allein- oder mittelbar **täterschaftlichen Begehung** einer Körperverletzung oder, wie durch das Merkmal „begehen lässt" klargestellt wird, nach h.M. auch in der **Anstiftung, Beihilfe** oder dem amtspflichtwidrigen **Zulassen** einer Körperverletzung.[151]

287   Die Tat muss entweder **während der Ausübung des Dienstes** begangen worden sein, was bedeutet, dass sie in einem zeitlichen und sachlich inneren Zusammenhang mit dem Dienst stehen muss, oder **in Beziehung auf den Dienst** verübt worden sein, was bedeutet, dass sie zwar äußerlich nicht als Teil der Dienstausübung erscheint, innerlich aber doch mit dieser in Zusammenhang steht.[152]

288   Aus **Absatz 3** ergibt sich, dass es auch die **fahrlässige Körperverletzung** im Amt gibt. Darüber hinaus sind die **Qualifikationen** zum § 223 auch im Rahmen des § 340 von Bedeutung.

>
>
> **Online-Wissens-Check**
>
> **Kann das Schlagen des Kopfes gegen eine Wand eine gefährliche Körperverletzung gem. § 224 sein?**
>
> Überprüfen Sie jetzt online Ihr Wissen zu den in diesem Abschnitt erarbeiteten Themen. Unter **www.juracademy.de/skripte/login** steht Ihnen ein Online-Wissens-Check speziell zu diesem Skript zur Verfügung, den Sie kostenlos nutzen können. Den Zugangscode hierzu finden Sie auf der Codeseite.

---

151 *Lackner/Kühl* § 340 Rn. 2.
152 *Maurach/Schroeder/Maiwald* Strafrecht BT 1 § 19 Rn. 36 ff.

K. Übungsfall Nr. 2

„Der Todesengel"

289

Der äußerst gutgläubige und naive Krankenpfleger K wird schon seit langem von dem an einer aufsteigenden Muskellähmung erkrankten X, der zur Unterstützung seiner um 80 % eingeschränkten Atmungsfähigkeit zeitweise an ein Beatmungsgerät angeschlossen ist und außer Mund und Zunge keine weiteren Muskeln mehr bewegen kann, gebeten, ihm eine angeblich sexuelle Phantasie zu erfüllen. Er erklärt K, er wolle von diesem nackt in zwei Müllsäcke verpackt und in einen Müllcontainer gelegt werden. Auf die potentielle Gefährlichkeit angesprochen versichert X dem K, dass dies gerade der sexuelle Reiz sei, er sich aber keine Sorgen zu machen brauche, da er kurz danach durch Dritte geborgen werde. Er versichert K, dies schon mehrmals gemacht zu haben.

Im Februar bei Temperaturen um Null Grad gibt K schließlich dem Bitten des X, der sich in Wahrheit unter Zuhilfenahme des K selbst töten will, nach und legt ihn wie gewünscht in den Container, wobei er noch auf Bitten des X dessen Mund mit einem Klebeband verschließt, in welches lediglich eine kleine Öffnung geschnitten worden war. Am nächsten Morgen wird X tot aufgefunden. Der Tod trat wahrscheinlich sowohl durch Unterkühlung als auch durch Ersticken ein.[153]

Strafbarkeit von K (evtl. erforderliche Anträge sind gestellt)?

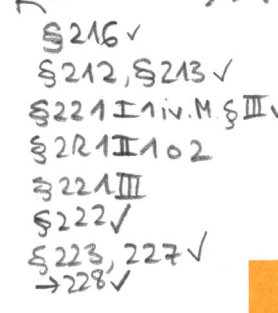

Lösung

290

I. Strafbarkeit gemäß § 216

K könnte sich gem. § 216 strafbar gemacht haben, indem er X in den Container legte.

Der Tötungserfolg ist kausal durch das Hineinlegen in den Container verursacht worden. Fraglich ist allerdings, ob ein ernstliches und ausdrückliches Verlangen des X vorlag. An dem ernstlichen Willen, sterben zu wollen, fehlte es bei X nicht. Allerdings hat er diesen Willen gegenüber K nicht zum Ausdruck gebracht. Er hat vielmehr ganz im Gegenteil seinen Sterbewillen planvoll gegenüber K verdeckt, um ihn so zur Tat zu veranlassen. Damit fehlt es an der Ausdrücklichkeit des Verlangens sowie darüber hinaus an der Bestimmung des K aufgrund dieses Verlangens.

Der objektive Tatbestand ist damit nicht verwirklicht.

> ### JURIQ-Klausurtipp
>
> Da § 216 eine Sperrwirkung entfaltet, ist, wenn Anhaltspunkte vorliegen – hier der ernstliche Wille, sterben zu wollen – diese Vorschrift anzuprüfen. Ist es allerdings offensichtlich, dass die Vorschrift nicht einschlägig ist, dann kann die Prüfung kurz gehalten werden.

II. Strafbarkeit gemäß § 212

Eine Strafbarkeit gem. § 212 kommt nicht in Betracht, da K keinen Tötungsvorsatz hatte. Aufgrund der Erklärungen des X muss unterstellt werden, dass er von einer alsbaldigen Befreiung des X aus der Situation ausging.

153 Fall nach *BGH* Entscheidung vom 20.5.2003 Az 5 StR 66/03 – abrufbar unter www.bundesgerichtshof.de.

III. Strafbarkeit gemäß §§ 223, 227

K könnte sich wegen Körperverletzung mit Todesfolge gem. §§ 223, 227 strafbar gemacht haben, indem er X in den Container legte.

1. Objektiver Tatbestand

Dann müsste er den X körperlich misshandelt oder an der Gesundheit beschädigt haben.

Eine körperliche Misshandlung ist jede üble, unangemessene Behandlung, die das körperliche Wohlbefinden mehr als nur unerheblich beeinträchtigt.

Die Reduzierung der Atemluft durch das Aufbringen des Klebestreifens sowie das Aussetzen des nur mit einem Plastiksack bekleideten Körpers bei Temperaturen um den Gefrierpunkt, welches zu einem starken Frieren geführt hat, beeinträchtigen erheblich das körperliche Wohlbefinden und stellen eine körperliche Misshandlung dar.

Diese müsste K auch objektiv zurechenbar sein. Objektive Zurechnung bedeutet, dass der Täter mit der Handlung eine rechtlich relevante Gefahr geschaffen hat, die sich dann in tatbestandstypischer Weise im Erfolg niedergeschlagen hat.

Fraglich ist, ob die objektive Zurechnung nicht deswegen zu verneinen ist, weil letztlich der X sich unter Zuhilfenahme des insoweit gutgläubigen und im Hinblick auf die Tötung unvorsätzlich handelnden K selbst tötete und damit auch selbst körperlich misshandelte. Würde man eine eigenverantwortliche Selbstgefährdung annehmen, so wäre die Handlung des K nur eine straflose Beihilfe.

Hinweis

Das Problem ist hier, dass der Täter zwar die Tathandlung vornimmt, dabei aber vom Opfer, welches einen Irrtum im Täter hervorruft, instrumentalisiert wird. Könnte man die Tathandlung aufgrund dessen dem Opfer zurechnen, dann läge eine eigenverantwortliche Selbstgefährdung des Opfers vor. Letztlich haben Sie es hier mit einem „umgekehrten Siriusfall" zu tun.

Der *BGH*[154] hat eine straflose (in diesem Fall fahrlässige) Beihilfe zum eigenverantwortlichen Selbstmord und damit auch zur eigenverantwortlichen Körperverletzung in dem vergleichbaren Fall verneint. Er hat danach gefragt, ob der Täter die Gefährdungsherrschaft besaß oder nur als Werkzeug des Suizidenten handelte. Vorliegend ist er zu dem Schluss gekommen, dass der Täter über die Umstände der Gefährdung nicht getäuscht wurde, da ihm bewusst war, dass er die Atmungsmöglichkeiten reduzierte und das Opfer der Kälte preisgab. Da er zudem die zum Erfolg führenden Handlungen selbst vornahm, hat der *BGH* eine Förderung einer eigenverantwortlichen Selbstgefährdung verneint.

In der Literatur wird weitergehend teilweise auch bei einer „quasi mittäterschaftlichen Herrschaft" eine Straflosigkeit angenommen.[155] Voraussetzung dafür ist aber, dass der Getötete neben dem Täter die Tatherrschaft innehat, was vorliegend eher zu verneinen sein dürfte.

Eine eigenverantwortliche Selbstgefährdung ist damit zu verneinen. Der objektive Tatbestand ist damit verwirklicht.

Hinweis

Der *BGH* hat das Problem, welches sich einem bewegungsunfähigen, aber bewusstseinsklaren Menschen, welcher ohne fremde Hilfe nicht aus dem Leben scheiden kann, durchaus gesehen. Er führt aber dazu aus, dass „...dieser Umstand ... nicht ein auch in Art. 1 Abs. 1 GG angelegtes Recht auf ein Sterben unter menschenwürdigen Bedingungen begründen ..." könne.[156]

2. Subjektiver Tatbestand

K müsste vorsätzlich, also mit Wissen und Wollen gehandelt haben. K wusste, dass insbesondere bei X, der zeitweise auf ein Beatmungs-

---

154 *BGH* Entscheidung vom 20.5.2003 Az 5 StR 66/03 – abrufbar unter www.bundesgerichtshof.de.
155 Schönke/Schröder-*Lenckner* vor § 32 Rn. 52a.
156 *BGH* a.a.O. S. 10.

gerät angewiesen war, die Luftzufuhr einge-schränkt sein würde. Er wusste auch, dass die Temperaturen um den Gefrierpunkt lagen und X jedenfalls bis zum vorgestellten Auffinden durch den unbekannten Dritten frieren würde. Der Vorsatz ist mithin zu bejahen.

3. Schwere Folge gemäß § 227

Das Aufbringen des Klebebandes sowie die Verbringung in den Container haben kausal den Tod des X herbeigeführt.

Des Weiteren müsste die Körperverletzung unmittelbar den Tod zur Folge gehabt haben. Dass ist dann der Fall, wenn sich das in der Körperverletzung angelegte Risiko in typischer Weise in der Folge niedergeschlagen hat, wobei als Anknüpfungspunkt einer Auffassung zufolge ausschließlich auf den Körperverletzungserfolg (Letalitätslehre) abgestellt wird, nach der anderen Auffassung aber sowohl auf den Erfolg als auch auf die Körperverletzungshandlung abgestellt werden kann. Vorliegend könnte sich das Risiko der vorsätzlich herbeigeführten Reduzierung der Atemluft sowie der Abkühlung der Körpertemperatur realisiert haben. Da es sich hierbei um den Körperverletzungserfolg handelt, braucht der oben dargestellte Streit nicht entschieden zu werden, da beide Ansichten zunächst die Schaffung einer körperverletzungsspezifischen Gefahr bejahen würden.

Die Frage ist jedoch, ob sich diese Gefahr alsdann realisiert hat. Der Unmittelbarkeitszusammenhang wird bei einer eigenverantwortlichen Selbstgefährdung des Opfers durchbrochen. Aus o.g. Gründen ist von dieser Selbstgefährdung jedoch nicht auszugehen. Es hat sich damit die in der körperlichen Misshandlung liegende Gefahr im Tod niedergeschlagen.

Schließlich müsste K noch im Hinblick auf die Folge wenigstens fahrlässig gem. § 18 gehandelt haben.

Fahrlässigkeit bedeutet die Außerachtlassung der im Verkehr erforderlichen Sorgfalt bei objektiver Vorhersehbarkeit der Folge. Die Fahrlässigkeit liegt bei erfolgsqualifizierten Delikten in der Verwirklichung des Grunddelikts, so dass nur die Frage nach der Vorhersehbarkeit beantwortet werden muss. Dass jemand, der nur mit einem Plastiksack bekleidet ist, bei Temperaturen um den Gefrierpunkt erfrieren kann, liegt ebenso innerhalb der Lebenserfahrung wie der Umstand, dass jemand, der an Atemnot leidet, ersticken kann, wenn sein Mund verschlossen ist. Die Folge wurde damit auch fahrlässig herbeigeführt.

Die Voraussetzungen des § 227 sind damit verwirklicht.

4. Rechtswidrigkeit

Das Verhalten des K könnte gerechtfertigt sein aufgrund einer Einwilligung des X.

Die körperliche Unversehrtheit stellt zunächst ein disponibles Rechtsgut dar. Dessen Verletzung hat X, der einwilligungsfähig war, auch zum Zeitpunkt der Tat zugestimmt. Darüber hinaus unterlag seine Erklärung weder Täuschung noch Zwang. Auch hat K in Kenntnis und aufgrund dieser Einwilligung (in die Körperverletzung!) gehandelt. Fraglich ist jedoch, ob die Tat nicht gleichwohl gegen die guten Sitten gem. § 228 verstößt und damit einer wirksamen Einwilligung entgegensteht. Zu berücksichtigen ist hier, dass die Körperverletzung lebensgefährdend war und damit insbesondere auch im Hinblick auf den absoluten Lebensschutz, der in § 216 zum Ausdruck kommt, gegen die guten Sitten verstieß.[157] (a.A. vertretbar)

Die Körperverletzung ist damit nicht gerechtfertigt.

5. Schuld

Entschuldigungsgründe sind nicht ersichtlich. Auch kann K gegenüber der subjektive Fahrlässigkeitsvorwurf gemacht werden.

K hat sich damit der Körperverletzung mit Todesfolge gem. §§ 223, 227 strafbar gemacht.

IV. Strafbarkeit gemäß § 222

K hat sich ferner gem. § 222 einer fahrlässigen Tötung strafbar gemacht. Diese tritt jedoch in Gesetzeskonkurrenz hinter der Körperverletzung mit Todesfolge zurück.

---

157 So der *BGH*, u.a. in *BGHSt* 49, 166; a.A. *Fischer* § 228 Rn. 4.

V. Strafbarkeit gemäß §§ 223, 224 Abs. 1 Nr. 5

K könnte sich ferner gem. §§ 223, 224 Abs. 1 Nr. 5 wegen gefährlicher Körperverletzung strafbar gemacht haben, indem er X in den Container legte.

1. Objektiver Tatbestand

Wie oben festgestellt ist der objektive Tatbestand der einfachen Körperverletzung gegeben.

Darüber hinaus müsste die Reduzierung der Atemluft und das Aussetzen des X bei Temperaturen um den Gefrierpunkt eine das Leben gefährdende Behandlung darstellen. Dabei ist umstritten, ob diese Gefährdung abstrakt oder konkret[158] sein muss. Die Rechtsprechung sowie Teile der Literatur lassen eine abstrakte Gefahr für das Leben ausreichen.[159] Da dem Wortlaut nach nur auf die Behandlung (und nicht etwa auf etwaige Folgen dieser Behandlung) abgestellt wird und darüber hinaus auch die anderen Qualifikationsmerkmale der Nummern 1 bis 4 nicht voraussetzen, dass es zu schweren Folgen gekommen sein muss, ist eine konkrete Gefährdung nicht erforderlich.

Der objektive Tatbestand ist damit verwirklicht. Zum gleichen Ergebnis gelangen allerdings auch die Vertreter, die eine konkrete Gefahr verlangen.

> **JURIQ-Klausurtipp**
>
> Da beide Ansichten zum selben Ergebnis kommen, müsste der Streit nicht zwingend im objektiven Tatbestand entschieden werden. Allerdings ist es später für den Vorsatz von Bedeutung, ob dieser eine abstrakte oder konkrete Gefahr umfassen muss. Hier kann K aufgrund der Versicherungen des X nur schwer unterstellt werden, dass er eine konkrete Gefahr für das Leben des X annahm und billigte. Aus diesem Grund ist eine Streitentscheidung schon im objektiven Tatbestand zu empfehlen.

2. Subjektiver Tatbestand

In Anbetracht der körperlichen Konstitution des X und der niedrigen Temperaturen kann unterstellt werden, dass dem K die Möglichkeit einer abstrakten Lebensgefahr, die seinem Tätigwerden innewohnte, bekannt war und dass er sich damit abfand, zumal er X auf die potentielle Gefährlichkeit angesprochen hatte. Das billigende Inkaufnehmen einer konkreten Lebensgefahr kann ihm hingegen nicht unterstellt werden. Vorsatz liegt mithin vor.

> **JURIQ-Klausurtipp**
>
> Achtung: der Vorsatz muss sich nur auf die abstrakte Gefahr beziehen, nicht auf die Verwirklichung dieser Gefahr, weswegen auch kein Widerspruch zu oben besteht, wenn hier der Vorsatz bejaht wird.

3. Rechtswidrigkeit und Schuld

Eine rechtfertigende Einwilligung liegt aus den oben genannten Gründen nicht vor. Da auch Entschuldigungsgründe nicht gegeben sind, hat sich K auch wegen gefährlicher Körperverletzung strafbar gemacht.

VI. Strafbarkeit gemäß § 221 Abs. 1 Nr. 1 i.V.m. Abs. 3

K könnte sich der Aussetzung mit Todesfolge gem. § 221 Abs. 1 Nr. 1 i.V.m. Abs. 3 strafbar gemacht haben, indem er X in den Container legte.

1. Objektiver Tatbestand

Durch das Verbringen in den Müllcontainer wurde X von K in eine hilflose Lage versetzt, aus welcher er sich nicht aus eigener Kraft befreien konnte. Irrelevant ist, dass X sich auch zuvor aufgrund seiner Behinderung nicht mehr selbst helfen konnte. Insofern ist zu unterscheiden zwischen einer hilflosen Lage und einer hilflosen Person. Bei einer hilflosen Person besteht solange keine hilflose Lage, wie hilfsbereite Dritte zugegen sind.[160]

---

158 *Joecks/Jäger* § 224 Rn. 48.
159 *BGH* NStZ RR 1997, 67.

160 *Küper/Zopfs* Strafrecht BT Rn. 66 ff.

Diese hilflose Lage wurde auch kausal und objektiv zurechenbar von K durch das Verbringen geschaffen. Aus den o.g. Gründen kann nicht von einer eigenverantwortlichen Selbstgefährdung des X ausgegangen werden.

Diese hilflose Lage hat des Weiteren kausal und unmittelbar die konkrete Gefahr für das Leben des X hervorgerufen. Der objektive Tatbestand ist damit verwirklicht.

2. Subjektiver Tatbestand

Fraglich ist, ob K vorsätzlich handelte. Vorsatz bedeutet Wissen und Wollen der Tatbestandsverwirklichung. Ausreichend wäre dolus eventualis, welcher vorliegt, wenn der Täter die Verwirklichung des objektiven Tatbestands für möglich hält und billigend nach dem Motto „Na wenn schon" in Kauf nimmt.

Zwar kannte K sämtliche gefährdenden Umstände. Es darf jedoch bezweifelt werden, ob er die konkrete Lebensgefahr, bei der es nur noch vom Zufall abhängt, ob der Tod eintritt, für möglich hielt und vor allem auch billigend in Kauf nahm. Da er davon ausging, K werde von einer dritten Person alsbald aus dem Container befreit, muss zu seinen Gunsten davon ausgegangen werden, dass er eine konkrete Gefahr nicht billigend in Kauf nahm, sondern vielmehr darauf vertraute, diese werde nicht eintreten. Der Vorsatz ist damit zu verneinen.

Eine Aussetzung mit Todesfolge liegt nicht vor.

VII. Ergebnis

K hat sich wegen Körperverletzung mit Todesfolge strafbar gemacht, welche die ebenfalls verwirklichte gefährliche Körperverletzung verdrängt.

4. Teil
Freiheitsdelikte

A. Einführung

291 Im 18. Abschnitt des StGB sind Straftatbestände enthalten, deren **geschütztes Rechtsgut** im Allgemeinen die **Freiheit der Willensentschließung und Willensbetätigung** ist, wobei das Schutzgut in einigen Tatbeständen deliktsspezifische, besondere Ausprägungen erfährt. Im Gegensatz zu Straftatbeständen, bei denen der Angriff auf die persönliche Freiheit nur das Mittel zur Verletzung eines anderen Rechtsgutes ist (vgl. § 249 und § 253), ist bei den Freiheitsdelikten die Freiheit der Person das vorrangig geschützte Rechtsgut.

Mit dem 40. StÄG vom 22.3.2007 ist mit § 238 die Nachstellung („Stalking") unter Strafe gestellt worden.

Nachfolgend werden wir uns mit der Nachstellung gem. § 238, der Freiheitsberaubung gem. § 239, der Nötigung gem. § 240 sowie dem erpresserischen Menschenraub gem. § 239a und der Geiselnahme gem. § 239b auseinandersetzen.

Hinsichtlich der übrigen Delikte empfiehlt es sich, den Gesetzeswortlaut zu lesen. Eine vertiefte Auseinandersetzung wird in diesem Skript nicht erfolgen, da diese Delikte für gewöhnlich nicht sonderlich klausurrelevant sind.[1]

B. Nachstellung, § 238

I. Überblick

292 § 238 stellt das systematische Verfolgen und Belästigen eines anderen Menschen unter Strafe („Stalking"). **Geschütztes Rechtsgut** ist die **Freiheit der persönlichen Lebensgestaltung**.[2]

293 Die Absätze des § 238 verhalten sich systematisch wie folgt zueinander:

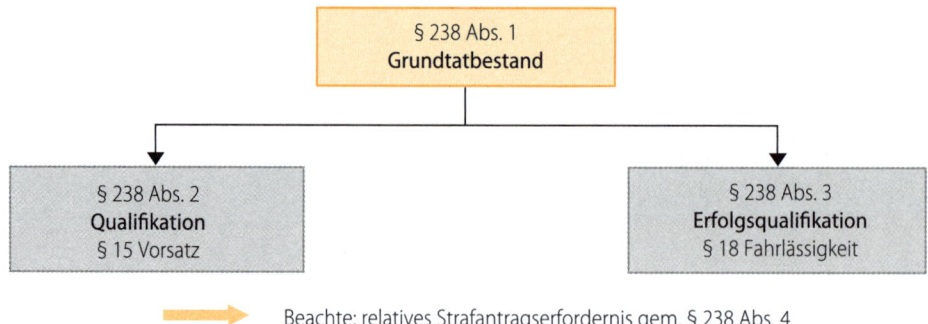

Beachte: relatives Strafantragserfordernis gem. § 238 Abs. 4

---

1 Ergänzend können Sie die Ausführungen bei *Wessels/Hettinger/Engländer* Strafrecht BT 1 Rn. 402 ff. lesen.
2 BT-Drucks. 16/575 S. 6.

Abs. 1 des § 238 enthält den **Grundtatbestand** der einfachen Nachstellung. 294

Die **Tathandlung** besteht in dem unbefugten und beharrlichen Nachstellen durch eine der in den Ziffern 1 bis 5 genannten Vorgehensweisen.

2017 wurde die Norm dahingehend geändert, dass kein kausal und objektiv zurechenbarer Taterfolg in Gestalt einer tatsächlich eingetretenen, schwerwiegenden Beeinträchtigung der Lebensgestaltung mehr erforderlich ist. Es reicht nunmehr aus, dass die Tathandlung **geeignet** ist, **die Lebensgestaltung schwerwiegend zu beeinträchtigen**. Das Delikt wurde also von einem Erfolgsdelikt zu einem **Gefährdungsdelikt** in Gestalt eines abstrakten Eignungsdelikts umgestaltet. Damit sollen nun auch die Opfer geschützt werden, die es sich z.B. aus finanziellen Gründen nicht leisten können, den Wohnort oder die Arbeitsstelle zu verlassen, die aber gleichwohl unter den Nachstellungen des Täters leiden.[3]

Hinweis

Zugleich wurde § 238 aus dem Katalog der Privatklagedelikte des § 374 Abs. 1 StPO gestrichen, so dass die Staatsanwaltschaft nun keine Möglichkeit mehr hat, das Verfahren einzustellen und den Verletzten auf den Privatklageweg zu verweisen.

Der **Aufbau** des § 238 Abs. 1 sieht wie folgt aus: 295

Nachstellung, § 238 Abs. 1

I. Objektiver Tatbestand
Tathandlung: Nachstellen gem. Nr. 1 bis 5
- unbefugt und
- beharrlich und
- geeignet, die Lebensgestaltung schwerwiegend zu beeinträchtigen.

II. Subjektiver Tatbestand
dolus eventualis reicht

III. Rechtswidrigkeit

IV. Schuld

V. Eventuell Strafantrag gem. § 238 Abs. 4

PRÜFUNGSSCHEMA

Abs. 2 ist eine **Qualifikation**, wobei ein Dritter durch die Tat in die (konkrete) Gefahr des 296
Todes oder einer schweren Gesundheitsschädigung gebracht worden sein muss. Der Täter muss hinsichtlich dieser Gefahr zumindest mit dolus eventualis handeln.

---

3 *Joecks/Jäger/Jäger* § 238 Rn. 4.

>> Was unter einer konkreten Gefahr sowie einer Gesundheitsschädigung zu verstehen ist, haben Sie bereits bei § 221 gelernt. Wiederholen Sie dieses Kapitel. «

297 Abs. 3 setzt den Eintritt des Todes eines Dritten voraus und ist damit eine **Erfolgsqualifikation** zum Grundtatbestand. Gem. § 18 muss also hinsichtlich des Todes zumindest Fahrlässigkeit vorliegen.

Hinweis

Der **Aufbau** entspricht dem des § 227. Damit können Ihnen bei § 238 **ähnliche Probleme** begegnen, wie bei § 227, so z.B. die Frage, ob der Unmittelbarkeitszusammenhang unterbrochen wird, wenn der Tod durch eine Reaktion des Opfers erfolgt, weil dieses durch die Nachstellung in den Tod getrieben wird oder auf der Flucht zu Tode kommt. Handelt es sich um eine **eigenverantwortliche Selbstgefährdung**, dann ist die Folge dem Täter nicht zuzurechnen.[4]

Da die Nachstellung im Versuch nicht strafbar ist, könnte sich **wie bei § 221** die Frage stellen, ob eine **versuchte Nachstellung mit Todesfolge** strafbar sein kann.

II. Objektiver Tatbestand des § 238 Abs. 1

298 Die **Tathandlung** besteht zunächst in dem **unbefugten und beharrlichen Nachstellen**, welches durch eine der in den Nummern 1–5 aufgelisteten Varianten erfolgen kann.

Beispiel A, der für ein Jahr mit L eine Beziehung geführt hat, kann nicht verwinden, dass L diese Beziehung beendet hat. Nach der Trennung kommt es wiederholt zu Auseinandersetzungen, woraufhin L eine einstweilige Verfügung nach dem Gewaltschutzgesetz gegen A erwirkt, die es ihm untersagt, Kontakt zu ihr aufzunehmen und sich ihr in einem Umkreis von 100 Metern zu nähern. Nichtsdestotrotz belästigt er sie bei 5 verschiedenen Gelegenheiten, zwischen denen jeweils 2 bis 4 Wochen liegen. Teilweise ruft er L an, teilweise sucht er sie zu Hause oder auf ihrer Arbeitsstelle auf. Jedes Mal bedroht er sie, indem er ihr ankündigt „ihr ein Messer in den Hals zu stechen", „ihr die Backen blau zu hauen", „sie kaputt zu schlagen und umzubringen". Gleichzeitig beschimpft er sie als „Schlampe", „Nutte" und „Hure". L nimmt die Drohungen ernst und hat Angst um ihr Leben, weswegen sie ihre Freizeitaktivitäten aufgibt, die Wohnung abends nicht mehr verlässt, kein Licht mehr anmacht und die Haustüre nicht mehr öffnet. Aufgrund ihrer Angst verliert sie erheblich an Gewicht.

Hier hat A sich jedenfalls gem. §§ 185 und 241 strafbar gemacht. Der *BGH*[5] musste sich 2009 darüber hinaus erstmalig mit § 238 auseinandersetzen. Er hat in diesem Zusammenhang mehrere Begriffe des Tatbestandes definiert und Aussagen zur Natur des Tatbestandes und zu den Konkurrenzen getroffen. ■

299 Gem. § 238 Abs. 1 Nr. 1 liegt ein solches Nachstellen zunächst in dem **Aufsuchen der räumlichen Nähe**, worunter gezielt ausgeführte, physische Annäherungen zu verstehen sind, wie z.B. Verfolgen oder Auflauern. **Streitig** ist, ob das Opfer die **räumliche Nähe bemerkt** haben muss, was teilweise unter Hinweis auf den Schutzzweck des § 238 bejaht wird.[6] Nach anderer Auffassung soll es jedoch ausreichen, wenn das Opfer auf andere Weise erfährt, dass der

---

4 Zum Problem der Unmittelbarkeit bei einem Suizid *BGH* NJW 2017, 2211.
5 *BGH* Beschluss vom 19.11.2009 Az 3 StR 244/09 – abrufbar unter www.bundesgerichtshof.de.
6 *Mitsch* NJW 2007, 1237.

Täter sich heimlich in seiner Nähe aufhält, da auch in diesem Fall die Handlung geeignet sein kann, die Lebensgestaltung zu beeinträchtigen.[7]

Gem. **§ 238 Abs. 1 Nr. 2** macht sich strafbar, wer **durch Kommunikationsmittel versucht**, Kontakt zu dem Opfer herzustellen. Erfasst sind natürlich auch erst recht die Fälle, in denen der Kontakt zustande kommt.   300

§ 238 Abs. 1 Nr. 3 erfasst die **missbräuchliche Verwendung personenbezogener Daten** zur Bestellung von Waren oder Dienstleistungen oder zur Herstellung eines Kontaktes.   301

Nach **§ 238 Abs. 1 Nr. 4** macht sich strafbar, wer das **Opfer** in der dort genannten Weise **bedroht**.   302

§ 238 Abs. 1 Nr. 5 ist eine Auffangklausel, womit ein Nachstellen auch bei anderen **vergleichbaren Handlungen** vorliegen kann. Der *BGH* hat angedeutet, dass es insoweit verfassungsrechtliche Bedenken geben könnte, da diese Ziffer das Spektrum möglicher Tathandlungen in kaum überschaubarer Weise öffne, so dass das Bestimmtheitsgebot verletzt sein könnte.[8]   303

> ### Hinweis
>
> Vergleichbare Regelungen finden sich indes auch in anderen Normen, so z.B. in § 315b Abs. 1 Nr. 3, wo von einem „ähnlichen, ebenso gefährlichen Eingriff" die Rede ist. Eine Definition existiert auch hier nicht. Rechtsprechung und Literatur haben vielmehr beispielhaft die Inhalte dieses Auffangtatbestandes beschrieben.

> **Beharrlich** ist dieses Nachstellen bei wiederholter Begehung. Darüber hinaus ist erforderlich, dass der Täter aus Missachtung des entgegenstehenden Willens oder aus Gleichgültigkeit gegenüber den Wünschen des Opfers in der Absicht handelt, sich auch in Zukunft entsprechend zu verhalten.[9]   304

Eine zur Begründung der Beharrlichkeit erforderliche **„Mindestanzahl"** von Angriffen des Täters kann dabei **nicht festgelegt** werden. Insofern ist in jedem Einzelfall aufgrund der jeweiligen Besonderheiten zu entscheiden. Auch ist nicht erforderlich, dass der Täter beharrlich dieselbe Tatvariante verwirklicht. **Ausreichend** ist auch, wenn er **beharrlich zwischen den Tatvarianten wechselt**.[10]

Beispiel Im obigen Fall ergibt sich die Beharrlichkeit aus der Wiederholung der nachstellenden Handlungen und aus dem Umstand, dass der A trotz einer einstweiligen Verfügung nicht von F ablässt, so dass zu erwarten steht, dass er auch in Zukunft F weiter belästigen wird. ▪

---

7 *Wessels/Hettinger/Engländer* Strafrecht BT 1 Rn. 412.
8 *BGH* Beschluss vom 19.11.2009 Az 3 StR 244/09 – abrufbar unter www.bundesgerichtshof.de; ebenso *Wessels/Hettinger/Engländer* Strafrecht BT 1 Rn. 414.
9 *BGH* Beschluss vom 19.11.2009 Az 3 StR 244/09 – abrufbar unter www.bundesgerichtshof.de.
10 *Wessels/Hettinger/Engländer* Strafrecht BT 1 Rn. 415 f.

305 | **Unbefugt** ist das Nachstellen, wenn es gegen den Willen des Opfers geschieht und der Täter sich nicht auf eine amtliche oder privatautonome Befugnisnorm stützen kann.[11]

> **JURIQ-Klausurtipp**
>
> Damit ist das Einverstandensein des Opfers bereits auf Tatbestandsebene als **tatbestandsausschließendes Einverständnis** und nicht als rechtfertigende Einwilligung zu prüfen.

306   Die Tathandlung muss zudem noch geeignet sein, die **Lebensgestaltung des Opfers schwerwiegend zu beeinträchtigen.**

Auch wenn nun nach der Änderung der Norm kein Taterfolg mehr erforderlich ist, so muss die Handlung des Täters doch so gravierend sein, dass ein solcher Erfolg eintreten könnte. Es sind also nur solche Handlungen erfasst, die **geeignet** sind, **bei jedermann** in der Situation des Opfers **eine schwerwiegende Veränderung seiner Lebensumstände herbeizuführen.**[12]

Beispiel   Im obigen Fall hat der *BGH*, der vor der Änderung der Norm zu entscheiden hatte, die Beeinträchtigung bejaht. Er hat zugleich ausgeführt, dass weniger gewichtige Maßnahmen der „Eigenvorsorge", wie z.B. die Benutzung eines Anrufbeantworters oder die Einrichtung einer Fangschaltung zur Beweissicherung nicht ausreichen würden.[13] ■

> **JURIQ-Klausurtipp**
>
> Nach der Neufassung der Norm müsste dieser Erfolg nun nicht mehr eintreten. Es müsste nur geprüft werden, ob er eintreten könnte. Ist er tatsächlich eingetreten, dann ist das ein Indiz, wobei darauf zu achten ist, dass im Interesse einer Objektivierung auf „jedermann" abzustellen ist. Wäre die Tathandlung also objektiv betrachtet harmlos, dann läge diese Eignung nicht vor, auch wenn das Opfer extrem darauf reagiert (z.B. weil es eine entsprechende Vorgeschichte hat).

III. Subjektiver Tatbestand

307   Der Täter muss hinsichtlich des objektiven Tatbestandes vorsätzlich handeln, wobei dolus eventualis ausreicht.

IV. Rechtswidrigkeit und Schuld

308   Insoweit gibt es keine deliktsspezifischen Besonderheiten, so dass auf die allgemeinen Grundsätze verwiesen wird. Beachten Sie, dass – wie ausgeführt – eine rechtfertigende Einwilligung nicht möglich ist, da diese bereits ein tatbestandsausschließendes Einverständnis ist.

---

11 *BGH* Beschluss vom 19.11.2009 Az 3 StR 244/09 – abrufbar unter www.bundesgerichtshof.de.
12 *Joecks/Jäger/Jäger* § 238 Rn. 8.
13 *BGH* Beschluss vom 19.11.2009 Az 3 StR 244/09 – abrufbar unter www.bundesgerichtshof.de.

V. Konkurrenzen

Fraglich ist, welcher Natur § 238 ist und ob die einzelnen Tathandlungen jeweils eine materiell rechtlich eigenständige Straftat darstellen. Letzteres erscheint widersinnig, da das beharrliche Nachstellen ja gerade die wiederholte Tatbegehung voraussetzt, so dass auch im obigen *Beispielsfall* alle 5 natürlichen Handlungen zu einer **tatbestandlichen Handlungseinheit** zusammengefasst werden, so dass nur eine Handlung im Rechtssinne und damit auch nur **eine materiell rechtliche Tat** vorliegt.[14] Zu dem gleichen Ergebnis könnte man auch gelangen, wenn man § 238 als Dauerdelikt begreift. Nach Auffassung des BH spricht aber der typische Charakter des „Stalkings" dagegen. Bei Dauerdelikten wie z.B. der Freiheitsberaubung gem. § 239 schafft der Täter einen rechtswidrigen Zustand und setzt ihn ununterbrochen fort. Stalking-Angriffe hingegen sind zumeist zeitlich getrennte, oftmals auch unterschiedliche Handlungen.[15]

Nach Auffassung des *BGH* **verklammert** der § 238 die mitverwirklichten Delikte der Bedrohung gem. § 241 und Beleidigung gem. § 185, so dass zwischen allen Delikten **Tateinheit** angenommen wird.[16]

Sofern die Gefahr der Gesundheitsschädigung oder des Todes sich realisiert hat, kann **Tateinheit** angenommen werden mit den §§ 223 ff. und eventuell auch mit den §§ 212 ff.

309

» Sofern Ihnen die Begriffe „tatbestandliche Handlungseinheit" und „Klammerwirkung" noch nichts oder nichts mehr sagen, sollten Sie das Kapitel Konkurrenzen, dargestellt im Skript „Strafrecht AT II", lesen. «

C. Freiheitsberaubung, § 239

I. Überblick

Geschütztes Rechtsgut des § 239 ist nach h.M. die **potenzielle persönliche Fortbewegungsfreiheit**.[17] Mit Fortbewegungsfreiheit ist dabei die **Freiheit** gemeint, den **derzeitigen Aufenthaltsort zu verlassen** und sich fort zu bewegen. Nicht geschützt ist die Freiheit, einen bestimmten Ort aufsuchen zu können.[18]

310

> **Beispiel** Mit geladenem Gewehr baut sich A vor der Kinderzimmertüre seines Sohnes B auf, um zu verhindern, dass B das Kinderzimmer verlässt und ebenso, dass die Mutter M das Kinderzimmer betritt.
>
> Hier hat sich A hinsichtlich des Kindes wegen Freiheitsberaubung strafbar gemacht, hinsichtlich der Mutter liegt jedoch eine Nötigung gem. § 240 vor, da diese lediglich daran gehindert war, das Kinderzimmer zu betreten, nicht aber, die Wohnung zu verlassen. ■

Teilweise wird in der **Literatur** vertreten, dass das geschützte Rechtsgut nicht die potenzielle, sondern die **aktuelle Fortbewegungsfreiheit** sei. Eine Freiheitsberaubung könne dementsprechend nur dann angenommen werden, wenn das betroffene Objekt in der konkreten

311

---

14 Anders ist die Situation, wenn der Täter nach Eintritt des Erfolges des § 238 Abs. 1 (etwa einem Umzug) weitere Tathandlungen ausführt. Dann liegen 2 Taten vor, die zueinander in Tatmehrheit stehen, *BGH* Beschluss vom 18.7.2013 Az 4 StR 168/13 – abrufbar unter www.bundesgerichtshof.de.

15 *BGH* Beschluss vom 19.11.2009 Az 3 StR 244/09 – abrufbar unter www.bundesgerichtshof.de.

16 *BGH* Beschluss vom 19.11.2009 Az 3 StR 244/09 – abrufbar unter www.bundesgerichtshof.de.

17 *BGHSt* 14, 314; 32, 188; Schönke/Schröder-*Eser* § 239 Rn. 1.

18 *Wessels/Hettinger/Engländer* Strafrecht BT 1 Rn. 418.

Situation auch tatsächlich den Willen zur Ortsveränderung hatte.[19] Nach der **herrschenden Meinung** genießt hingegen auch derjenige den Schutz des § 239, der von der Beeinträchtigung aktuell nichts merkt. Voraussetzung ist jedoch, dass grundsätzlich die Möglichkeit der Willensbildung beim Opfer besteht.[20]

Beispiel A sperrt die schlafende B ein, um ungestört fernsehen zu können. Nach zwei Stunden öffnet er die Tür. Während dieses Zeitraums hat B tief und fest geschlafen und die verschlossene Türe nicht bemerkt.

Hier hat A sich nur nach Ansicht der h.M. wegen vollendeter Freiheitsberaubung gem. § 239 strafbar gemacht. Eine Strafbarkeit wäre nur dann zu verneinen gewesen, wenn die Möglichkeit des Erwachens der B während des Einsperrens mit Sicherheit hätte ausgeschlossen werden können. In diesem Fall läge auch nach Ansicht der h.M. keine vollendete Freiheitsberaubung vor. Weiter ist Voraussetzung, dass der Vorsatz des Täters darauf gerichtet gewesen sein muss, dass die Möglichkeit des Aufwachens besteht und das Einsperren dann seine volle Wirkung entfaltet. Anderenfalls entfällt ebenfalls eine Bestrafung gem. § 239.

Nach Ansicht der Literatur wäre eine vollendete Freiheitsberaubung zu verneinen, da bei der Schlafenden der aktuell-tatsächliche Wille zur Ortsveränderung fehlt. Es bliebe bei einer Bestrafung aus Versuch, der in der Regel aber milder bestraft wird. Damit hinge die Strafe letztlich von zufälligen Besonderheiten in der Sphäre des Opfers ab. ■

312 Systematisch verhalten sich die Absätze des § 239 wie folgt zueinander:

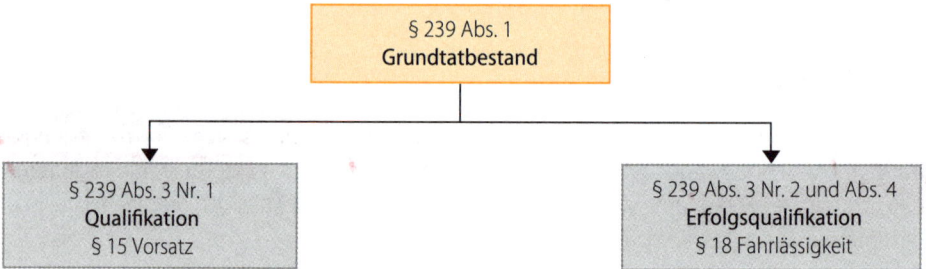

§ 239 Abs. 1
Grundtatbestand

§ 239 Abs. 3 Nr. 1
Qualifikation
§ 15 Vorsatz

§ 239 Abs. 3 Nr. 2 und Abs. 4
Erfolgsqualifikation
§ 18 Fahrlässigkeit

§ 239 Abs. 1 enthält den **Grundtatbestand.**

§ 239 Abs. 3 ist in Nr. 1 nach h.M. eine **Qualifikation,**[21] die einschlägig ist, wenn der Täter sein Opfer länger als eine Woche der Freiheit beraubt.

> **JURIQ-Klausurtipp**
>
> In der Klausur sollten Sie den **Grundtatbestand zusammen mit der Qualifikation prüfen,** da es im objektiven Tatbestand regelmäßig keine Probleme bereiten dürfte, die Dauer der Freiheitsberaubung festzustellen. Im subjektiven Tatbestand muss der Täter dann auch diesbezüglich vorsätzlich gehandelt haben.

---

19 *Arzt/Weber* Strafrecht BT § 9 Rn. 13 ff.; *Fischer* § 239 Rn. 4.
20 *BGHSt* 32, 183.
21 *Wessels/Hettinger/Engländer* Strafrecht BT 1 Rn. 423.

§ 239 Abs. 3 Nr. 2 hingegen ist ebenso wie **Abs. 4** eine **Erfolgsqualifikation**, so dass § 18 zu beachten ist. Die Folge besteht entweder in einer schweren Gesundheitsschädigung (vgl. die Ausführungen bei § 221) oder in dem Tod des Opfers. Hinsichtlich des Aufbaus und der Probleme wird auf die Ausführungen bei § 227 verwiesen.

§ 239 Abs. 5 ist eine Strafzumessungsvorschrift für minder schwere Fälle.

§ 239 ist ein **Dauerdelikt**, so dass **Vollendung** mit dem Eintritt des Verlustes der Fortbewegungsfreiheit eintritt, **Beendigung** erst mit der Aufhebung dieses Zustandes.

Der **Aufbau** der Freiheitsberaubung stellt sich wie folgt dar:

» Wiederholen Sie das Kapitel „Körperverletzung mit Todesfolge", Rn. 246 ff. **«**

313

Freiheitsberaubung, § 239

I. Objektiver Tatbestand
1. Tatobjekt: Mensch, der potenziell (h.M.) den Willen fassen kann, sich fortzubewegen
2. Tathandlung:
   a) Einsperren oder
   b) Verlust der Fortbewegungsfreiheit auf sonstige Weise
   c) gegen oder ohne den Willen des Tatopfers
3. Ggf. Qualifikation gem. Abs. 3 Nr. 1: länger als eine Woche

II. Subjektiver Tatbestand
Vorsatz, dolus eventualis reicht

III. Ggf. Eintritt der schweren Folge gem. Abs. 3 Nr. 2 / Abs. 4
Zu beachten: **Kausalität, Unmittelbarkeitszusammenhang und wenigstens Fahrlässigkeit gem. § 18**

IV. Rechtswidrigkeit

V. Schuld

VI. Evt. minder schwerer Fall gem. Abs. 5

PRÜFUNGSSCHEMA

II. Objektiver Tatbestand

Tatobjekt ist der **Mensch**, der die **Fähigkeit** besitzt, den **Willen zur Ortsveränderung zu fassen** und zu realisieren. Nach oben dargestellter h.M. kommt es nicht darauf an, dass der Mensch zum Zeitpunkt der Tathandlung diesen Willen auch fassen wollte. Voraussetzung ist jedoch, dass er ihn fassen konnte, so dass ein drei Monate alter Säugling mithin kein geeignetes Tatobjekt darstellen kann.[22]

314

§ 239 enthält zwei Tatmodalitäten, nämlich das **Einsperren** und das **Berauben der Freiheit auf andere Weise**, wobei das Gesetz offen lässt, wie die Tat zu begehen ist. Es handelt sich damit um ein nicht verhaltensgebundenes Delikt.

315

> **Einsperren** ist jedes Verhindern des Verlassens eines Raumes durch eine äußere Vorrichtung oder sonstige Vorkehrungen.[23]

---

22 *Wessels/Hettinger/Engländer* Strafrecht BT 1 Rn. 418.
23 Schönke/Schröder-*Eser* § 239 Rn. 5.

316 Die Vorrichtungen oder sonstigen Vorkehrungen, die das Opfer am Verlassen hindern, brauchen **nicht unüberwindlich** zu sein.[24]

Beispiele Als häufigste Tatmodalität kommt das Verschließen einer Türe in Betracht. Möglich ist auch, dass das Opfer dadurch eingesperrt wird, dass sich der Täter mit einer geladenen Maschinenpistole oder einem bissigen Pitbull im Türrahmen postiert. ◼

> Das **Berauben der Freiheit auf andere Weise** liegt in jedem Tun oder Unterlassen, durch welches die Fortbewegungsfreiheit des Opfers vollständig aufgehoben wird.

317 Im Gegensatz zum Einsperren reicht hier die bloße Erschwerung nicht, es sei denn, das Überwinden der Hemmnisse ist im Einzelfall unzumutbar gefährlich.[25]

Beispiele Als Tatmittel kommen in Betracht: Festhalten, Fesseln, Betäuben, Beschleunigen des Fahrzeuges, um dem Beifahrer den Ausstieg unmöglich zu machen. ◼

318 Eine Freiheitsberaubung in sonstiger Weise kann unter den Voraussetzungen des § 13 auch **durch** ein **Unterlassen** begangen werden.

Beispiel Dozentin D schließt versehentlich nach der Vorlesung Student S im Hörsaal ein. Als sie gerade das Gebäude verlassen will, bemerkt sie das Missgeschick. In Anbetracht der schlechten Leistungen des Studenten gelangt D jedoch zu der Auffassung, dass ihm eine Nachtschicht sicherlich guttun wird und unterlässt es, ihn aus dem Hörsaal zu befreien.

Das Einschließen des Studenten geschah nicht vorsätzlich, weswegen eine Strafbarkeit gem. § 239 insoweit ausscheidet. Allerdings hat D sich der Freiheitsberaubung durch Unterlassen strafbar gemacht. Die Garantenstellung ergibt sich aus Ingerenz. ◼

319 Da die Freiheitsberaubung den freien Willen schützt, ist sie nur dann möglich, wenn sie **gegen oder ohne den Willen** des Verletzten geschieht.[26]

> **JURIQ-Klausurtipp**
>
> Wie bei § 238 auch bedeutet dies, dass ein Einverständnis des Betroffenen schon im Bereich des Tatbestandes als **tatbestandsausschließendes Einverständnis** geprüft wird und nicht erst bei der Rechtfertigung (Einwilligung).

320 Im Gegensatz zu anderen Vorschriften, bei denen der natürliche Wille ausreicht, ist im Rahmen des § 239 ein Einverständnis, welches **durch List oder Täuschung erschlichen** wurde, jedoch nach überwiegender Auffassung unwirksam.[27]

---

24 *BGH* NStZ 01, 420.
25 *BGH* NJW 93, 1807.
26 *Wessels/Hettinger/Engländer* Strafrecht BT 1 Rn. 422.
27 *Lackner/Kühl* § 239 Rn. 5; *Jäger* Strafrecht BT Rn. 116; a.A. *Park/Schwarz* JURA 1995, 294, wonach der natürliche Wille ausreicht.

Beispiel B bietet A an, hinter ihm den Tresorraum zu schließen, damit er ungestört seine Vermögensangelegenheiten regeln könne. Er erklärt ihm, dass er in fünf Minuten die Tür wieder aufsperren und ihn herausholen werde. Damit ist A einverstanden. In Wahrheit hat B jedoch nicht vor, die Türe nach fünf Minuten wieder zu öffnen. Er beabsichtigt vielmehr, die Türe erst nach vier Stunden zu öffnen. Wider Erwarten wird die Türe jedoch nach zehn Minuten von C geöffnet. A selbst hat die zeitliche Diskrepanz nicht bemerkt.

Hier liegt kein tatbestandsausschließendes Einverständnis des A vor, da dieses durch Täuschung erschlichen wurde. Hätte A gewusst, dass B tatsächlich vorhat, ihn vier Stunden einzusperren, hätte er sein Einverständnis nicht erklärt. Nach h.M. ist darüber hinaus unerheblich, ob A in den zehn Minuten den Willen gefasst hat, den Raum zu verlassen, da es insoweit nur auf die potenzielle Fortbewegungsfreiheit ankommt. ■

III. Subjektiver Tatbestand

Der Täter muss vorsätzlich handeln, wobei dolus eventualis ausreicht. **321**

IV. Rechtswidrigkeit und Schuld

Es gibt keine deliktsspezifischen Besonderheiten, so dass auf die allgemeinen Grundsätze verwiesen wird. Beachten Sie auch hier, dass – wie dargestellt – das Einverstandensein des Opfers bereits auf Tatbestandsebene geprüft wird, so dass eine **rechtfertigende Einwilligung** nicht möglich ist. **322**

V. Konkurrenzen

Tateinheit ist möglich mit § 240 und den §§ 211 ff. und §§ 223 ff. Sofern die Freiheitsberaubung das Tatmittel für z.B. eine Vergewaltigung gem. §§ 177 ff. oder einen Raub gem. §§ 249 ff. ist, **tritt sie** als einfache Freiheitsberaubung in Gesetzeskonkurrenz **zurück**. **323**

D. Erpresserischer Menschenraub, § 239a und Geiselnahme, § 239b

I. Überblick

Die §§ 239a und 239b lösen beim ersten Lesen zunächst Verwirrung aus, da die Struktur und vor allem die Unterschiede nicht sofort erkennbar sind. **324**

Beide Normen stellen die Entführung, das Sich-Bemächtigen von Menschen oder das Ausnutzen eines zuvor geschaffenen Zustandes in der Absicht, auf das Opfer selbst oder einen Dritten zum Erreichen eines weiteren Zwecks Zwang auszuüben unter Strafe.

Der **objektive Tatbestand** beider Vorschriften ist **identisch**. **325**

» Lesen Sie die Normen und versuchen Sie zunächst selbst, die Unterschiede und Gemeinsamkeiten herauszufinden «

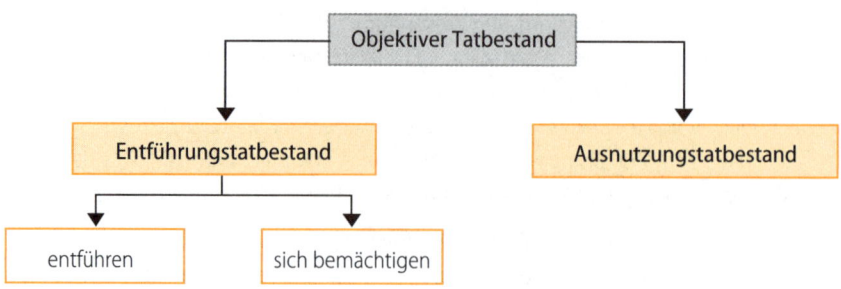

326   Er enthält zwei unterschiedliche Tatbestände, die Sie in der Klausur strikt voneinander trennen sollten.

Der **Entführungs- und Sichbemächtigungstatbestand** lässt es ausreichen, dass der Täter die **Absicht** hat, bei Vornahme der Tathandlung diesen Zustand zu einer Erpressung oder Nötigung **auszunutzen**. Ein tatsächliches Ausnutzen ist nicht erforderlich.

Beim **Ausnutzungstatbestand** hat der Täter aus einer anderen Motivation heraus das Opfer entführt oder sich des Opfers bemächtigt und möchte nun diesen Zustand zu einer Erpressung oder Nötigung tatsächlich ausnutzen. Das **Ausnutzen** ist damit nicht nur subjektiv beabsichtigt, sondern **objektives Tatbestandsmerkmal**.

327   Die Unterschiede beider Normen liegen im subjektiven Tatbestand.

Bei § 239b handelt der Täter in der Absicht, eine **Nötigung** zu begehen, wohingegen bei § 239a der Täter die Absicht haben muss, eine **Erpressung gem. § 253** zu verwirklichen. Darüber hinaus unterscheiden sich beide Vorschriften in den **beabsichtigten Drohmitteln**. Während **§ 239a jedwede Drohmittel** erfasst, welche die Sorge des Opfers um sein Wohl oder die Sorge eines Dritten um das Wohl des Opfers zur Folge haben, verlangt § 239b, dass dem Opfer oder einem Dritten mit dem **Tod oder einer schweren Körperverletzung bzw. der Freiheitsberaubung von über einer Woche** gedroht wird.

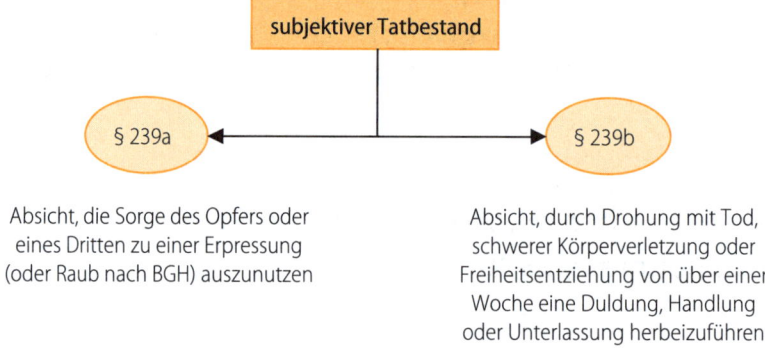

328   Dementsprechend ist das **geschützte Rechtsgut des § 239a** das Vermögen und die Willensentschließungsfreiheit **des zu Erpressenden** sowie die Freiheit und die physisch-psychische Integrität des Entführten.[28] **Geschütztes Rechtsgut des § 239b** ist die Willensentschließungsfreiheit **des zu Nötigenden** sowie, wie bei § 239a auch, die Freiheit und die physisch-psychische Integrität des Entführten.[29]

---

28 Schönke/Schröder-*Eser* § 239a Rn. 3.
29 Schönke/Schröder-*Eser* § 239b Rn. 1.

§§ 239a und b enthalten in ihren Absätzen 1 jeweils das **Grunddelikt**. Zu beachten ist, dass § 239b in Abs. 2 auf § 239a verweist.

Abs. 2 des § 239a enthält eine **Strafzumessungsnorm** für minder schwere Fälle, die nach **329** der Schuld zu prüfen ist, sofern der Sachverhalt eindeutige (!) Hinweise enthält.

Abs. 3 des § 239a ist eine **Erfolgsqualifikation**. Demnach ist die Strafe Freiheitsstrafe nicht **330** unter 10 Jahren oder lebenslange Freiheitsstrafe, wenn der Täter den Tod des Opfers verursacht. In Abweichung zu sonstigen Erfolgsqualifikationen setzen §§ 239a und b „**wenigstens Leichtfertigkeit**" voraus. Der Aufbau entspricht ansonsten wieder jenem des § 227.

> Der Täter handelt **leichtfertig**, wenn er die ihm obliegende Sorgfalt in besonders hohem Maße missachtet oder sich in gleichgültiger Weise über die klar erkannte Möglichkeit des Erfolgseintritts hinwegsetzt.[30]

Entsprechend den oben aufgezeigten Tatbestandsvarianten sieht der **Aufbau der Entführungs- und Sichbemächtigungsvariante der §§ 239a und b** wie folgt aus: **331**

Rn. 338
Rn. 339

PRÜFUNGSSCHEMA

Erpresserischer Menschenraub, § 239a und Geiselnahme, 239b (Sichbemächtigungsvariante)

I. Objektiver Tatbestand
1. Tatobjekt: ein anderer Mensch
2. Tathandlung
   a) entführen oder
   b) sich bemächtigen
   c) gegen den Willen

II. Subjektiver Tatbestand
1. Vorsatz, dolus eventualis genügt
2a. § 239a: Absicht, den Zustand zu einer Erpressung auszunutzen
   ↺ Raub als beabsichtigte Tat   Rn. 338
   ↺ „Zwei-Personen-Verhältnis"   Rn. 339
2b. § 239b: Absicht, durch Drohung mit dem Tod, einer schweren Körperverletzung (§ 226) oder einer Freiheitsentziehung von über einer Woche eine Handlung, Duldung oder Unterlassung zu bewirken

III. Rechtswidrigkeit

IV. Schuld

V. Minder schwerer Fall gem. Abs. 2

VI. Tätige Reue gem. Abs. 4

---

30 *BGHSt* 33, 66.

332 Die **Ausnutzungsvariante der §§ 239a und b** sollten Sie hingegen in der Klausur wie folgt prüfen:

Erpresserischer Menschenraub, 239a und Geiselnahme, 239b (Ausnutzungsvariante)

I. Objektiver Tatbestand

  1. Tatobjekt: ein anderer Mensch

  2. Tathandlung

    a) entführen oder

    b) sich bemächtigen

    c) gegen den Willen

    d) Ausnutzung der so geschaffenen Lage zu einer

        Ausnutzen auch dann, wenn § 239a Var. 1 am „doppelten Zwang" scheitert   Rn. 348

        Vollendung oder Versuch   Rn. 350

      aa) bei § 239a: Erpressung gem. § 253, § 255, oder § 249 (BGH)

      bb) bei § 239b: Nötigung durch Drohung mit dem Tod, einer schweren Körperverletzung (§ 226) oder einer Freiheitsentziehung von über einer Woche

II. Subjektiver Tatbestand

  1. Vorsatz

  2. bei §§ 253, 255 zusätzlich die rechtwidrige Bereicherungsabsicht dolus eventualis genügt

III. Rechtswidrigkeit

IV. Schuld

V. Minder schwerer Fall gem. § 239b Abs. 2 i.V.m. § 239a Abs. 2

VI. Tätige Reue gem. § 239b Abs. 2 i.V.m. § 239a Abs. 4

II. Entführungs- und Sichbemächtigungstatbestand der §§ 239a und b

1. Objektiver Tatbestand

333 Diese Tatbestandsvariante setzt im objektiven Tatbestand voraus, dass der Täter eine andere Person entführt oder sich ihrer bemächtigt. Wie bei § 239 ist es erforderlich, dass die Tathandlung **gegen den Willen des Opfers** geschieht.

> **Entführen** ist eine Veränderung des Aufenthaltsortes gegen den Willen des Opfers, so dass das Opfer der Herrschaftsgewalt des Täters ausgeliefert ist.[31]

---

31 *Wessels/Hettinger/Engländer* Strafrecht BT 1 Rn. 508.

Die Entführung kann durch Gewalt, List oder Drohung bewirkt werden. **334**

> Ein **Bemächtigen** liegt vor, wenn der Täter das Opfer gegen seinen Willen physisch in seine Gewalt bringt.[32]

Im Gegensatz zum Entführen setzt das Bemächtigen keine Ortsveränderung voraus. Ausrei- **335** chend, aber auch erforderlich ist, dass das **Opfer dem Täter ausgeliefert** ist, wobei nicht erforderlich ist, dass eine Schutz- oder Fluchtmöglichkeit für das Opfer gänzlich ausgeschlossen ist.

Beispiel A zwingt B mit vorgehaltener Waffe dazu, in den Keller zu gehen. Dort sperrt er sie ein und erklärt ihr, dass er sie alle halbe Stunde schlagen werde, wenn sie ihm nicht die Kombination des Safes verraten werde.

Hier hat sich A wegen erpresserischen Menschenraubs gem. § 239a Abs. 1 strafbar gemacht, da er B zunächst entführt hat und danach die Sorge der B um ihr eigenes Wohl dazu ausgenutzt hat, eine Erpressung zu begehen.

Eine Bestrafung nach § 239a Abs. 1 wäre auch in Betracht gekommen, wenn A die B nur gefesselt oder ihr eine Waffe vorgehalten hätte und dann in diesem Zustand ihre Sorge um ihr Wohlergehen zu einer Erpressung ausgenutzt hätte. In diesem Fall hätte A sich der B bemächtigt. ■

2. Subjektiver Tatbestand

Zunächst muss der Täter im Hinblick auf die Verwirklichung des objektiven Tatbestands vor- **336** sätzlich handeln.

a) § 239a

Darüber hinaus ist bei § 239a die **Absicht** erforderlich, den objektiv geschaffenen Zustand zu **337** einer Erpressung gem. § 253 oder zu der, den § 253 als Grunddelikt enthaltenden Qualifikation der räuberischen Erpressung gem. § 255 **auszunutzen**.

Streitig ist, ob auch die Absicht, einen **Raub** zu begehen, ausreicht. Nach Auffassung des **338** *BGH* ist der Raub lediglich ein Spezialfall der räuberischen Erpressung (jeder Raub ist damit zugleich eine räuberische Erpressung!), so dass auch der Raub als beabsichtigte Straftat für § 239a in Betracht kommt.[33] Die **Literatur**[34] begreift Raub als eigenständiges Delikt, welches zur räuberischen Erpressung in einem Exklusivitätsverhältnis steht, so dass § 239a ausscheidet, wenn der Täter die Absicht hat, einen Raub zu begehen.

> » Es handelt sich um den „Klassikerstreit" der Abgrenzung von Raub und räuberischer Erpressung, der Ihnen „durch die Hintertür kommend" auch bei § 239a begegnen kann. Wiederholen Sie dieses Thema, dargestellt im Skript „Strafrecht BT II". «

Beispiel A hält B eine geladene Schusswaffe an die Schläfe und zwingt sie, sich in den Kofferraum seines Fahrzeugs zu legen. Er beabsichtigt, dadurch Ihren Ehemann E zu zwingen, sich nicht zu wehren, wenn er ihm das Portemonnaie und die Rolex abnimmt.

---

32 *Wessels/Hettinger/Engländer* Strafrecht BT 1 Rn. 508; *BGH* NStZ 96, 276.

33 *BGH* NStZ 2007, 32.

34 *Joecks/Jäger/Jäger* § 239a Rn. 13.

Durch das Vorhalten der Waffe und das Einsperren in den Kofferraum hat sich A der B bemächtigt. Dies tat er allerdings in der Absicht, einen Raub an E zu begehen. Nach Auffassung des *BGH* liegt gleichwohl ein erpresserischer Menschenraub vor. Die Literatur würde dies ablehnen, hätte aber die Möglichkeit bei entsprechender Drohung nach § 239b zu bestrafen, andernfalls kämen Nötigung, Freiheitsberaubung und schwerer (versuchter) Raub in Betracht. ◼

339 Da die §§ 239a und b seit 1989 auch einschlägig sind, wenn das entführte oder bemächtigte Opfer und der Erpressungs- oder Nötigungsadressat identisch sind, ergeben sich bei diesen sog. **„Zwei-Personen-Verhältnissen" Probleme bei der Abgrenzung** des erpresserischen Menschenraubes insbesondere von der Erpressung (aber auch bei der sexuellen Nötigung). Zu beachten ist in diesem Zusammenhang, dass der Strafrahmen des erpresserischen Menschenraubes bei 5 Jahren beginnt, wohingegen die räuberische Erpressung eine Mindeststrafe von nur einem Jahr vorsieht. Nach dem Wortlaut der §§ 239a und b können jedoch Sachverhalte, die schon von den §§ 253, 255 erfasst werden nochmals von §§ 239a und b erfasst werden.

340 In der Klausur (und der Praxis) sieht der **Hauptanwendungsfall** wie folgt aus:

Beispiel A stürmt maskiert in die Kreissparkasse in Castrop-Rauxel und zwingt den Kassierer unter Vorhalten einer täuschend echt aussehenden Spielzeugpistole zur Herausgabe des Geldes.

Hier hat sich A zunächst gem. §§ 253, 255, § 250 Abs. 1 Nr. 1b strafbar gemacht.

Fraglich ist, ob er sich auch gem. § 239a strafbar gemacht haben könnte. Durch das Vorhalten der Waffe hat A den Kassierer zunächst physisch in seine Gewalt gebracht und sich damit des Opfers bemächtigt. Dies tat er auch in der Absicht, eine Erpressung zu begehen. Problematisch ist, dass das Tatmittel, welches zur Bemächtigung führte auch zugleich das Tatmittel der Erpressung war. ◼

JURIQ-Klausurtipp

In der Klausur wird häufig bei der Prüfung der §§ 253, 255 übersehen, dass die §§ 239a und 239b zur Anwendung kommen könnten. Sie sollten sich mithin bewusst machen, dass **bei jedem Raub und jeder räuberischen Erpressung** thematisiert werden muss, ob darüber hinaus nicht auch ein erpresserischer Menschenraub vorliegt. Sollten Sie dies übersehen, schneiden Sie sich in der Klausur ein diskussionswürdiges Problem ab.

---

341 Das Problem hat der *BGH* nach einem Beschluss des Großen Senats[35] (im Wesentlichen mit Zustimmung der Literatur[36]) dahingehend gelöst, dass er für Zwei-Personen-Verhältnisse im Rahmen der §§ 239a und b eine Einschränkung verlangt. Diese Einschränkung sieht so aus, dass ein **„doppelter Zwang"** bzw. eine **„stabile Bemächtigungslage"** verlangt wird: Der erpresserische Menschenraub sowie die Geiselnahme werden als unvollkommen zweiaktige Delikte aufgefasst. Im Zwei-Personen-Verhältnis liegt eine Strafbarkeit erst dann vor, wenn über den Zwang, der im Sichbemächtigen bzw. Entführen liegt, **ein weiterer, den eigentlichen Zielen des Täters dienender Zwang gewollt ist**. Insbesondere in der Variante des

---

35 *BGHSt* 40, 350.
36 *Joecks/Jäger/Jäger* § 239a Rn. 22.

Sichbemächtigens fehlt es mithin an den Voraussetzungen des Tatbestandes, sofern das Sichbemächtigen durch eine Drohung oder durch Gewalt herbeigeführt wird, die zugleich dazu dient, das Opfer zu einer Vermögensverfügung zu nötigen.[37] Der **Bemächtigungssituation** kommt in diesem Fall dann keine **eigenständige Bedeutung** zu.

Beispiel   Im obigen Fall läge mithin kein erpresserischer Menschenraub und auch keine Geiselnahme vor, da das Vorhalten der Waffe **zugleich** dem Sichbemächtigen als auch dem Drohen im Rahmen des § 253 diente.

Der doppelte Zwang würde vorliegen, wenn der Täter das Opfer zunächst gefesselt und dann mit vorgehaltener Waffe dazu gezwungen hätte, ihm die Kombination des Safes bekannt zu geben. ▪

Für die Annahme des doppelten Zwangs ist es allerdings nicht erforderlich, dass der Täter **342** verschiedene Zwangsmittel einsetzt. **Bei Einsatz nur eines Zwangsmittels** kommt es dann entscheidend darauf an, ob der Täter eine **Stabilisierung der Situation** herbeiführt, bevor er zur beabsichtigten Nötigung oder Erpressung übergeht. In jedem Fall muss der **Bemächtigung** eine **eigenständige Bedeutung** zukommen, die eine weitergehende Drucksituation für das Opfer darstellt.[38]

Beispiel   Bankräuber B stürmt mit einer Waffe in der Hand in die Sparkasse und zwingt zunächst sämtliche Bankangestellten und Kunden, sich in der Mitte der Bank auf den Fußboden zu legen. Nachdem er so die Kontrolle über die Situation gewonnen hat, zwingt er nunmehr Kassierer K mit vorgehaltener Waffe, den Tresor zu öffnen.

Hier hat B sich durch das Vorhalten der Waffe der Opfer bemächtigt und zunächst die Situation stabilisiert, so dass der weitere Waffeneinsatz als weiterer Zwang angesehen wird. ▪

JURIQ-Klausurtipp

In der Klausur können Sie diese Problematik gut **im subjektiven Tatbestand** darstellen, dort bei dem **vorgestellten „Ausnutzen"** der Entführung respektive dem Bemächtigen.

---

37 *BGH* NJW 1995, 471.
38 *BGH* Entscheidung vom 31.8.2006 Az 3 StR 246/06 – abrufbar unter www.bundesgerichtshof.de.

b) § 239b

343   Bei § 239b muss der Täter die **Absicht** haben, durch Drohung mit dem Tod, einer schweren Körperverletzung gem. § 226 oder einer Freiheitsentziehung von über einer Woche das Opfer zu einer Handlung, Duldung oder Unterlassung zu nötigen.

Beispiel   Die Terroristen X und Y haben eine Maschine der Deutschen Lufthansa entführt und drohen damit, die Passagiere zu töten, wenn die Bundesrepublik Deutschland nicht drei gefangene Terroristen aus dem Gefängnis entlässt.

Hier haben sich X und Y gemäß § 239b strafbar gemacht. Ihnen ging es nicht um die Erlangung eines Vermögensvorteils, sondern um die Freilassung der Gefangenen, mithin also um eine Handlung i.S.d. § 240. ◼

344   Sofern das abgenötigte Opferverhalten zu einem Vermögensschaden führen soll, hat der Täter zugleich die Absicht besessen, eine räuberische Erpressung zu begehen. § 239a **verdrängt** in diesem Falle § 239b.

c) funktional-zeitlicher Zusammenhang

345   In beiden Varianten muss der Täter in der Absicht handeln, **diesen** Zustand auszunutzen. Es bedarf damit eines **funktional-zeitlichen Zusammenhangs zwischen der Bemächtigungs- oder Entführungssituation** auf der einen **und dem abzunötigenden Opferverhalten** auf der anderen Seite. Das ist immer dann zu bejahen, wenn die Opferhandlung **während** der Zwangslage erfolgen soll. Soll das Opfer das erstrebte Verhalten erst nach Auflösung der Zwangslage zeigen, liegen die Voraussetzungen des „Ausnutzens" nicht vor.[39]

Beispiel   A geht davon aus, dass X ihn bei der Polizei verpfiffen hat. Aus diesem Grund verbringt er ihn in ein Waldgebiet, misshandelt ihn körperlich schwer und fordert ihn auf, die vermeintlich von ihm gestellte Anzeige später gegenüber der Polizei wieder zurück zu nehmen.

Der *BGH*[40] verneinte hier den funktional-zeitlichen Zusammenhang, da der Täter nicht die „so geschaffene Lage" ausgenutzt habe. Anders wäre die Sachlage zu beurteilen gewesen, hätte A den X noch während das Aufenthalts im Wald genötigt, eine schriftliche Rücknahme der Anzeige zu fertigen.[41] ◼

III. Ausnutzungstatbestand der §§ 239a und b

1. Objektiver Tatbestand

346   Der Ausnutzungstatbestand ist in der Klausur in 2 Schritten zu prüfen:

Schritt 1	Schritt 2
Entführen oder Sichbemächtigen	Ausnutzen dieses Zustands zu einer Erpressung oder Nötigung

---

39   *Joecks/Jäger/Jäger* § 239a Rn. 24.
40   *BGH* NStZ 08, 279.
41   Vgl *BGH* NStZ 14, 316.

Der Ausnutzungstatbestand setzt **zunächst** ebenfalls voraus, dass der Täter das **Opfer ent-** **347**
führt oder **sich des Opfers bemächtigt** hat. Nach bislang überwiegender Auffassung wurde
der Ausnutzungstatbestand als **Auffangtatbestand** verstanden, mit der Folge, dass der Täter
bei der ersten Tathandlung noch nicht die Absicht hatte, diesen Zustand zu einer Erpressung
oder Nötigung auszunutzen. Die **erste Tathandlung** erfolgte vielmehr **aus gänzlich anderen**
Motiven heraus.[42]

Beispiel A sperrt B in den Kellerraum ein, um sich an B für eine schwere Beleidigung zu
rächen. Nachdem er B eine halbe Stunde in dem Raum hat schmoren lassen, kommt ihm
die Idee, diese Situation auszunutzen und B dazu zu bringen, ihm die Safekombination zu
verraten.

Ein erpresserischer Menschenraub in der ersten Variante kommt nicht in Betracht, da A
bei der Entführung die Absicht fehlte, diesen Zustand zu einer Erpressung auszunutzen.
Diese Absicht fasst der Täter erst später, so dass ein erpresserischer Menschenraub in der
zweiten Variante vorliegen könnte. ■

Nach Auffassung **des** *BGH* soll es aber auch **ausreichen**, dass der **Täter bei der Bemächti-** **348**
gung schon eine Erpressungsabsicht hatte, die erste Tatbestandsvariante aber ausscheidet,
weil keine stabile Bemächtigungslage im oben dargestellten Sinne vorliegt. Nutzt der Täter
diesen Bemächtigungszustand aber später aus, um die schon anfangs beabsichtigte Erpressung zu begehen, so soll er die zweite Tatbestandsvariante verwirklicht haben.[43]

Beispiel A und B stürmen maskiert und mit geladenen Schreckschusspistolen nach Laden-
schluss in einen Verbrauchermarkt, versetzen den Angestellten X und Y einen heftigen
Schlag, fordern sie erfolglos auf, Ihnen den Tresorschlüssel zu geben und sperren sie dann
in den Vorraum einer Toilette. Nachdem sie selbst vergeblich nach dem Tresorschlüssel
gesucht haben, zerren sie X unter Schlägen aus der Toilette in das Büro und fordern
erneut die Herausgabe des Schlüssels. Weil sie nunmehr Entdeckung befürchten, verlassen sie den Verbrauchermarkt.

Der *BGH*[44] hat § 239a in der ersten Tatbestandsvariante verneint, weil das Vorhalten der
Waffe und das Zuschlagen zugleich die Nötigungsmittel der räuberischen Erpressung
waren. Er hat jedoch ausgeführt, dass die Täter durch das Schlagen und Einsperren sich
der Opfer bemächtigt hätten und diesen Zustand danach zur Begehung einer Erpressung
ausgenutzt hätten, da X noch unter dem Eindruck der Situation gestanden habe, als er
unter weiteren Schlägen erneut zur Herausgabe des Schlüssels aufgefordert wurde. ■

In der **Literatur** ist diese Entscheidung kritisiert und darauf hingewiesen worden, dass es der **349**
Bemühung der zweiten Tatbestandsvariante gar nicht bedürfe, da das Einsperren zu einer
stabilen Bemächtigungslage geführt habe, die die Täter bei fortbestehendem Erpressungs-
vorsatz alsdann ausgenutzt hätten, so dass die erste Tatbestandsvariante einschlägig sei.[45]

Weitere Voraussetzung des Ausnutzungstatbestandes ist, dass der Täter die Situation zu einer **350**
Erpressung oder Nötigung tatsächlich ausnutzt. **Umstritten** ist dabei, ob die Erpressung oder

---

42 *Wolters* StV 2007, 356.
43 *BGH* Entscheidung vom 31.8.2006 Az 3 StR 246/06 – abrufbar unter www.bundesgerichtshof.de.
44 *BGH* Entscheidung vom 31.8.2006 Az 3 StR 246/06 – abrufbar unter www.bundesgerichtshof.de; ebenso
   JuS 2010, 174.
45 *Wolters* StV 2007, 356.

Nötigung vollendet sein muss, oder ob der **Versuch** ausreicht. In der **Literatur** wird **teilweise** eine **Vollendung verlangt**. Argumentiert wird vor allem mit dem Wortlaut, wonach „ausnutzen" ein Ergebnis, also eine Opferreaktion voraussetze.[46] Die **herrschende Auffassung** lässt bereits den **Versuch der Erpressung oder Nötigung,** also ein unmittelbares Ansetzen genügen, da die Willensentschließungsfreiheit und Unversehrtheit des Opfers auch ohne Vermögensverschiebung oder sonstige Reaktionen gefährdet sei.[47]

2. Subjektiver Tatbestand

351   Im subjektiven Tatbestand genügt **dolus eventualis**. Eine Absicht wie in der ersten Tatbestandsvariante ist nicht erforderlich. Allerdings müssen Sie in der Klausur daran denken, dass **bei § 239a** zusätzlich die **rechtswidrige Bereicherungsabsicht der §§ 253, 255** geprüft werden muss.

IV. Rechtswidrigkeit und Schuld

352   Es bestehen keine deliktsspezifischen Besonderheiten, so dass die allgemeinen Grundsätze gelten.

V. Tätige Reue gemäß § 239 Abs. 4

353   Da die Tat bereits mit dem Entführen oder Sichbemächtigen in der ersten Tatbestandsvariante und mit dem unmittelbaren Ansetzen zur Erpressung oder Nötigung in der zweiten Tatbestandsvariante vollendet ist, hat der Gesetzgeber aus Opferschutzgesichtspunkten heraus eine „tätige Reue" ermöglicht. Voraussetzung dafür ist, dass der Täter das **Opfer unter Verzicht auf die erstrebte Leistung in seinen Lebenskreis zurückgelangen lässt.**

> **JURIQ-Klausurtipp**
>
> Da es sich um eine Strafzumessungsnorm handelt, prüfen Sie die Voraussetzungen in der Klausur nach der Schuld.

E. Nötigung, § 240

I. Überblick

354   Nach überwiegender Auffassung ist auch bei § 240 das geschützte Rechtsgut die allgemeine Freiheit der Willensentschließung und der Willensbetätigung.[48] Da die Freiheit der Willensentschließung und der Willensbetätigung vielfältigen gesellschaftlichen Zwängen

---

46 *Wolters* StV 2007, 356; *Fischer* § 239a Rn. 13.

47 *BGH* Entscheidung vom 31.8.2006 Az 3 StR 246/06 – abrufbar unter www.bundesgerichtshof.de; Schönke/Schröder-*Eser* § 239a, Rn. 24.

48 *BVerfGE* 73, 206; 92, 1.

unterliegt, die nicht als Unrecht gelten oder strafwürdig sind, hat der Gesetzgeber die Strafbarkeit auf die Verwendung bestimmter Mittel beschränkt. Strafbar ist der Angriff auf die Willensbetätigungs- bzw. Entschließungsfreiheit, sofern dem betroffenen Opfer durch Drohung mit einem empfindlichen Übel oder mit Gewalt ein seinem Willen widerstrebendes Verhalten aufgezwungen wird.

§ 240 stellt – ebenso wie § 253 (lesen!) – einen sog. **offenen Tatbestand** dar. Dies bedeutet, dass mit Verwirklichung des Tatbestandes nicht, wie sonst bei den anderen Delikten, die **Rechtswidrigkeit** indiziert ist, sondern **gemäß § 240 Abs. 2 positiv festgestellt** werden muss. **355**

Abs. 3 ist eine **Strafzumessungsnorm** für besonders schwere Fälle. Im Gegensatz zu sonstigen Strafzumessungsnormen hat der Gesetzgeber bei § 240 Abs. 3 Fallgruppen aufgelistet, bei welchen ein besonders schwerer Fall in Betracht kommen kann. § 240 Abs. 3 beginnt mit den Worten: *„Ein besonders schwerer Fall liegt in der Regel vor, wenn der Täter…".* Entsprechend dieser Formulierung nennt man diese Fallgruppen **Regelbeispiele**. **356**

Die im Gesetz genannten Regelbeispiele sind weder zwingend noch abschließend. Sie haben lediglich **Indizwirkung**, was bedeutet, dass „in der Regel" bei Verwirklichung der Beispiele ein besonders schwerer Fall vorliegen wird, aber nicht vorliegen muss. Es ist dem Gericht also möglich, trotz Verwirklichung eines Regelbeispiels einen besonders schweren Fall abzulehnen, wenn die **Gesamtwürdigung von Tat und Täter** keinen besonders hohen **Unwertgehalt** ergibt. **357**

Für den Aufbau der Nötigung ergibt sich Folgendes: **358**

Nötigung, § 240

I. Objektiver Tatbestand
1. Tathandlung:
   a) Gewalt
      ◔ Sitzdemonstrationen   Rn. 361
   b) Drohung mit einem empfindlichen Übel gegen oder ohne den Willen des Betroffenen
      ◔ Drohung mit einem Unterlassen   Rn. 375
2. Taterfolg: Tun/Dulden/Unterlassen
3. Kausalität
4. Objektive Zurechnung

II. Subjektiver Tatbestand
Vorsatz, dolus eventualis reicht

III. Rechtswidrigkeit
1. Nichteingreifen von Rechtfertigungsgründen
2. Feststellung der Rechtswidrigkeit gem. Abs. 2 (Verwerflichkeit)
   ◔ Fernziele   Rn. 386

IV. Schuld

V. Besonders schwerer Fall gemäß § 240 Abs. 4 Nr. 1–3

PRÜFUNGSSCHEMA

II. Objektiver Tatbestand

359 Der objektive Tatbestand setzt voraus, dass der Täter mit Gewalt oder Drohung das Opfer zu einer Handlung, Duldung oder Unterlassung nötigt. Die Prüfung sieht also wie folgt aus:

Schritt 1	Schritt 2
Tathandlung	Taterfolg
Gewalt oder Drohung	Handlung, Duldung, Unterlassung

⟶ Kausalität und objektive Zurechnung

1. Tathandlung: Ausüben von Gewalt

a) Definition des Gewaltbegriffs

360 Der strafrechtliche Gewaltbegriff insbesondere im Bereich des § 240 hat eine **wechselvolle Entwicklung** hinter sich, die Sie kennen sollten, damit Sie den heute vertretenen Gewaltbegriff verstehen.

361 Das **Reichsgericht** verstand ursprünglich unter Gewalt ein Zwangsmittel, mit welchem durch körperliche Kraft eine Einwirkung auf einen anderen zur Überwindung eines geleisteten oder erwarteten Widerstandes erfolgt.[49] Der *BGH* hat alsdann die Anforderungen an die Kraftentfaltung im Laufe seiner Rechtsprechung herunter gesetzt. Er ließ es schließlich ausreichen, dass dem nichts ahnenden Opfer betäubende Mittel beigebracht werden (K.O.-Tropfen im Kaffee).[50] Der *BGH* stellte darüber hinaus klar, dass Gewalt auch dann vorliegen könne, wenn der Betroffene sie nicht als solche empfinde, so z.B. bei der Fesselung eines Bewusstlosen. Schließlich hat der *BGH* maßgeblich auf die Zwangswirkung beim Opfer als das entscheidende Kriterium für den Gewaltbegriff abgestellt. Diese Entwicklung mündete in dem sog. „vergeistigten Gewaltbegriff", wonach auch bei ausschließlich psychisch wirkendem Zwang Gewalt vorliegen sollte. Bis zu dieser Entscheidung war der *BGH* davon ausgegangen, dass der Zwang sich jedenfalls physisch auswirken musste. Bei zunächst psychisch wirkendem Zwang wurde diese physische Wirkung angenommen, wenn das Opfer den Zwang jedenfalls auch körperlich empfindet, was z.B. bejaht wurde bei einem dichten Auffahren auf der Autobahn und der damit einhergehenden Nervenerregung u.ä.[51]

Beispiel Im sog. „Laepple-Fall" setzte sich Studentenführer Laepple mit anderen Studenten auf die Schienen der Kölner Verkehrsbetriebe, um gegen Fahrpreiserhöhungen zu demonstrieren. Dies bewirkte, dass der Schienenverkehr für einen gewissen Zeitraum lahm gelegt wurde.[52] Der *BGH* hat hier eine Gewaltanwendung durch die Studenten bejaht. Er hat ausgeführt, dass dieser Bewertung nicht entgegen stehe, dass die Studenten die Straßenbahn nicht durch unmittelbaren Einsatz körperlicher Kräfte aufhielten, sondern nur mit geringem körperlichen Kraftaufwand einen psychisch determinierten Prozess in Lauf setzten. Dieser psychisch determinierte Prozess bestand darin, dass die Straßenbahnfahrer ihre Fahrt zwar hätten, fortsetzen können, in diesem Fall jedoch die

---

49 *RGSt* 56, 87.
50 *BGHSt* 1, 145.
51 *BGHSt* 19, 263.
52 *BGHSt* 23, 56.

Studenten schwerst verletzt und sich damit strafbar gemacht hätten. Infolgedessen bestand bei den Straßenbahnfahrern in nachvollziehbarer Weise eine Hemmung, die dazu führte, dass die Fahrt nicht ausgeführt wurde. ▪

Das **Bundesverfassungsgericht** hat in einer grundlegenden Entscheidung zur Rechtsprechung des *BGH* Stellung genommen.[53] Der Entscheidung lag ein Sachverhalt zugrunde, wonach vor einem Sondermunitionslager der Bundeswehr mehrere Personen die Zufahrt blockierten, indem sie sich auf die Erde setzten. Das herannahende Fahrzeug der Bundeswehr hielt vor den Demonstranten an und fuhr, nachdem diese nicht von der Stelle wichen, zurück, obwohl es ihm möglich gewesen wäre, über die Demonstranten hinweg zu fahren. In diesem Fall hätte sich allerdings der Fahrer wegen Totschlags strafbar gemacht. **362**

Das Bundesverfassungsgericht hat deutlich gemacht, dass der entmaterialisierte Gewaltbegriff des *BGH* gegen das Bestimmtheitsgebot des Art. 103 Abs. 2 GG verstoße. Danach könne Gewalt nicht angenommen werden, wenn die **Kraftentfaltung auf Seiten des Täters nur gering** ist und lediglich in der körperlichen Anwesenheit besteht **und** gleichzeitig die **Zwangswirkung auf das Opfer nur psychischer Natur** ist. **363**

Im Anschluss daran sind verschiedene *BGH*-Entscheidungen ergangen, die versucht haben, soweit wie möglich die Entscheidung des Bundesverfassungsgerichts, die hinsichtlich der Entscheidungsgründe und des Sachverhalts Bindungswirkung hat, zu umgehen. Hinzuweisen ist insbesondere auf die **„Zweite-Reihe"-Rechtsprechung des *BGH***. Der *BGH* hat bei einem Sachverhalt, bei dem Demonstranten auf der Autobahn einen Stau verursacht haben, ausgeführt, dass eventuell die Fahrzeuge, die zunächst an diese Blockade heranfahren, nicht genötigt wurden. Allerdings sei eine Nötigung in mittelbarer Täterschaft dadurch anzunehmen, dass die Demonstranten die Reihe der zuerst anhaltenden Fahrzeuge als Hindernisse benutzten, um den danach folgenden Verkehr an der Weiterfahrt zu hindern.[54] Die unmittelbar vor den Demonstranten haltenden Fahrzeuge seien gegenüber den nachfolgenden jedenfalls nach § 34 gerechtfertigt und somit als Werkzeuge anzusehen.[55] Des weiteren hat der *BGH* bei Blockadeaktionen, bei denen zusätzlich physische Hindernisse errichtet wurden und ein Verkehrsstau verursacht wurde, Gewalt bejaht. **364**

Das **Bundesverfassungsgericht** hat diese Rechtsprechung in der „**Vierten Blockadeentscheidung**"[56] bestätigt. Zu beurteilen hatte das Gericht dort einen Sachverhalt, bei welchem sich die Demonstranten vor einer geplanten Wiederaufbereitungsanlage in Wackersdorf aneinander ketteten, wobei die beiden an den Enden der Kette Stehenden sich mit Schlössern an den Pfosten des Tores festmachten. Das Bundesverfassungsgericht hat hierzu ausgeführt, dass in diesem Fall die Angeklagten sich nicht auf die körperliche Anwesenheit beschränkt hätten, sondern zusätzlich eine körperliche Kraftentfaltung vorgenommen hätten, die in dem Anbringen der Metallketten und dem Anketten an den Pfosten des Einfahrtstores zu sehen ist. Dieses Anketten gab der Demonstration so das Bundesverfassungsgericht eine über den psychischen Zwang hinausgehende **Eignung, Dritten den Willen der Demonstranten aufzuzwingen**. Sie nahm den Demonstranten ferner die Möglichkeit, beim Heranfahren von Kraftfahrzeugen auszuweichen und erschwerten die Räumung der Einfahrt.[57] **365**

---

53 *BVerfGE* 92, 1.
54 *BGHSt* 21, 182.
55 *BGHSt* 21, 182.
56 *BVerfGE* NJW 2002, 1031.
57 *BVerfGE* NJW 2002, 1031.

> ### JURIQ-Klausurtipp
>
> Bei **Blockadeaktionen** ist mithin Gewalt dann anzunehmen, wenn die Täter nicht bloß durch körperliche Anwesenheit die Opfer zum Anhalten bzw. Umkehren zwingen, sondern darüber hinaus durch eine gewisse körperliche Kraftanstrengung Barrieren errichten, die eine **physische Komponente** haben und von daher eher geeignet sind, den **Willen des Opfers zu beugen.**
>
> Als Faustregel können Sie sich merken, dass Gewalt nur dann nicht vorliegt, wenn die körperliche **Kraftentfaltung gering** ist und lediglich in der bloßen Anwesenheit besteht und zugleich der auf das Opfer wirkende **Zwang ausschließlich psychischer Natur** ist.

366 Die nach dem derzeitigen Stand der Rechtsprechung **gängige Definition der Gewalt** lautet demnach wie folgt:

> **Gewalt** ist jedenfalls der körperlich wirkende Zwang durch die Entfaltung von Kraft oder durch eine physische Einwirkung sonstiger Art, die nach ihrer Zielrichtung, Intensität und Wirkungsweise dazu bestimmt und geeignet ist, die Freiheit der Willensentschließung oder Willensbetätigung eines anderen aufzuheben oder zu beeinträchtigen.[58]

Beispiele Gewalt liegt z.B. vor bei einem Einsperren in einen Raum, beim Verabreichen von Schlägen, beim Ausbremsen auf der Autobahn sowie beim dichten Auffahren über einen längeren Zeitraum unter Betätigung der Lichthupe,[59] beim Aufbringen eines Stahlkastens auf Eisenbahnschienen, um Castortransporte zu verhindern.[60] ∎

b) Erscheinungsformen der Gewalt

367 Bei der Gewalt wird zunächst zwischen **zwei Erscheinungsformen** unterschieden, nämlich der vis absoluta und der vis compulsiva.

Von **vis absoluta** spricht man, wenn die Freiheit zur Willensbildung bzw. Willensbetätigung **ausgeschaltet** und damit unmöglich gemacht wird.[61]

Vis compulsiva liegt vor, wenn der Täter durch seine Handlung den Willen des Opfers nicht bricht, sondern lediglich **beugt**. Die Gewalt braucht nicht unwiderstehlich zu sein. Es ist auch nicht wesentlich, ob das Opfer sich ihr hätte widersetzen oder entziehen können. Es reicht, dass sie **zur Willensbeugung geeignet** war.[62]

Beispiel A möchte unbedingt auf dem großen Plasmabildschirm, der in der Wohnung der B hängt, „Nur die Liebe zählt" sehen. Da B ihm dies jedoch nicht gestattet, legt er B von hinten kommend einen mit Äther getränkten Wattebausch auf Mund und Nase. B ist daraufhin für vier Stunden betäubt, wodurch es A möglich wird, seine Lieblingssendung zu sehen.

---

58 *Wessels/Hettinger/Engländer* Strafrecht BT 1 Rn. 446; *Fischer* § 240 Rn. 8; *BGHSt* 41, 182.
59 *BVerfGE* NStZ 2007, 397.
60 *BGHSt* 44, 34.
61 *Wessels/Hettinger/Engländer* Strafrecht BT 1 Rn. 446.
62 *Wessels/Hettinger/Engländer* Strafrecht BT 1 Rn. 446.

Hier liegt Gewalt in Form der vis absoluta vor, da durch das Betäuben der B die Möglichkeit genommen wurde, einen Willen zu bilden. Vis compulsiva hätte vorgelegen, wenn A durch mehrfaches Schlagen die B dazu gezwungen hätte, ihm die Fernsehsendung zu ermöglichen. ■

Beispiel   Vis compulsiva wird des Weiteren anderem angenommen bei einem bedrängenden Auffahren auf der Überholspur auf einer Autobahn[63] und einem abrupten Fahrbahnwechsel oder überraschenden Abbremsen unmittelbar vor einem dicht folgenden Fahrzeug.[64] ■

Da sich die Gewalt aufgrund des Wortlauts des § 240 nicht gegen Personen richten muss, ist auch Gewalt denkbar, wenn auf Sachen eingewirkt wird. Voraussetzung ist dann jedoch, dass sich diese Einwirkung mittelbar körperlich auswirkt.[65]   **368**

Beispiel   Vermieter V ist es leid, darauf zu warten, dass Amtsrichter A endlich seiner Räumungsklage stattgibt. Aus diesem Grund besucht er im Winter seinen Mieter M, lässt bei diesem die Fenster ausbauen und die Heizung abstellen. Aufgrund der kalten Temperaturen zieht M kurze Zeit später aus der Wohnung aus.

Hier liegt eine Einwirkung auf Sachen vor, die sich jedoch mittelbar auf die Physis des M ausgewirkt hat, so dass im vorliegenden Fall Gewalt im Sinne des § 240 zu bejahen ist. ■

Gewalt kann auch in einem Unterlassen liegen, sofern der Unterlassende als Garant zum Schutz des Rechtsguts verpflichtet ist.[66]   **369**

Beispiel   Schwiegertochter S, die sich um die Ernährung der bewegungsunfähigen und bettlägerigen O kümmert, unterlässt es eines Tages, die O zu versorgen, um so einen Versöhnungsbrief der O, adressiert an den verstoßenen Sohn, zu erzwingen.

In der unterlassenen Versorgung liegt ein physisch wirkender Zwang, der als Gewalt anzusehen ist. Die Garantenstellung ergibt sich aus der Stellung als Beschützergarantin (freiwillige Übernahme). ■

Da § 240 die Freiheit der Willensentschließung und Willensbetätigung schützt, gehört schon zum Tatbestand, dass der Eingriff in diese Freiheit gegen oder ohne den Willen des Betroffenen erfolgen muss. Ist der Betroffene mit dem Eingriff einverstanden, liegt ein tatbestandsausschließendes Einverständnis vor.[67] Im Gegensatz zu § 239 kann bei § 240 das Einverständnis nach überwiegender Auffassung aber auch durch Täuschung oder List erschlichen sein.[68]   **370**

2. Tathandlung: Drohung mit einem empfindlichen Übel

Die Nötigung kann auch begangen werden, indem der Täter mit einem empfindlichen Übel droht.   **371**

---

63   *BGHSt* 19, 263.
64   *OLG Stuttgart* NJW 95, 2647.
65   *OLG Köln* NJW 1996, 472.
66   Schönke/Schröder-*Eser* § 240 Rn. 8.
67   *Wessels/Hettinger/Engländer* Strafrecht BT 1 Rn. 449.
68   *BGHSt* 14, 81.

Unter **Drohung** ist dabei das In-Aussicht-Stellen eines künftigen Übels zu verstehen, auf dessen Eintritt der Täter Einfluss hat oder zu haben vorgibt und welches eintreten soll, wenn sich der Bedrohte nicht dem Willen des Drohenden fügt.[69]

372 Von der **Gewalt** unterscheidet sich die Drohung dadurch, dass bei Letzterer ein künftiges Übel in Aussicht gestellt wird, die Gewalt jedoch ein gegenwärtiges Übel darstellt. Von der strafrechtlich bedeutungslosen **Warnung** unterscheidet sich die Drohung dadurch, dass bei der Warnung auf Gefahren eines bestimmten Verhaltens hingewiesen wird, auf dessen Eintritt der Täter allerdings keinen Einfluss hat oder zu haben vorgibt.[70]

373 Ob der Täter tatsächlich Einfluss auf die Verwirklichung des angedrohten Übels hat, ist irrelevant. Relevant ist ausschließlich, dass für das Opfer der **Anschein der Ernstlichkeit** erweckt wird und das Opfer die Verwirklichung wenigstens für möglich hält.

Beispiel   B schuldet A 50 000 €, deren Rückzahlung er jedoch verweigert. A sucht B auf und droht ihm, dass er eine russische Schlägertruppe engagieren werde, falls B das Geld nicht bis zum Ende der Woche zahlen werde. Tatsächlich hat A keine Ahnung, wie er an eine solche russische Schlägertruppe herankommen soll. Er hat lediglich im Fernsehen gehört, dass es derartige Schlägertrupps geben soll.

Hier ist, sofern B sich dem Willen des A beugt, und ihm die Summe am Ende der Woche auszahlt, eine vollendete Nötigung gegeben, da das in Aussichtstellen des Herbeirufens einer Schlägertruppe die Drohung mit einem empfindlichen Übel ist. Dass A tatsächlich nicht über eine solche Schlägertruppe verfügt, ist irrelevant, wenn B seine Warnung ernst nimmt. ▪

374 Die Drohung ist nur dann strafbar, wenn ein **empfindliches** Übel in Aussicht gestellt wird.

Unter einem **Übel** ist jeder Nachteil bzw. jede Werteinbuße zu verstehen. **Empfindlich** ist das Übel dann, wenn es bei objektiver Beurteilung und der Berücksichtigung der persönlichen Verhältnisse des Betroffenen geeignet ist, einen besonnenen Menschen zu dem mit der Drohung erstrebten Verhalten zu bestimmen.[71]

Bei der **Beurteilung** ist maßgeblich darauf abzustellen, ob von dem Bedrohten in seiner Lage erwartet werden kann und muss, dass er der Bedrohung in besonner Selbstbehauptung standhält.[72]

Beispiel   Im obigen Fall droht A dem B nicht mit einem russischen Schlägertrupp, sondern ganz legal mit dem Einleiten eines zivilgerichtlichen Verfahrens. Er macht ihn darauf aufmerksam, dass dieses Verfahren weitere Kosten auslösen wird, die von B zu tragen seien. B, der noch nie vor Gericht gestanden hat, glaubt, dass dieses Verfahren etwas ausgesprochen Ehrenrühriges sei und fühlt sich von A genötigt.

---

69 *BGHSt* 16, 386.
70 *Wessels/Hettinger/Engländer* Strafrecht BT 1 Rn. 452.
71 *BGH* NStZ 82, 287.
72 *BGHSt* 32, 165.

Hier würde die Drohung mit einem empfindlichen Übel zu verneinen sein, da bei der Einleitung eines zivilgerichtlichen Verfahrens von B verlangt werden könnte, dass er dieser Drohung standhält. ■

Problematisch und **umstritten** bei der Drohung mit einem **empfindlichen** Übel ist, ob diese Drohung auch in einer **Drohung mit einem Unterlassen** bestehen kann. 375

Beispiel Die 16-jährige A hat in einem Kaufhaus einen Ladendiebstahl begangen und wurde dabei vom Kaufhausdetektiv B erwischt. A bittet B inständig, von einer Strafanzeige abzusehen, weil ihre Eltern sie sonst „tot schlügen". Nach der Entgegnung, dass er die Anzeige schon erstattet habe, aber jederzeit zurücknehmen könne, gibt er A zu verstehen, dass sich die Situation ändern könnte, wenn sie mit ihm schlafen würde. Sollte A ihm nicht entgegen kommen wollen, so würde er die Rücknahme der Anzeige unterlassen und das Ermittlungsverfahren nähme seinen Gang. A geht auf diesen Vorschlag ein und verabredet sich mit B zu einem späteren Zeitpunkt. In der Zwischenzeit offenbart sie sich jedoch einer Vertrauensperson, welche die Polizei einschaltet, so dass es zu der Verabredung nicht kommt.[73] ■

Nach einer in der **Literatur** vertretenen Auffassung ist eine Drohung mit einem Unterlassen 376 nur dann strafrechtlich relevant, wenn der Täter eine Handlung unterlässt, zu deren Vornahme er rechtlich verpflichtet ist **(Garantenstellung)**.

Beispiel A erklärt der B, dass er zukünftig keinen Unterhalt mehr für das gemeinsame Kind zahlen werde, wenn sie nicht mit ihm schlafen werde. Hier liegt auch nach Auffassung der Literatur eine Drohung mit Unterlassen vor, da A als Vater des Kindes unterhaltsverpflichtet ist und eine Garantenstellung innehat. ■

Die Literatur führt als Argument an, dass die Beschränkung der Freiheit des Opfers maßgeb- 377 lich für die Nötigung sei. Mit der Ankündigung, eine Handlung vorzunehmen, zu der der Täter nicht verpflichtet sei, auf die das Opfer also auch keinen Anspruch habe, werde jedoch die Freiheit des Opfers nicht beschnitten, sondern erweitert. Deswegen könne in der Drohung, diese Freiheitserweiterung nicht vorzunehmen, keine strafrechtlich relevante Nötigung liegen.[74]

Nach Auffassung des *BGH* sowie eines **Teils des Schrifttums** liegt hingegen auch in der 378 Ankündigung eines Unterlassens eine **Drohung mit einem empfindlichen Übel**. Der *BGH* weist darauf hin, dass es letztlich nicht der Gerissenheit und Formulierungskunst des Täters überlassen werden solle, ob dieser strafrechtlich zur Verantwortung zu ziehen sei oder nicht. Darüber hinaus sei für die Drohung nur relevant, ob das Opfer das angedrohte Übel als empfindlich wahrnehme, deswegen in seiner Willensentschließungs- bzw. -betätigungsfreiheit eingeschränkt sei und sich zu einem Handeln, Dulden oder Unterlassen veranlasst sähe.[75] Der *BGH* verlagert die **Lösung des Problems** in den Bereich der **Rechtswidrigkeit**. Sofern der Täter erlaubtermaßen mit dem Unterlassen einer Handlung droht, fehlt es an der Rechtswidrigkeit mit der Folge, dass § 240 nicht anwendbar ist.

---

73 *BGHSt* 31, 195.
74 SK-*Horn* § 240 Rn. 16; *Wessels/Hettinger/Engländer* Strafrecht BT 1 Rn. 457.
75 *BGHSt* 31, 95; Schönke/Schröder-*Eser* § 240 Rn. 20.

Beispiel Im oben genannten *Beispielsfall* wäre der Kaufhausdetektiv nach Ansicht der **Literatur** nicht wegen versuchter Nötigung zu bestrafen gewesen. Das Opfer hatte auf die Rücknahme der Anzeige keinen Anspruch. Indem der Täter diese Möglichkeit in Aussicht stellte, erweiterte er den (Handlungs-)Spielraum des Opfers.

Der *BGH* hat hingegen wegen versuchter Nötigung bestraft. Für ihn war einzig entscheidend der Motivationsdruck, der von der Drohung ausging und der im vorliegenden Fall geeignet war, das Opfer zu dem verlangten Handeln zu veranlassen.

Wenn der Täter zum Opfer gesagt hätte, dass er sie anzeigen werde, sofern sie nicht mit ihm schlafe, läge eine Drohung mit einem aktiven Tun und damit nach Ansicht der Literatur ebenfalls eine Nötigung vor. Allein dadurch, dass er gesagt hat, er werde es unterlassen, die Anzeige zurückzuziehen, gelangt die Literatur zu dem Ergebnis, die Strafbarkeit sei zu verneinen.

An diesem *Beispiel* wird deutlich, dass die Auffassung des *BGH* tatsächlich zutreffend ist, wonach es nicht von der Gerissenheit eines Straftäters abhängen kann, ob dieser sich nach § 240 strafbar macht oder nicht. ■

379 Von der Drohung mit einem Unterlassen ist die **Drohung durch Unterlassen** zu unterscheiden. Letztere ist nach allen Ansichten nur strafbar, wenn der Unterlassende **gem. § 13** eine **Garantenstellung** innehat.

Beispiel Mutter M sieht mit diabolischem Lächeln tatenlos zu, wie ihr 11-jähriger Sohn der Nachbarstochter eine Ohrfeige gibt, damit diese ihm ihr Kickboard gibt. Sie schreitet auch nicht ein, als ihr Sohn zu einer weiteren Ohrfeige ansetzt und gibt der Tochter damit zu verstehen, dass ihr weitere Schläge seitens ihres Sohnes drohen, die sie nicht verhindern wird, wenn sie das Kickboard nicht herausgibt.

Hier ist die Mutter Überwachergarantin und hat dafür zu sorgen, dass von ihrem Sohn keine Gefahren für Dritte, hier für die Nachbarstochter, ausgehen. ■

3. Tatbestandlicher Erfolg

380 Da die Nötigung ein Erfolgsdelikt ist, muss ein **Opferverhalten als kausale und objektiv zurechenbare Folge der Nötigungshandlung** eintreten. Dieses Opferverhalten besteht in einem Tun, Dulden oder Unterlassen, wobei mit dem Dulden nicht bloß die Hinnahme der Gewalt bzw. der Drohung gemeint ist. Die **Vollendung der Tat** tritt ein mit dem abgenötigten Verhalten des Opfers.

III. Subjektiver Tatbestand

381 Nach **h.M.** reicht hinsichtlich des gesamten objektiven Tatbestandes **dolus eventualis**[76]. Teilweise wird einschränkend vertreten, dass hinsichtlich des Nötigungserfolges dolus directus 1. Grades vorliegen müsse, da Abs. 2 von dem „angestrebten" Zweck spreche.[77]

---

76 *BGHSt* 5, 245; *Fischer*, § 240 Rn. 53.
77 Schönke/Schröder-*Eser* § 240 Rn. 14.

> **Hinweis**
>
> In der Praxis hat dieser **Streit keine Bedeutung**, da der Täter einer Nötigung diese Tat fast immer deswegen begeht, weil er etwas vom Opfer will.

IV. Rechtwidrigkeit der Nötigung

Wie bereits eingangs ausgeführt, ist bei der Nötigung ausnahmsweise durch die Verwirklichung des Tatbestandes die **Rechtswidrigkeit nicht indiziert**. Diese muss im Wege **einer die Gesamttat bewertenden Feststellung** ermittelt werden. Sofern nicht ein Rechtfertigungsgrund eingreift, ist die Tat nur dann rechtswidrig, wenn die Anwendung der Gewalt oder die Androhung des Übels zu dem angestrebten Zweck verwerflich ist.[78] **382**

Bei der Rechtswidrigkeit müssen Sie in der Klausur allerdings **zunächst prüfen**, ob nicht ein **Rechtfertigungsgrund** eingreift. Ein gerechtfertigtes Verhalten kann niemals verwerflich sein. Erst danach müssen Sie sich mit der positiven Feststellung gem. Abs. 2 auseinander setzen.

Bei **Demonstrationen** ist neben den Rechtfertigungsgründen, die das StGB enthält, auch an **Art. 5 und Art. 8 GG** zu denken. Eine Rechtfertigung scheidet aus, wenn die Nötigung des Opfers beabsichtigt und nicht bloße Nebenfolge ist. Art. 5 GG greift nicht, weil nur der Meinungskampf mit geistigen Mitteln geschützt ist, und auf Art. 8 GG können sich nur die „friedlich" Demonstrierenden berufen. **383**

Die Verwerflichkeit der Tat kann sich aus **384**
- der Verwerflichkeit des Mittels,
- der Verwerflichkeit des Zwecks oder
- der verwerflichen Relation zwischen Mittel und Zweck

ergeben.

> Als **verwerflich** wird das bezeichnet, was sozial unerträglich und wegen seines grob anstößigen Charakters sozial ethisch in besonderem Maße zu missbilligen ist.[79]

Eine **Verwerflichkeit des Mittels** liegt vor, wenn der Einsatz des Mittels für sich genommen schon einen Straftatbestand verwirklicht, so z.B. wenn der Täter durch Schläge (§ 223) versucht, das Opfer zu einem Verhalten zu nötigen. Auch beleidigende (§ 185) Drohungen stellen ein verwerfliches Mittel dar. Das Mittel kann auch dann verwerflich sein, wenn der Täter zwar einen Anspruch auf das abgenötigte Opferverhalten hat, für dessen Durchsetzung aber rechtsstaatliche Instrumentarien vorgesehen sind. **385**

Beispiel Der Vermieter, der einen Räumungstitel erstritten hat, muss grundsätzlich auf das Handeln des Gerichtsvollziehers warten und darf nicht selbst den Mieter, beispielsweise durch Ausbauen der Fenster im Winter, zum Auszug zwingen. ◼

---

78 *Fischer* § 240 Rn. 38a.
79 *BGHSt* 17, 329; *Fischer* § 240 Rn. 40.

Die **Verwerflichkeit des Zwecks** kann zu bejahen sein, wenn der Täter ein strafbares Verhalten des Opfers anstrebt, oder ein Verhalten, auf welches er keinen Anspruch hat.

386 Unter dem angestrebten Zweck gem. § 240 Abs. 2 ist **nach überwiegender Ansicht der tatbestandliche Erfolg** zu verstehen, dass heißt das abgenötigte Opferverhalten. Sog. „Fernziele", die den Täter zur Begehung der Tat bewogen haben, sind demnach für die Rechtswidrigkeit ohne Bedeutung. Sie können im Rahmen der Strafzumessung allerdings Bedeutung erlangen.[80]

> **Beispiel** Um auf die Gefahren der Atomenergie aufmerksam zu machen, blockiert A mit seinen Gesinnungsgenossen die Eisenbahnschienen, indem er einen großen Traktor darauf abstellt und sich an diesen Traktor ankettet.
>
> Hier hat A Gewalt im Sinne der obigen Definition angewendet, indem er mit Kraftaufwand den Traktor als Blockade errichtet mit der Folge, dass sich der rein psychisch wirkende Zwang materialisiert. Für die Rechtswidrigkeit ist es ohne Belang, dass A diese Blockade errichtet, um auf die Gefahren der Atomenergie hinzuweisen. Bei diesen Gefahren handelt es sich um ein Fernziel, welches bei der Bewertung gem. § 240 Abs. 2 außer Betracht zu bleiben hat. ■

387 Allerdings hat das *BVerfG*[81] bei **Blockadeaktionen**, die politischen Zwecken und im Zusammenhang damit der Erzielung öffentlicher Aufmerksamkeit dienen, die **Verwerflichkeit im Lichte des Art. 8 GG** bewertet. Ob eine Handlung als verwerflich anzusehen sei, lasse sich ohne Blick auf den mit ihr verfolgten Zweck nicht feststellen. Nach Auffassung des *BVerfG* habe eine **Abwägung** zwischen dem Selbstbestimmungsrecht der Demonstranten hinsichtlich Ziel, Gegenstand, Ort, Zeitpunkt und Art der Versammlung und der Beeinträchtigung der Träger der kollidierenden Rechtsgüter stattzufinden. Abwägungselemente seien dabei u.a. die Dauer und Intensität der Aktion, deren vorherige Bekanntgabe, Ausweichmöglichkeiten sowie der Sachbezug zwischen dem Protestgegenstand und den Blockierten.

> **JURIQ-Klausurtipp**
>
> Art. 8 GG wird somit zum einen als Rechtfertigungsgrund, zum anderen aber auch als **Bewertungsgrundlage für die Verwerflichkeit** relevant. Handelt es sich in der Klausur um einen Fall der mittelbaren Verkehrsbeeinträchtigung, so rechtfertigt Art. 8 GG den Eingriff. Haben die Demonstranten gezielt den Verkehr blockiert, um auf ihre Belange aufmerksam zu machen, müssen Sie Art. 8 GG im Rahmen der Verwerflichkeitsprüfung berücksichtigen.

388 Denkbar sind auch Fallkonstellation, bei denen sowohl das Mittel als auch der Zweck für sich betrachtet nicht verwerflich sind. Die Verwerflichkeit kann sich hier aus dem Zusammenhang ergeben, in welchen der Täter beide bringt **(Zweck-Mittel-Relation)**. In Betracht kommen vor allem Fälle des **Drohens mit einer Strafanzeige zur Durchsetzung einer Forderung**.

---

80 *BGHSt* 35, 270; *BVerfG* NJW 02, 1031; *Wessels/Hettinger/Engländer* Strafrecht BT 1 Rn. 473; a.A. *Schönke/Schröder-Eser* § 240 Rn. 21.

81 *BVerfGE* 104, 93, Entscheidung vom 24.10.2001 Az 1 BvR 1190/90, 1 BvR 2173/93, 1 BvR 433/96 – abrufbar unter www.bundesverfassungsgericht.de.

Beispiel   A hat B beim Ladendiebstahl beobachtet. Da B ihm noch die Rückzahlung eines vor drei Jahren gewährten Darlehens schuldet, seiner Verpflichtung jedoch nicht nachkommt, erklärt A dem B, dass er eine Strafanzeige erstatten werde, wenn B ihm nicht bis zum Ende der Woche den geschuldeten Betrag zurückzahlt.

Hier ist das Drohen mit der Strafanzeige ein zulässiges Mittel, da B sich tatsächlich strafbar gemacht hat (etwas anderes würde dann gelten, wenn keine Straftat des B vorliegt). Auch die Forderung nach Rückzahlung des Darlehens ist zulässig. Die Verwerflichkeit ergibt sich vorliegend daraus, dass A mit einer Strafanzeige droht, deren Grundlage in keinem Zusammenhang zum abgenötigten Opferverhalten steht.

Würde diese **innere Beziehung** bestehen, könnte eine Verwerflichkeit zu verneinen sein. Diese Beziehung kann angenommen werden, wenn D das Auto des A beschädigt hat und dieser ihm damit droht, ihn wegen Sachbeschädigung anzuzeigen, wenn er ihm nicht den Schaden ersetze. In diesem Fall ist ein innerer Zusammenhang zwischen der Strafanzeige und dem Schadensersatzanspruch gegeben, der die Verwerflichkeit entfallen lassen könnte. – Dies ist **umstritten**: teilweise wird darauf verwiesen, dass A die prozessualen Möglichkeiten auszunutzen habe. Grundsätzlich gelte bei schuldrechtlichen Ansprüchen, dass, sofern nicht ausnahmsweise das Selbsthilferecht gem. den §§ 229, 230 BGB in Betracht kommt, der Gläubiger den Schuldner nicht eigenmächtig zur Leistung zwingen dürfe. Hier sei der Gläubiger vielmehr auf den Zivilrechtsweg zu verweisen.[82] ∎

V.   Strafzumessung, § 240 Abs. 4

§ 240 Abs. 4 stellt eine **Strafzurechnungsnorm mit Regelbeispielen** dar, die Sie in der Klausur nach der Schuld prüfen. Danach erhöht sich die Freiheitsstrafe in besonders schweren Fällen auf eine Strafe von sechs Monaten bis zu fünf Jahren.   **389**

Im Gegensatz zu sonstigen Strafzumessungsnormen, z.B. § 212 Abs. 2, hat der Gesetzgeber bei Regelbeispielen deutlich gemacht, wann er „in der Regel" einen besonders schweren Fall als verwirklicht ansieht. Die **Aufzählung** ist **lediglich exemplarisch** mit der Folge, dass es jenseits der im Gesetz benannten Beispiele selbstverständlich auch **unbenannte schwere Fälle** gibt.   **390**

Beispiel   So hat der *BGH* die Beteiligung eines Autofahrers an einer Autobahnblockade als besonders schweren Fall der Nötigung angesehen.[83] ∎

Denkbar ist auch, dass ein **Regelbeispiel zwar verwirklicht** ist, die **Gesamtwürdigung der Tat** allerdings eine schwere Bestrafung nicht rechtfertigt. (Lesen Sie hierzu den Übungsfall Nr. 3)   **391**

---

82 *Wessels/Hettinger/Engländer* Strafrecht BT 1 Rn. 480; zur möglichen Nötigung bei anwaltlichen Mahnschreiben, wenn der Anwalt das Bestehen der Forderung nicht geprüft hat vgl. *BGH* Beschluss vom 5.9.2013 Az 1 StR 162/13 – abrufbar unter www.bundesgerichtshof.de.

83 *BGH* NStZ-RR 97, 196.

>> Die Probleme sollten Ihnen von § 243 bekannt sein, da sie in der Klausur zumeist in Zusammenhang mit dieser Norm geprüft werden. Nutzen Sie also die Gelegenheit und wiederholen Sie bei § 243 jedenfalls das Thema „Versuch und Regelbeispiel", dargestellt im Skript „Strafrecht BT II". «

392 Aufgrund des Ermessens, welches der Richter hat, wird deutlich, dass Regelbeispiele **keine Straftatbestände** sind. Trotzdem muss **analog § 15** auch der **Vorsatz des Täters** auf die Verwirklichung eines besonders schweren Falls gerichtet sein. Unterliegt der Täter einem **Irrtum**, so ist **§ 16 analog** anzuwenden.

In diesem Zusammenhang können Ihnen sämtliche Probleme begegnen, die mit den Regelbeispielen und deren Rechtsnatur einhergehen, so z.B. das Problem des Versuchs des Regelbeispiels.

VI. Konkurrenzen

393 Ist die Nötigung das Mittel der Freiheitsberaubung gem. § 239, der Vergewaltigung gem. § 177, des Raubes gem. § 249 oder der räuberischen Erpressung gem. §§ 253, 255 so tritt sie im Wege der **Gesetzeskonkurrenz** hinter diesen Vorschriften zurück. Wird mit ihr hingegen ein eigenständiger Zweck verfolgt, so kann **Tateinheit** angenommen werden.

F. Exkurs: Widerstand gegen und tätlicher Angriff auf Vollstreckungsbeamte, §§ 113 bis 115

I. Überblick

394 Sobald sich **die Gewalt oder die Drohung gegen Vollstreckungsbeamte** (oder ihnen gleichgestellte Personen) richtet, müssen Sie in der Klausur vorrangig an die §§ 113 bis 115 denken.

§ 113 erfasst den Widerstand gegen Vollstreckungsbeamte, der durch **Gewalt oder durch Drohung mit Gewalt** geleistet wird und zwar in einer Situation, in welcher der Vollstreckungsbeamte eine **Vollstreckungshandlung** vornimmt.

§ 114 wurde erst 2017 durch das 52. StRÄndG eingefügt. Mit dieser Norm wurde unter gleichzeitiger Erhöhung des Strafrahmens von max. 3 auf max. 5 Jahre der **tätliche Angriff** aus dem Anwendungsbereich des § 113 herausgenommen und zu einem eigenständigen Straftatbestand gemacht.[84] Zudem wurde die Tatsituation erweitert: es reicht nun aus, wenn der Vollstreckungsbeamte **„bei einer Diensthandlung"** angegriffen wird.

Mit § 115 wird der Schutz der §§ 113 und 114 auch auf Personen erweitert, die Vollstreckungsbeamten gleichstehen. Damit sind in Abs. 1 Personen gemeint, die zwar nicht formal Amtsträger sind, die aber nach anderen Regelungen die Rechte und Pflichten eines Polizeibeamten haben, wie z.B. Jagdaufseher.[85] Abs. 2 erweitert den Anwendungsbereich auf Hilfspersonen, also z.B. Zeugen, die bei einer Durchsuchung hinzugezogen werden, § 105 Abs. 2 StPO. Über Abs. 3 werden zudem die dort genannten Hilfeleistenden, wie die Feuerwehr, besonders geschützt.

Insgesamt **schützen** die §§ 113 bis 115 **die rechtmäßig betätigte Vollstreckungsgewalt des Staates** und der zu ihrer Ausübung berufenen **Organe**.[86]

---

84 Keine Qualifikation zu § 113, *Joecks/Jäger/Jäger* § 114 Rn. 1.

85 *Joecks/Jäger/Jäger* § 115 Rn. 1.

86 *Wessels/Hettinger/Engländer* SR BT 1 Rn. 692.

Trotz des Anhebens des Strafrahmens bei § 113 auf 3 Jahre (und damit Angleichung an den **395**
Strafrahmen des § 240) ist noch immer das **Verhältnis zu § 240 streitig**. Dies wird insbesondere dann relevant, wenn das angedrohte Übel unterhalb der Voraussetzungen des § 113
bleibt („Drohung mit Gewalt") zugleich aber jene des § 240 erfüllt („Drohung mit einem
empfindlichen Übel").

Beispiel A, der zusammen mit anderen Demonstranten die Autobahn blockiert, um auf
sein politisches Anliegen aufmerksam zu machen, droht dem Polizisten P, im Falle einer
Festnahme, sich selbst zu verbrennen, wobei er einen mit Benzin gefüllten Kanister auch
tatsächlich bei sich führt. P sieht daraufhin von einer gewaltsamen Räumung ab (*OLG
Hamm* NStZ 1995, 547).

Hier hat A nicht mit Gewalt gegen den Vollstreckungsbeamten gedroht, sondern mit
Gewalt gegen sich selbst. Letzteres ist jedoch nicht von § 113 Abs. 1 erfasst, da diese
Norm die Vollstreckungsbeamten schützen möchte. Eine Strafbarkeit gem. § 113 scheidet
damit aus. Die Selbstverbrennung ist aber ein empfindliches Übel, zumal am Tatort auch
noch Kinder zugegen waren, so dass eine Strafbarkeit gem. § 240 in Betracht kommt.
Fraglich ist nun aber, ob § 240 überhaupt anwendbar ist. ■

Nach der bislang vor allem in der **Rechtsprechung** vertretenen Auffassung soll ein Rückgriff
auf § 240 möglich sein, wobei der Strafrahmen dem § 113 entnommen werden solle, was
nach der Angleichung der Strafrahmen keinen Sinn mehr macht. Begründet wird dies vor
allem mit dem Schließen von Strafbarkeitslücken und damit, dass ein Vollstreckungsbeamter
gegenüber einem „Normalbürger" denselben Schutz genießen solle.[87]

Nach der in der **Literatur** vertretenen Gegenauffassung soll hingegen die Anwendbarkeit des
§ 240 aufgrund der privilegierenden Sperrwirkung ausgeschlossen sein.[88] Diese Privilegierung
kann allerdings nicht mehr aus dem Strafrahmen abgeleitet werden. Sie kann allerdings noch
aus den für den Täter teilweise günstigeren Irrtumsregeln, § 113 Abs. 3 S. 2 und Abs. 4, und
dem Umstand, dass § 113 im Versuch nicht strafbar ist, abgeleitet werden. Berücksichtigt
man zudem den Umstand, dass der Gesetzgeber trotz Kenntnis der unterschiedlichen Auffassungen § 113 bei den letzten Änderungen dieser Norm nicht um das empfindliche Übel
erweitert hat, spricht einiges für die Eigenständigkeit der Norm und der sich daraus ergebenden Sperrwirkung.[89]

> **JURIQ-Klausurtipp**
>
> Sollten Sie es in einer Klausur mit diesem Problem zu tun bekommen, dann starten Sie mit
> der Prüfung des § 113 Abs. 1 und stellen fest, dass das Androhen des Übels nicht der Tat-
> handlung des § 113 unterfällt. Danach machen Sie weiter mit § 240 und stellen direkt zu
> Beginn die Frage nach dessen Anwendbarkeit. Entscheiden Sie sich für die Auffassung des
> *BGH*, dann prüfen Sie § 240 ganz normal weiter. Sollten Sie sich der Auffassung der Literatur
> anschließen, dann erübrigt sich eine Prüfung des § 240.

---

87 *OLG Hamm* NStZ 1995, 547.
88 *Jäger* SR BT 126a; *Wessels/Hettinger/Engländer* SR BT 1 Rn. 698.
89 *Jäger* SR BT 126a; *Wessels/Hettinger/Engländer* SR BT 1 Rn. 698.

II.   Widerstand gegen Vollstreckungsbeamte, § 113

396 In **Abs. 1** werden die **tatbestandlichen Voraussetzungen** einer Strafbarkeit gem. § 113 genannt.

Abs. 2 ist – wie z.B. § 243 auch – eine **Strafzumessungsnorm mit Regelbeispielen**. Sofern in der Klausur ein besonders schwerer Fall denkbar ist, müssen Sie den Abs. 2 zusammen mit der entsprechenden Ziffer bereits im Obersatz mit zitieren. Dessen Voraussetzungen werden dann nach der Schuld geprüft.

Wie **Abs. 3 S. 1**, wonach die Strafbarkeit entfällt, wenn die Diensthandlung nicht rechtmäßig ist, im Deliktsaufbau einzuordnen ist, ist **streitig**.[90] Für die praktische Rechtsanwendung und damit auch für Sie in der Klausur ist dieser Streit allerdings irrelevant.[91] Wir empfehlen, die Voraussetzungen des Abs. 3 **nach dem objektiven und subjektiven Tatbestand als eigenständigen Prüfungspunkt** anzusprechen.

Abs. 4 enthält eine eigene **Irrtumsregelung** für die Fälle, in denen der Täter irrig annimmt, die Diensthandlung sei rechtswidrig, obwohl sie objektiv rechtmäßig ist. Auch **Abs. 3 S. 2** enthält eine eigene **Irrtumsregelung**, hier aber umgekehrt für den Fall, dass der Täter eine objektiv rechtswidrige Diensthandlung für rechtmäßig hält. Diese beiden Fälle sollten in der Klausur **im Anschluss an die Prüfung des Abs. 3 S. 1 angesprochen** werden.

Die Prüfung des § 113 sieht damit wie folgt aus:

PRÜFUNGSSCHEMA

Widerstand gegen Vollstreckungsbeamte, § 113

I. Objektiver Tatbestand
Tatopfer: zur Vollstreckung berufener Amtsträger oder Soldat
Tatsituation: bei der Vornahme einer Vollstreckungshandlung
Tathandlung: Widerstand leisten durch Gewalt oder durch Drohung mit Gewalt

II. Subjektiver Tatbestand

III. Rechtmäßigkeit der Diensthandlung gem. Abs. 3 S. 1   Rn. 398

IV. Irrtümer gem. Abs. 3 S. 2 und Abs. 4

V. Rechtswidrigkeit

VI. Schuld

VII. Besonders schwerer Fall gem. Abs. 2

1.   Objektiver und subjektiver Tatbestand

397 Als **Tatopfer** kommen inländische Amtsträger (§ 11 Abs. 1 Nr. 2) und Soldaten der Bundeswehr sowie über § 115 auch andere gleichgestellte Personen in Betracht.

---

90 Einen Überblick über die verschiedenen Meinungen finden Sie bei *Wessels/Hettinger/Engländer* SR BT 1 Rn. 704.
91 *Wessels/Hettinger/Engländer* SR BT 1 Rn. 705.

> ### JURIQ-Klausurtipp
>
> Sofern Sie in der Klausur als Tatopfer eine in § 115 genannte, gleichgestellte Person haben, zitieren Sie im Obersatz den § 115 mit dem jeweiligen Absatz bitte direkt mit.

Diese Personen müssen bei § 113 Abs. 1 „zur Vollstreckung von Gesetzen, Rechtsverordnungen, Urteilen, Gerichtsbeschlüssen oder Verfügungen" berufen sein.

Beispiel In der Praxis sind das vor allem Gerichtsvollzieher, § 753 ZPO, und Polizisten, z.B. über § 163 StPO. ■

Die Tat muss begangen werden bei der Vornahme einer „solchen Diensthandlung", also einer Vollstreckungshandlung (**Tatsituation**). Sonstige Diensthandlungen, wie z.B. das Streifefahren oder die informative Zeugenbefragung unterfallen nunmehr § 114.

> Eine **Vollstreckungshandlung** ist eine gezielt hoheitliche Maßnahme zur Regelung eines konkreten Einzelfalls.[92]

Beispiel Dazu zählen z.B. Weisungen der Polizei gem. § 36 StVO, das Festhalten einer Person zur Identitätsfeststellung gem. § 163b Abs. 1 S. 2 StPO, die Pfändung beim Schuldner gem. § 808 ZPO. ■

„Bei der Vornahme" der Diensthandlung bedeutet, dass die Vollstreckungshandlung jedenfalls unmittelbar bevorstehen muss und/oder noch nicht beendet ist. Trifft der Täter früh Vorkehrungen, die sich dann aber erst bei der Vollstreckungshandlung auswirken, reicht das zur Tatbestandsverwirklichung aus.[93]

Beispiel A weiß, dass am Nachmittag der Gerichtsvollzieher G kommt, um einen Räumungstitel zu vollstrecken. Aus diesen Grund bindet er schon 2 Stunden vorher seinen Dobermann an der Haustüre fest, der– entsprechend aggressiv geworden durch das Anleinen – den erscheinenden Gerichtsvollzieher Zähne fletschend anspringt, so dass G die Räumung unterlässt.

Hier wurde die Tathandlung zeitlich noch vor dem Beginn der Vollstreckungshandlung ausgeführt, sie wirkte jedoch erst zum Zeitpunkt des Beginns der Vollstreckungshandlung. Der zeitliche Kontext ist damit gegeben. ■

Die **Tathandlung** besteht im Widerstandleisten durch Gewalt oder durch Drohung mit Gewalt.

> Unter **Gewalt** ist die durch tätiges Handeln gegen die Person des Vollstreckenden gerichtete Kraftäußerung zu verstehen, mit der eine Verhinderung oder Erschwerung der Diensthandlung bezweckt wird.[94]

---

92 *Fischer* § 113 Rn. 7.
93 *Wessels/Hettinger/Engländer* SR BT I Rn. 695; *Joecks/Jäger/Jäger* § 113 Rn. 14.
94 *Schönke/Schröder-Eser* § 113 Rn. 42.

Beispiel   Dazu gehört z.B. das Einsperren des Gerichtsvollziehers, das kraftvolle Sich-Losreißen aus einem festhaltenden Griff, aber auch Schüsse auf die Reifen eines Polizeiwagens, da sich die Gewalt hier jedenfalls mittelbar körperlich auswirkt. Nicht ausreichend ist aber die Flucht oder das Durchbrechen einer durch Barrieren errichteten Straßensperre auf der Flucht, da hier das nötigende Element fehlt.[95] ∎

> **Drohung** ist das In-Aussicht-Stellen körperlicher Gewalt, auf dessen Eintritt der Täter Einfluss zu haben vorgibt[96].

Die Drohung muss der Verhinderung der jetzigen Vollstreckungshandlung dienen und sich **gegen den Vollstreckungsbeamten richten**. Da **mit körperlicher Gewalt** gedroht werden muss, reichen Drohungen z.B. mit einer Strafanzeige, einer Dienstaufsichtsbeschwerde, einer kompromittierenden Presseveröffentlichung oder mit Selbsttötung nicht aus.

Täter kann nach überwiegender Auffassung **jedermann** sein, also nicht nur derjenige, der unmittelbar von der Vollstreckungshandlung betroffen ist, sondern auch herbeieilende Dritte.[97]

Gem. **§ 15** muss der Täter bezüglich der soeben geschilderten Voraussetzungen vorsätzlich handeln, wobei **dolus eventualis** ausreicht. Ein Irrtum gem. § 16 Abs. 1 ist möglich, wenn der Täter z.B. nicht erkennt, dass es sich um einen Vollstreckungsbeamten oder um eine Vollstreckungshandlung handelt.

Beispiel   A wehrt sich gegen das Festhalten durch eine zivile Polizeistreife, die sich nicht als solche zu erkennen gibt. Hier will er nicht Widerstand gegen einen Vollstreckungsbeamten leisten. ∎

Hinsichtlich der möglichen Irrtümer in Bezug auf die Rechtswidrigkeit oder Rechtmäßigkeit der Maßnahme enthalten die Absätze 3 S. 2 und 4 Sonderregelungen, die getrennt zu prüfen sind.

2.   Rechtmäßigkeit der Diensthandlung

398   Gem. § 113 Abs. 3 S. 1 ist der Täter nicht strafbar, wenn die Diensthandlung nicht rechtmäßig ist.

Streitig ist nun, **wie die Rechtmäßigkeit der Diensthandlung zu bestimmen ist**.

Die h.M. hat einen eigenen, **strafrechtlichen Rechtmäßigkeitsbegriff** entwickelt. Danach soll es nicht auf die materielle Rechtmäßigkeit, sondern **nur auf die formelle Rechtmäßigkeit ankommen**. Diese setzt voraus, dass

- eine gesetzliche Eingriffsgrundlage vorliegt,
- der handelnde Beamte sachlich und örtlich zuständig ist,
- die wesentlichen Förmlichkeiten beachtet hat
- und ein ihm ggfs. zukommenden Ermessen pflichtgemäß ausgeübt hat.

---

95 *Schönke/Schröder-Eser* § 113 Rn. 42.
96 *Schönke/Schröder-Eser* § 113 Rn. 45.
97 *Wessels/Hettinger/Engländer* SR BT I Rn. 699; *Schönke/Schröder-Eser* § 113 Rn. 60.

Liegen diese Voraussetzungen vor, dann ist die Diensthandlung auch dann rechtmäßig, wenn der Amtsträger die Sachlage falsch beurteilt hat und die Voraussetzungen für sein Einschreiten in Wirklichkeit nicht vorgelegen haben.[98] Irrt er hingegen rechtlich, ist die Maßnahme rechtswidrig.[99]

Beispiel Der zum Tatort gerufene Polizist P nimmt den tatsächlich unbeteiligten, sich aber verdächtig verhaltenden B gem. § 127 Abs. 2 StPO vorläufig fest. Sofern keine Willkür angenommen werden kann, ist die Maßnahme nach dem strafrechtlichen Rechtmäßigkeitsbegriff rechtmäßig.

Nicht rechtmäßig wäre z.B. eine Durchsuchung gem. § 102 StPO, bei der keine Zeugen gem. § 105 Abs. 2 StPO hinzugezogen werden, oder aber eine Durchsuchung des Schuldners gem. § 758 ZPO ohne ihn über seine Rechte aufgeklärt zu haben.[100]

Mit dem strafrechtlichen Rechtmäßigkeitsbegriff soll der Beamte in gewissen Grenzen vor dem Risiko eines Irrtums geschützt werden, da er häufig in unübersichtlichen Situationen schnell und entschlossen entscheiden muss, mithin also nicht eingehend alle Voraussetzungen prüfen kann.

> **Hinweis**
>
> Das *BVerfG*[101] hat in einer Entscheidung aus dem Jahr 2007 festgestellt, dass der strafrechtliche Rechtmäßigkeitsbegriff verfassungsrechtlich nicht zu beanstanden sei. Bei der praktischen Anwendung der einzelnen Maßnahme müsse allerdings das Gewicht der betroffenen Grundrechte berücksichtigt werden.[102]

Die Loslösung des strafrechtlichen insbesondere vom verwaltungsrechtlichen Maßstab hat in der Literatur teilweise zu der Entwicklung eines anderen Rechtmäßigkeitsbegriffs geführt. Im Interesse der Einheitlichkeit der Rechtsordnung soll sich nach dem **vollstreckungsrechtlichen Rechtmäßigkeitsbegriff** die Rechtmäßigkeit der Maßnahme alleine danach bemessen, ob die vollstreckungsrechtlichen Bedingungen eingehalten wurden. Das Irrtumsprivileg würde damit entfallen.[103]

Handelt der Beamte **auf Anweisung eines Vorgesetzten**, ist die Ausführung rechtmäßig, wenn sie bindend ist. Das ist nach dem strafrechtlichen Rechtmäßigkeitsbegriff dann der Fall, wenn der Vorgesetzte selber nach den obigen Voraussetzungen gehandelt hat.[104]

3. Irrtümer gem. Abs. 3 S. 2 und Abs. 4

Hier sind 2 Konstellationen zu unterscheiden: **399**

Die Vollstreckungshandlung ist **objektiv rechtswidrig**, der Täter hält sie aber für rechtmäßig: Gem. **§ 113 Abs. 3 S. 2** ist der Täter nicht strafbar.

---

98 *Fischer* § 113 Rn. 11 ff.; *Wessels/Hettinger/Engländer* SR BT 1 Rn. 704; *BGHSt* 24, 125; *OLG Köln* NStZ 86, 234.

99 *Fischer* § 113 Rn. 17.

100 Weitere Beispiele finden Sie bei *Wessels/Hettinger/Engländer* SR BT 1 Rn. 706.

101 *BVerfG* StV 08, 71.

102 *Fischer* § 113 Rn. 11.

103 *Joecks/Jäger/Jäger* § 112 Rn. 29; *Bosch* Jura 2011, 273.

104 *Fischer* § 113 Rn. 19.

Die Vollstreckungshandlung ist **objektiv rechtmäßig**, der Täter hält sie aber für rechtswidrig: hier greift nun § 113 Abs. 4. Sofern der Irrtum vermeidbar war, kann die Strafe gemildert oder von Strafe abgesehen werden. War der Irrtum hingegen unvermeidbar, dann ist der Täter schuld- und straflos (insoweit stimmt die Regelung mit § 17 überein), es sei denn (hier weicht sie ab!), dem Täter wäre ein Rechtsbehelfsverfahren zumutbar gewesen. In diesem Fall ist wiederum nur die Milderung der Strafe oder das Absehen von Strafe möglich.

4. Besonders schwere Fälle gem. § 113 Abs. 2

400   Nach der **Ziffer 1** liegt ein besonders schwerer Fall in der Regel vor, wenn *„der Täter oder ein anderer Beteiligter eine Waffe oder ein anderes gefährliches Werkzeug bei sich führt".* Da auch hier das Bei-Sich-Führen ausreicht, haben Sie in der Klausur an dieser Stelle bzgl. der **Definition des gefährlichen Werkzeugs die gleichen Probleme wie bei den §§ 244 Abs. 1 Nr. 1a und 250 Abs. 1 Nr. 1a.** Wir verweisen insofern auf unsere Ausführungen zu diesem Problem im Skript „Strafrecht BT II".

Anders als bei den §§ 244 und 250 gibt es hier allerdings keinen minder schweren Fall, mit welchem Grenzfälle angemessen berücksichtigt werden könnten. Allerdings ist § 113 Abs. 2 eine Strafzumessungsnorm, bei welcher das erkennende Gericht ein Ermessen hat, d.h. der besonders schwere Fall kann sogar dann abgelehnt werden, wenn die Voraussetzungen einer der Ziffern vorliegen.

Bei der gem. **Ziffer 2** erforderlichen Gefahr des Todes oder der schweren Gesundheitsschädigung muss es sich um eine **konkrete Gefahr** handeln, also um einen Zustand, bei dem es nur noch vom „rettenden" Zufall abhängt, ob die Gefahr in eine Verletzung umschlägt. Unter einer **schweren Gesundheitsschädigung** ist eine solche zu verstehen, die mit den Schädigungen des § 226 vergleichbar ist.[105]

Gem. **Ziffer 3** liegt ein besonders schwerer Fall vor, wenn die Tat **gemeinschaftlich** begangen wird. Die gemeinschaftliche Begehung wird wie in § 224 Abs. 1 Nr. 4 im Sinne eines örtlich-räumlichen Zusammenwirkens verstanden.

5. Rechtswidrigkeit und Schuld

401   Es gelten die allgemeinen Grundsätze.

> **JURIQ-Klausurtipp**
>
> Beachten Sie, dass ein Täter, der sich gegen eine rechtswidrige Diensthandlung zur Wehr setzt, dabei auch andere Normen verletzen kann, so z.B. § 223. Hier stellt sich dann bei § 32 die Frage, ob er gerechtfertigt sein kann. Das Problem ist die Gebotenheit der Notwehrhandlung, die immer dann zu verneinen ist, wenn es dem Täter zuzumuten war, den Rechtsweg zu wählen. Wir haben dieses Problem bei der Notwehr im Skript „Strafrecht AT I" besprochen und verweisen auf die dortigen Ausführungen.

---

105 *Wessels/Hettinger/Engländer* SR BT 1 Rn. 350.

III. Tätlicher Angriff auf Vollstreckungsbeamte, § 114

Wie bereits ausgeführt, hat der Gesetzgeber in 2017 den tätlichen Angriff aus dem § 113 heraus- **402** genommen und eigenständig in § 114 geregelt. Zudem hat er die Tatsituation erweitert.

Über § 114 Abs. 2 gelten auch hier die **Regelbeispiele** des § 113 Abs. 2. Sofern die **Diensthandlung eine Vollstreckungshandlung** ist, bestimmt Abs. 3, dass die Abs. 3 und 4 des § 113 entsprechend anwendbar sind.

> ### JURIQ Klausurtipp
>
> Mit der Rechtmäßigkeit der Maßnahme müssen Sie sich also dann nicht auseinandersetzen, wenn der tätliche Angriff bei einer Diensthandlung erfolgt, die nicht zugleich Vollstreckungshandlung ist. In diesem Fall gelten auch die Irrtumsregelungen der Abs. 3 und 4 des § 113 nicht. Die Irrtümer sind also ganz normal über §§ 16 und 17 zu lösen.

Unter einem **tätlichen Angriff** ist jede in feindseliger Absicht unmittelbar auf den Körper zielende Einwirkung zu verstehen, wobei es nicht zu einem Erfolg kommen muss.[106]

Beispiel Das Ausholen zum Schlag genügt ebenso wie das Werfen einer Bierflasche, die ihr Ziel aber verfehlt. ◼

Dieser Angriff muss **„bei einer Diensthandlung"** erfolgen, die aber anders als bei § 113 keine Vollstreckungshandlung zu sein braucht.

Beispiel Hierunter fallen z.B. Reifenkontrollen im Winter, Unfallaufnahmen, informatorische Zeugenbefragungen, Streifenfahrten. ◼

Da der Tatbestand auf den Bezug zur Vollstreckungshandlung verzichtet, kann § 114 nicht als Qualifikation zu § 113 angesehen werden, sondern wird als **eigenständiger Tatbestand** verstanden.[107] Sofern die Diensthandlung zugleich eine **Vollstreckungshandlung** ist, soll § 114 den § 113 in Gesetzeskonkurrenz verdrängen (**Konsumtion**).[108]

Zu den versuchten oder vollendeten **Körperverletzungsdelikten** dürfte aufgrund des angehobenen Strafrahmens von mind. 3 Monaten bis zu 5 Jahren **Tateinheit** bestehen.

> ### Online-Wissens-Check
>
> **Was ist der Unterschied zwischen einer Diensthandlung und einer Vollstreckungshandlung?**
>
> Überprüfen Sie jetzt online Ihr Wissen zu den in diesem Abschnitt erarbeiteten Themen. Unter **www.juracademy.de/skripte/login** steht Ihnen ein Online-Wissens-Check speziell zu diesem Skript zur Verfügung, den Sie kostenlos nutzen können. Den Zugangscode hierzu finden Sie auf der Codeseite.

---

106 *Wessels/Hettinger/Engländer* SR BT 1 Rn. 718 ff.
107 *Joecks/Jäger/Jäger* § 114 Rn. 1.
108 *Wessels/Hettinger/Engländer* SR BT 1 Rn. 722.

G. Übungsfall Nr. 3

403   „Hemmungslose Staatsgewalt[109]"

Der in dem Verfahren gegen D als Zeuge beteiligte G hatte einen 11-jährigen Jungen zunächst in seine Gewalt gebracht und alsdann getötet, um von der Familie des bereits getöteten Jungen Lösegeld zu erpressen. Drei Tage nach der Entführung wurde G festgenommen. Die Ermittler gingen davon aus, dass das entführte Kind noch lebe und in einem Versteck festgehalten werde, weswegen sich die Ermittlungen primär auf die Feststellung des Aufenthaltsortes richteten. Von der Beteiligung des G an der Tat war man aufgrund des Auffindens des Lösegeldes in der Wohnung des G sowie eines Zettels, auf welchem die Einzelheiten der Tatvorbereitung aufgeschrieben waren, überzeugt. Allerdings wusste man nicht, ob eventuell noch weitere Beteiligte existierten, die sich um das Kind kümmerten.

Da G durch sein Aussageverhalten die Ermittlungen mehrfach fehlgeleitet hatte, wies der Polizeibeamte D den ihm untergebenen Mitangeklagten E an, G bei weiteren Befragungen mit dem Einsatz physischen Zwangs zu drohen, um G zu veranlassen, das Versteck preiszugeben. Dabei sollte die in Aussicht gestellte Schmerzzufügung so erheblich und stark sein, dass für einen entgegenstehenden Willen des G kein Raum mehr verblieb. Der Angeklagte E ging wie besprochen vor. U.a. wurde G der Hinweis gegeben, dass ein besonders ausgebildeter Beamter herangezogen und ein Arzt die Schmerzzufügung überwachen werde.

Die so gestaltete Befragung des G diente zu diesem Zeitpunkt einzig der Rettung des entführten Kindes und nicht der Aufklärung der Straftat. Die von einem Kollegen in einer Besprechung erhobenen, moralischen Bedenken wurden zurück gestellt. Den Angeklagten war auch bewusst, dass ein von den beteiligten Beamten erarbeiteter Stufenplan, der u.a. die Konfrontation des G mit den Angehörigen des Opfers vorsah, nicht aussichtslos war, auch wenn die Konfrontation des G mit seiner Mutter sowie mit verschiedenen Zeugen und die Appelle des E an G's Gewissen bislang ohne Erfolg geblieben waren.

Nach Androhung der körperlichen Gewalt machte G in der Vernehmung Angaben zum Aufenthaltsort des Kindes. G wurde später rechtskräftig wegen Mordes in Tateinheit mit erpresserischem Menschenraub mit Todesfolge zu lebenslanger Freiheitsstrafe verurteilt, wobei das Gericht die Schwere der Schuld feststellte. Die Tatsachenfeststellungen des Urteils beruhten dabei wesentlich auf einem erneuten, freiwilligen Geständnis des G in der Hauptverhandlung, wurden aber auch von Beweismitteln untermauert, die infolge des ersten erpressten Geständnisses erlangt wurden, so z.B. dem Obduktionsbericht und Reifenspuren am Tatort. Das erpresste Geständnis wurde als nicht verwertbar angesehen. Dies wurde direkt zu Beginn der Hauptverhandlung deutlich gemacht.

Strafbarkeit von E und D? (evt. erforderliche Anträge sind gestellt)

Zusatzfrage: G legt vor dem *EGMR* Beschwerde ein. Es geht ihm dabei nicht um einen Anspruch auf Zahlung einer Entschädigung, sondern vor allem um die Feststellung, dass er während seiner Befragung durch die Polizei der Folter unterworfen gewesen sei – Verletzung von Art. 3 – und dass sein Recht auf ein faires Verfahren gem. Art. 6 EMRK verletzt sei. Was beabsichtigt er mit dieser Feststellung und wird das Gericht ihm Recht geben?

---

109 Fall nach einer Entscheidung des *LG Frankfurt a.M.* vom 20.12.2004 – abrufbar unter www.lg-frankfurt.justiz.hessen.de oder NJW 2005, 692.

Lösung

I. Strafbarkeit des E gemäß § 240 Abs. 1 i.V.m. Abs. 4 Nr. 3

E könnte sich wegen Nötigung gemäß § 240 Abs. 1 strafbar gemacht haben, indem er G mit Schmerzzufügung drohte.

1. Objektiver Tatbestand

E müsste zunächst ein Nötigungsmittel eingesetzt haben.

In Betracht kommt vorliegend eine Drohung mit einem empfindlichen Übel. Unter Drohung ist das In-Aussicht-Stellen eines zukünftigen Übels zu verstehen, auf dessen Eintritt der Täter Einfluss zu haben vorgibt. Empfindlich ist ein Übel, wenn seine Ankündigung geeignet erscheint, den Bedrohten i.S. des Täterverlangens zu motivieren.

Indem E dem G androhte, man werde ihm von einem Spezialisten unter ärztlicher Aufsicht erhebliche und starke Schmerzen zufügen, stellte er ein empfindliches Übel im Sinne der Definition in Aussicht.

Des Weiteren müsste der Einsatz des Nötigungsmittels kausal und objektiv zurechenbar zu einem Nötigungserfolg geführt haben, der in einem Handeln, Dulden oder Unterlassen bestehen kann.

G, der zuvor sowohl gegenüber Zeugen als auch gegenüber seiner Mutter nicht zur Aussage bereit war, vielmehr die Ermittlungen bewusst in eine falsche Richtung gelenkt hatte, gab nach der Androhung der Schmerzen seinen Widerstand auf und gab das Versteck des Kindes preis. Die Drohung hat somit kausal und objektiv zurechenbar zu einem Handeln des G geführt. Der objektive Tatbestand ist damit verwirklicht.

2. Subjektiver Tatbestand

E kam es gerade auf den eingetretenen Erfolg an, so dass dolus directus 1. Grades angenommen werden kann.

3. Rechtswidrigkeit

a) Rechtfertigungsgründe

Zu prüfen ist zunächst, ob zugunsten des E Rechtfertigungsgründe eingreifen.

Das Handeln des E könnte gemäß § 32 gerechtfertigt sein.

Dies setzt objektiv eine Notwehrlage zur Tatzeit voraus, die bei § 32 in einem gegenwärtigen, rechtswidrigen Angriff besteht. Da das Kind allerdings zum Zeitpunkt der Androhung des empfindlichen Übels bereits tot war, lag ein Angriff nicht mehr vor.

Auch eine Rechtfertigung gem. § 34 scheidet aus, da es an einer gegenwärtigen Gefahr fehlt.

> **Hinweis**
>
> Das *LG Frankfurt*[110] hat sich des Weiteren mit polizeirechtlichen Vorschriften des Hessischen Landesrechts auseinandergesetzt. Demnach war G zwar Störer i.S.d. § 6 Abs. 1 HessOG und damit nach § 12 Abs. 2 HessOG auskunftspflichtig. Er war aber gleichzeitig auch Beschuldigter und damit nicht zur Aussage verpflichtet. § 12 Abs. 4 HessOG hat diesen Konflikt u.a. dadurch gelöst, indem auf § 136a StPO verwiesen und diese Vorschrift für entsprechend anwendbar erklärt wird. Damit darf aber auch nach HessOG eine Aussage nicht durch verbotene Vernehmungsmethoden, also auch nicht durch Drohung erzwungen werden. Mit § 12 Abs. 4 steht § 52 Abs. 2 HessOG in Einklang, wonach unmittelbarer Zwang zur Abgabe einer Erklärung ausgeschlossen ist.

E glaubte allerdings zum Zeitpunkt der Androhung des Zwangs, dass das Kind noch lebe und sich in einer lebensbedrohlichen Situation befinde. E könnte sich damit in einem Erlaubnistatbestandsirrtum befunden haben.

Voraussetzung des Erlaubnistatbestandsirrtums ist, dass das Verhalten bei unterstellter Richtigkeit der vom Täter angenommenen tatsächlichen Umstände auch gerechtfertigt gewesen wäre.

Es hätte demnach sowohl eine Notwehrlage gem. § 32 als auch eine Notstandslage gem.

---

110 *LG Frankfurt a.M.* Entscheidung vom 20.12.2004 – abrufbar unter www.lg-frankfurt.justiz.hessen.de oder NJW 2005, 692.

§ 34 vorgelegen, wenn das Kind noch gelebt und in einem Versteck festgehalten worden wäre, da mangels Nahrungs- und Wasserzufuhr ein Angriff auf das Leben bzw. eine Gefahr für das Leben des Kindes bestanden hätte.

Des Weiteren hätte die Androhung von Schmerzen sowohl bei § 32 als auch bei § 34 die erforderliche Verteidigung darstellen müssen.

Erforderlich ist eine Verteidigung dann, wenn sie geeignet und von mehreren gleich wirksamen Verteidigungsmitteln das mildeste für den Angreifer darstellt.

An der Geeignetheit bestehen vorliegend keine Zweifel. Allerdings ist das *LG Frankfurt* zu der Ansicht gelangt, dass in Anbetracht der noch nicht ausgeschöpften Möglichkeiten des Stufenplans die Androhung des Zwangs nicht das mildeste Mittel darstellte. Als milderes Mittel wäre vor allem noch die Konfrontation mit Angehörigen des Opfers in Betracht gekommen.

Schließlich hätte die Androhung des Übels auch noch geboten i.S.d. § 32 bzw. angemessen i.S.d. § 34 sein müssen. Auch dies hat das *LG Frankfurt*[111] unter Hinweis auf Art. 1 Abs. 1 S. 1 GG mit folgender Begründung abgelehnt:

„Dieser fundamentale Satz der Verfassung findet sich auch in Art. 104 Abs. 1 S. 2 GG wieder, wonach festgehaltene Personen weder seelisch noch körperlich misshandelt werden dürfen. Nach Art. 1 Abs. 1 S. 1 GG ist die Menschenwürde unantastbar. Keine Person darf durch staatliche Gewalt zum Objekt, zu einem Ausbund von Angst und Schmerzen gemacht werden …
Dabei geht es ganz wesentlich auch um den Schutz und die Funktionstüchtigkeit der Strafrechtspflege. Die Urteile der Strafgerichte basieren auf einer korrekten Arbeit der Polizei in einem rechtsstaatlichen Verfahren. Der Rechtsstaat würde sich selbst aufgeben, wenn er diesem strikten Gebot keine Folge leisten würde.“

Da die Androhung des empfindlichen Übels mithin auch bei unterstellter Richtigkeit des von E angenommenen Sachverhalts nicht gerechtfertigt gewesen wäre, befand E sich nicht in einem Erlaubnistatbestandsirrtum.

---

111 *LG Frankfurt a.M.* Entscheidung vom 20.12.2004 – abrufbar unter www.lg-frankfurt.justiz.hessen.de oder NJW 2005, 692.

JURIQ-Klausurtipp

Eine Diskussion, wie der Erlaubnistatbestandsirrtum rechtlich zu behandeln ist, war aufgrund des oben Ausgeführten entbehrlich, da schon die Voraussetzungen des Erlaubnistatbestandsirrtums nicht vorlagen! Merken Sie sich für die Klausur, dass Sie immer zunächst hypothetisch prüfen müssen, ob das Verhalten gerechtfertigt gewesen wäre, wenn die Annahme des Täters zutreffend gewesen wäre. Nur dann befindet sich der Täter nämlich im Einklang mit der Rechtsordnung.

b) Rechtswidrigkeit gemäß Abs. 2

Da es sich bei § 240 um einen sog. offenen Tatbestand handelt, müsste nunmehr noch die Rechtswidrigkeit gem. Abs. 2 festgestellt werden.

Grundsätzlich wird die Rechtswidrigkeit durch die Verwirklichung des Tatbestandes indiziert. Nur bei den offenen Tatbeständen wie den §§ 240 und 253 muss die Rechtswidrigkeit positiv festgestellt werden

Rechtswidrig ist die Nötigung, wenn entweder das Mittel, der Zweck oder aber die Zweck-Mittel-Relation als verwerflich anzusehen sind. Die Androhung von Schmerzen zu dem Zweck, von G eine Aussage zu erzwingen, war wiederum im Lichte des Art. 1 Abs. 1 S. 1 GG verwerflich, da sie einen Verstoß gegen die Achtung der Menschenwürde darstellte.

4. Schuld

Ein Verbotsirrtum gem. § 17 kommt bei E nicht in Betracht, denn E wusste nicht zuletzt auch aufgrund der moralischen Bedenken seines Kollegen, dass er sich strafbar machen könnte. Zudem wäre dieser Irrtum auch vermeidbar gewesen.

Auch ein entschuldigender Notstand gem. § 35 liegt nicht vor, da in Anbetracht des bereits eingetretenen Todes keine Gefahr für das Kind mehr vorlag. Ein Irrtum gem. Abs. 2 würde wieder das Vorliegen der sonstigen Voraussetzungen des § 35 Abs. 1 verlangen. Vorliegend würde es aber an dem nach Abs. 1 geforderten Näheverhältnis zwischen E als Polizeibeamten und dem entführten Kind fehlen.

Eine Strafbarkeit gem. § 240 liegt somit vor.

5. Besonders schwerer Fall gemäß Abs. 4 Nr. 3

Da E zum Zeitpunkt der Tat „Amtsträger" gem. § 11 Abs. 1 Nr. 2 war und seine Stellung als Amtsträger durch die Nötigung missbraucht hat, könnte eine Bestrafung wegen eines besonders schweren Falles in Betracht kommen. Abs. 4 enthält allerdings nur Regelbeispiele, bei deren Vorliegen lediglich eine Vermutung für eine besondere Schwere gilt. Diese Vermutung kann durch sonstige Umstände, die gegen diese Schwere sprechen, widerlegt werden.

Solche Umstände hat das *LG Frankfurt*[112] vorliegend darin gesehen, dass es E ausschließlich und dringend darum ging, das Leben des Kindes zu retten. Da er sich zudem unter hohem Erfolgsdruck gegenüber der vorgesetzten Behörde und der Öffentlichkeit befand, stand er in einem extremen Spannungsfeld, welches noch dadurch verstärkt wurde, dass E selbst Vater gleichaltriger Kinder war. Das *LG* hat aus diesen Gründen den Strafrahmen des § 240 Abs. 1 zugrunde legen wollen und hat den besonders schweren Fall verneint.

> **Hinweis**
>
> Diese Entscheidung macht den Charakter eines Regelbeispiels deutlich. Das **Gericht hat Ermessen** hinsichtlich der Anwendung des § 240 Abs. 4 Nr. 3. Ein solches Ermessen ist dem Tatrichter bei Straftatbeständen, zu welchen auch Qualifikationen gehören, nicht gegeben.

6. Ergebnis

E hat sich wegen Nötigung gemäß § 240 Abs. 1 strafbar gemacht.

II. Strafbarkeit des D

D hat sich gem. § 357 Abs. 1 i.V.m. § 240 Abs. 1 wegen Verleitung eines Untergebenen strafbar gemacht, indem er E anwies, G mit körperlichem Zwang zu drohen.

III. Zusatzfrage

Die Feststellung einer Verletzung von Art. 3 und 6 könnte wichtig sein für die Wiederaufnahme des Verfahrens gem. § 359 Nr. 6 StPO. Demnach ist eine Wiederaufnahme zulässig, wenn der *EGMR* eine Verletzung feststellt und das Urteil darauf beruht.

In Anbetracht des angedrohten, erheblichen Zwanges liegt eine Verletzung von Art. 3 EMRK vor. Der *EGMR*, der über diese Beschwerde zu entscheiden hatte, hat ergänzend darauf hingewiesen, dass die Polizeibeamten nur zu geringen Geldstrafen auf Bewährung verurteilt wurden, mithin also die Bestrafung nicht den notwendigen Abschreckungseffekt hatte, um vergleichbaren Konventionsverletzungen vorzubeugen. Zudem zweifelte das Gericht in Anbetracht des Umstandes, dass einer der Beamten später zum Leiter einer Dienststelle ernannt wurde, daran, ob die Behörden angemessen auf den Ernst der Lage angesichts einer Verletzung von Art. 3 reagiert hätten.[113]

Nach der Rechtsprechung des *EGMR* stellt darüber hinaus eine Verwertung von Beweismitteln, die unter Verstoß gegen Art. 3 erlangt wurden, die Fairness eines Verfahrens ernsthaft in Frage.[114] Aus diesem Grund könnte die Verwertbarkeit der Reifenspuren und des Obduktionsergebnisses problematisch sein. Zu berücksichtigen ist jedoch, dass das Urteil im Wesentlichen auf dem erneuten Geständnis des G in der Hauptverhandlung beruht. Die genannten Beweismittel waren von daher zum Beweis der Schuld nicht erforderlich. Eine Verletzung von Art. 6 liegt damit nicht vor. Infolge dessen beruht das Urteil auch nicht auf einem Verstoß der EMRK, so dass es keinen Grund für eine Wiederaufnahme des Verfahrens gibt.

---

112 *LG Frankfurt a.M.* Entscheidung vom 20.12.2004 – abrufbar unter www.lg-frankfurt.justiz.hessen.de oder NJW 2005, 692.

113 *EGMR* Urteil der großen Kammer, Beschwerde Nummer 22978/05 – abrufbar unter www.egmr.org.

114 *EGMR* Urteil der großen Kammer, Beschwerde Nummer 22978/05 – abrufbar unter www.egmr.org.

5. Teil
Ehrverletzungsdelikte

A. Einführung

405 Schutzgut der §§ 185 ff. ist die Ehre. **Ehre** ist ein höchstpersönliches Rechtsgut, welches untrennbar mit dem sozialen Achtungsanspruch und der personalen Würde des individuellen Menschen verbunden ist. Der Einzelne soll davor bewahrt werden, in seinem **ethischen, moralischen und sozialen Wert als Individuum** angegriffen zu werden.[1]

Die für die Klausur wichtigsten Straftatbestände im Rahmen der Ehrverletzungsdelikte sind die §§ 185, 186 und 187.

406 Wann Sie anwendbar sind, hängt maßgeblich davon ab, **welche Äußerungen wem gegenüber** getätigt werden. Die §§ 186 und 187 erfassen lediglich **Tatsachenbehauptungen im sog. „Drei-Personen-Verhältnis".** § 185, der nicht gesetzlich festlegt, wann eine Beleidigung verwirklicht sein soll, erfasst demnach das, was übrig bleibt, nämlich **Tatsachenbehauptungen im „Zwei-Personen-Verhältnis" und Werturteile im „Zwei- oder- Mehr-Personen-Verhältnis".**

§ 187	§ 186	§ 185
unwahre Tatsachenbehauptung im Drei-Personen-Verhältnis, die unwahr ist	Tatsachenbehauptung im Drei-Personen-Verhältnis, die nicht erweislich wahr ist	unwahre Tatsachenbehauptung im Zwei-Personen-Verhältnis und Werturteile im Zwei- oder Mehr-Personen-Verhältnis

407 Von geringerer Bedeutung im Examen ist die **üble Nachrede und Verleumdung gegen Personen des politischen Lebens gemäß § 188.** Danach unterliegen eine üble Nachrede gemäß § 186 und eine Verleumdung gemäß § 187 einer weitaus strengeren Bestrafung, wenn der Beleidigte eine im politischen Leben des Volkes stehende Person ist und die Tat öffentlich, in einer Versammlung oder durch Verbreiten von Schriften begangen wird. Der Vergiftung des politischen Lebens soll dadurch entgegengewirkt werden, dass politisch motivierte Handlungen, die das öffentliche Wirken des Beleidigten erheblich erschweren, verboten sind.

408 Da beleidigungsfähig im Sinne der §§ 185–188 nur lebende Menschen sind, **wird die über den Tod fortwirkende Menschenwürde sowie das Pietätsempfinden der Angehörigen** in § 189 geschützt. Danach ist strafbar, wer das Andenken eines Verstorbenen verunglimpft.

409 Von besonderer Bedeutung ist die **prozessuale Beweislastregelung in § 190.** Diese Vorschrift kommt zur Anwendung, wenn der Inhalt der behaupteten oder verbreiteten Tatsache eine Straftat ist.

---

1 *BGHSt* 1, 288; *BGHSt* 11, 67; SK-*Rudolphi* vor § 185 Rn. 2 ff.

Nach § 193 wird die Straflosigkeit von Handlungen angeordnet, bei denen der „Täter" **berechtigte Interessen** wahrnimmt. Die in § 193 normierten Umstände werden als **Rechtfertigungsgründe** neben §§ 32, 34 StGB angesehen.[2]

In § 194 ist geregelt, unter welchen Voraussetzungen die Beleidigung auf **Antrag** verfolgt wird.

B. Beleidigung, § 185

I. Überblick

Zur Bestimmung des objektiven und subjektiven Tatbestandes ist der geschriebene Wortlaut **410** der Vorschrift wenig ergiebig. § 185 spricht pauschal von „der Beleidigung", ohne dabei näher zu erläutern, was unter diesem Begriff zu verstehen ist. Wie bereits ausgeführt ergibt sich erst aus der **Gesamtsystematik der Beleidigungsdelikte** die **Bestimmung des Tatbestandes** der Beleidigung.

Nach § 185 Var. 2 liegt eine **qualifizierte Beleidigung** vor, wenn sie „mittels einer Tätlichkeit" begangen wurde.

Der Aufbau des § 185 sieht wie folgt aus: **411**

Beleidigung, § 185

I. Objektiver Tatbestand
  1. Beleidigungsfähiges Tatobjekt
    Kollektivbezeichnungen   Rn. 413
    Kollektivbeleidigung   Rn. 416
  2. Tathandlung: Kundgabe der Missachtung durch
    a) Behauptung einer unwahren Tatsache im Zwei-Personen-Verhältnis
    b) Werturteile im Zwei- oder Mehr-Personenverhältnis
      Wahrnehmung der Kundgabe   Rn. 429
    c) Als Qualifikation: durch eine Tätlichkeit

II. Subjektiver Tatbestand
  Vorsatz, dolus eventualis reicht

III. Rechtswidrigkeit

IV. Schuld

V. Strafantrag gem. § 194

PRÜFUNGSSCHEMA

---

2 *BGHSt* 18, 182; *Wessels/Hettinger/Engländer* Strafrecht BT 1 Rn. 574.

II. Objektiver Tatbestand

1. Tatobjekt

412 Eine Beleidigung ist nur dann strafbar, wenn das Tatobjekt, also derjenige an den die Beleidigung gerichtet ist, beleidigungsfähig ist.

Beleidigungsfähig ist nach überwiegender Auffassung zunächst **jeder lebende Mensch**, unabhängig von seinem Alter, seinem Reifegrad und seiner geistigen oder körperlichen Verfassung.[3]

413 Dieser Mensch kann individuell oder unter einer sog. „Kollektivbezeichnung" beleidigt werden. Voraussetzung einer **Beleidigung unter einer Kollektivbezeichnung** ist, dass
- der betroffene Personenkreis sich **deutlich aus der Allgemeinheit hervorhebt, zahlenmäßig überschaubar** und aufgrund dessen **klar zu bestimmen** ist und
- der Einzelne sich diesem **Personenkreis zuordnen** kann.[4]

Beispiele Die in Deutschland lebenden und vom Nationalsozialismus betroffenen Juden sind unter der Kollektivbezeichnung „die Juden" beleidigungsfähig, da sie aufgrund ihres besonderen Schicksals aus der Allgemeinheit heraustreten. Gestützt wird diese Auffassung zudem durch § 194 Abs. 1 S. 2, der die Beleidigungsfähigkeit voraussetzt und auf das Erfordernis eines Strafantrages verzichtet.[5]

Die Soldaten der Bundeswehr sind als einzelne unter einer Kollektivbezeichnung beleidigungsfähig.[6]

Formulierungen wie „die Polizei" oder „die Abgeordneten" reichen hingegen für eine Beleidigung unter einer Kollektivbezeichnung nicht aus.[7] ■

414 Zu beachten ist, dass bei Äußerungen gegenüber Mitgliedern kleiner und überschaubarer Gruppen auch dann die **Ehre aller Gruppenmitglieder verletzt** sein kann, wenn sich die **Äußerung nur gegen ein einziges Mitglied** der Gruppe richten sollte, wobei der Täter allerdings keine nähere Individualisierung vorgenommen hat.

Beispiel So kann eine Äußerung, die „einen bayerischen Minister" treffen soll, alle Mitglieder der bayerischen Landesregierung treffen.[8] ■

415 Auch einzelne **Familienmitglieder** können unter der Kollektivbezeichnung ihrer Familie beleidigt werden, ohne dass es dabei eines Rückgriffs auf eine besondere „Familienehre" bedarf.[9]

416 Von der Beleidigung eines Einzelnen unter einer Kollektivbezeichnung muss die **Kollektivbeleidigung** abgegrenzt werden. Unter einer Kollektivbeleidigung ist die **Beleidigung einer Personengesamtheit** zu verstehen. Dass Behörden und öffentliche Körperschaften beleidi-

---

3 *Küper/Zopfs* Strafrecht BT Rn. 123; a.A. MüKo-*Regge* vor §§ 185 ff., Rn. 45, der auf den geistigen Entwicklungsstand abstellt.
4 *Wessels/Hettinger/Engländer* Strafrecht BT 1 Rn. 529.
5 *BGH* Entscheidung vom 12.12.2000 Az 1 StR 184/00 – abrufbar unter www.bundesgerichtshof.de.
6 *BVerfGE* NJW 1995, 3306; *BGHSt* 36, 83.
7 *Küper/Zopfs* Strafrecht BT Rn. 127 f.
8 Weitere Nachweise bei *Lackner/Kühl* vor § 185 Rn. 4.
9 *BGHSt* 6, 186.

gungsfähig sein sollen, ergibt sich bereits aus § 194 Abs. 3 und 4. Andere **Personengesamt-heiten sind beleidigungsfähig,** wenn sie

- eine **anerkannte soziale Funktion** erfüllen
- einen **einheitlichen Willen** bilden können und
- **nicht vom Wechsel ihrer Mitglieder abhängig** sind.[10]

Beispiele Solche Personengemeinschaften sind etwa die Deutsche Bank, Gewerkschaften, Wohnungsbaugesellschaften oder das Deutsche Rote Kreuz, nicht dagegen unverbundene Gruppen unter Gattungsbezeichnungen wie etwa die Anwaltschaft oder die Beamtenschaft.[11] ■

2. Tathandlung

Die Tathandlung besteht in dem Beleidigen. **417**

Nach überwiegender Auffassung ist die **Beleidigung** ein Angriff auf die Ehre einer anderen Person durch Kundgabe ihrer Missachtung.[12]

418

a) Tatsachenbehauptung oder Werturteil

Da Tatsachenbehauptungen gegenüber Dritten ausschließlich von den §§ 186, 187 und **419** Werturteile wiederum ausschließlich von § 185 erfasst werden, müssen Sie in der Klausur also zunächst prüfen, ob es sich bei den ehrverletzenden Äußerungen um **Tatsachenbehauptungen oder Werturteile** handelt.

> **Hinweis**
>
> Diese **Abgrenzung** wird auch im öffentlichen Recht in Zusammenhang mit Art. 5 Abs. 1 GG bzw. im Strafrecht bei § 263 vorgenommen.

Eine **Tatsache** ist ein Vorgang der Gegenwart oder Vergangenheit, der dem Beweis zugänglich ist.[13]

---

10 *OLG Frankfurt* NJW 1977, 1353; *Lackner/Kühl* vor § 185 Rn. 5.

11 *Fischer* vor § 185 Rn. 12.

12 *BGHSt* 1, 289; *BGHSt* 36, 148.

13 *BVerfGE* 94, 8.

420 Zu unterscheiden sind **äußere und innere Tatsachen**, wie z.B. Absichten und Einstellungen. Da morgige Geschehnisse heute noch nicht beweisbar sind, fallen Vorgänge der Zukunft nicht unter den Tatsachenbegriff.

> **Beispiel** Allein der Umstand, dass in der Vergangenheit jeden Morgen die Sonne aufgegangen ist, ist kein Beweis dafür, dass die Sonne auch morgen wieder aufgehen wird. ■

> **Werturteile** sind Äußerungen, die durch Elemente der subjektiven Stellungnahme, des Dafürhaltens oder Meinens geprägt sind und daher nicht wahr oder unwahr, sondern je nach der persönlichen Überzeugung richtig oder falsch sein können.[14]

421 Bei **Abgrenzungsschwierigkeiten** bzw. bei Äußerungen, die sowohl Elemente einer Tatsachenbehauptung als auch eines Werturteils enthalten, ist auf den **Schwerpunkt und den Gesamtzusammenhang** der Aussage abzustellen.[15]

> **Beispiel** Wenn etwa jemand mit dem Ausruf „Verbrecher" beschimpft wird, so wird damit in den seltensten Fällen gemeint sein, dass dieser eine rechtswidrige Tat im Sinne des § 12 begangen hat, die im Mindestmaß mit Freiheitsstrafe von 1 Jahr oder darüber bedroht ist. Zumeist will der Äußernde lediglich zum Ausdruck bringen, dass der Erklärungsempfänger aus seiner Sicht ein schlechter Mensch ist, so dass ein Werturteil vorliegt. ■

422 Damit eine strafbare Beleidigung vorliegt, muss die Äußerung auch **ehrverletzend** sein, also eine Miss- oder Nichtachtung des Erklärungsempfängers darstellen. Hierher gehören typischerweise Beschimpfungen, die jeder Einzelne als beleidigend empfindet.

> **Beispiele** Die Titulierung eines Anderen als „Arschloch", „Judensau", „Scheißbulle", „Jungfaschist" oder „Mörder".[16] ■

423 Nach der früheren Rechtsprechung wurden auch **Schamverletzungen** als beleidigend angesehen. Diese Auffassung hat die Rechtsprechung allerdings inzwischen aufgegeben.

> **Beispiel** So wurde früher in der Vornahme von Nacktaufnahmen von weiblichen Personen oder in der Aufforderung zur Vornahme sexueller Handlungen eine Beleidigung im Sinne des § 185 gesehen. Inzwischen herrscht allerdings Einigkeit, dass in diesen Fällen der Straftatbestand der Beleidigung zu Unrecht als Lückenfüller missbraucht wurde. ■

424 Eine Beleidigung durch **Behauptung einer ehrenrührigen Tatsache** gegenüber dem Betroffenen selbst ist nur dann möglich, wenn der Täter eine **unwahre Tatsache** behauptet. Die **Behauptung einer wahren Tatsache** hingegen ist nur strafbar, wenn das Vorhandensein der Beleidigung aus der Form der Behauptung oder Verbreitung oder aus den Umständen, unter welchen sie geschah, hervorgeht (Formalbeleidigung gem. § 192).

425 Die **Unwahrheit** der Tatsache ist **objektives Tatbestandsmerkmal**, auf welches sich dementsprechend auch der Vorsatz beziehen muss. Lässt sich die Unwahrheit nicht mit Sicherheit nachweisen, so ist der Täter nach dem in-dubio-pro-reo-Grundsatz freizusprechen.

---

14 Schönke/Schröder-*Lenckner* § 186 Rn. 3.
15 Schönke/Schröder-*Lenckner* § 186 Rn. 4.
16 Vgl. zu weiteren Beispielen *Lackner/Kühl* § 185 Rn. 5.

Hinsichtlich des Wahrheitsbeweises ist § 190 zu beachten, sofern es sich bei der behaupteten Tatsache um eine **Straftat** handelt.

426

Beispiel   A behauptet gegenüber B, dass dieser sich wegen schwerer Körperverletzung an seiner eigenen Ehefrau strafbar gemacht habe, da er diese regelmäßig abends verprügele. Tatsächlich stimmt dieser Vorwurf, B wurde jedoch am Tag zuvor rechtskräftig freigesprochen, weil die Ehefrau in der Hauptverhandlung von ihrem Zeugnisverweigerungsrecht Gebrauch gemacht hatte und andere Beweismittel nicht zur Verfügung standen.

Da der Freispruch vor der Behauptung erfolgte, galt die behauptete Straftat als unwahr. Wäre der Freispruch erst später erfolgt, so wäre § 190 irrelevant. Sofern A diesen Freispruch allerdings nicht kannte, fehlte es an einem entsprechenden Vorsatz des A. ◼

b)   Kundgabe

Für die Vollendung der Beleidigung ist wesentlich, dass der Täter die Beleidigung auch tatsächlich **kundtut**. Diese Kundgabe kann mündlich, schriftlich oder durch nonverbale Handlungen erfolgen, wie z.B. dem „Zeigen eines Vogels".

427

Da die Beleidigung damit ein Kommunikationsdelikt ist, reicht die **Schaffung einer kompromittierenden Sachlage** nicht aus.

Beispiel   A bricht in die Wohnung des B ein und verwüstet die gesamte Inneneinrichtung. Sodann verstreut er in der ganzen Wohnung Zigarettenstummel, die von seinem Mitbewohner C herrühren. Diese Zigarettenstummel stellt die Polizei später sicher und kommt aufgrund einer DNA-Analyse zu dem Verdacht, dass es sich beim Täter um C handeln muss.

Hätte A den C als „Sachbeschädiger" oder allgemein als „Straftäter" beschimpft, so läge unzweifelhaft eine Beleidigung vor. Hier hat A lediglich eine kompromittierende Sachlage geschaffen, ohne irgendetwas kundzutun. ◼

Ebenso fehlt es an einer Kundgabe, wenn der Täter mit sich selbst redet oder ein Tagebuch verfasst. Aus gesellschaftlich-sozialen Gründen soll die Kundgabe auch **bei Gesprächen unter Eheleuten**, in der engeren Familie oder im Rahmen anderer, vergleichbarer und ebenso **enger persönlicher Verhältnisse** verneint werden, wenn die Vertraulichkeit nach den Umständen erkennbar ist und gewährleistet erscheint **(beleidigungsfreie Intimsphäre)**.[17]

428

Die Kundgabe setzt voraus, dass die Äußerung von jemand zur Kenntnis genommen wurde. **Umstritten** ist jedoch, ob der **Empfänger die Äußerung** in ihrem ehrenrührigen Sinn auch wirklich **verstanden** haben muss. Insoweit stellt sich die Frage nach der **Erforderlichkeit eines „Beleidigungserfolgs"**.

429

> ### Hinweis
>
> Der Streit ist deswegen interessant, weil der **Versuch der Beleidigung nicht strafbar** ist. Verlangt man also einen Beleidigungserfolg in Gestalt des „Verstehens", so ist der Täter straflos, wenn der Empfänger ihn nicht verstanden hat.

---

17 *BVerfGE* 90, 255; *Wessels/Hettinger/Engländer* Strafrecht BT 1 Rn. 541.

430   **Eine Auffassung** hält es für unbillig, das Vorliegen einer Beleidigung von den intellektuellen Fähigkeiten des Erklärungsempfängers abhängig zu machen. Insoweit müsse die beleidigte Person den Sinngehalt der Äußerung und ihren ehrenrührigen Charakter nicht unbedingt erkennen, vielmehr genüge es, dass dieser objektiv feststellbar sei.[18]

Einer anderen Auffassung zufolge muss derjenige, demgegenüber die Beleidigung kundgegeben wurde auch den ehrenrührigen Sinn erfasst haben.[19]

> **Beispiel**   A beleidigt den ihn freundlich anlächelnden, chinesischen Touristen T als „kommunistisches Schlitzauge". T, erfreut darüber, dass jemand mit ihm spricht, lächelt freundlich weiter.
>
> Verlangt man, dass T die Beleidigung verstanden haben muss, so ist A straflos. Die andere Auffassung würde zwar zu einer Bestrafung gem. § 185 gelangen. Da jedoch die Beleidigung eines Strafantrags gem. § 194 bedarf, der von dem Verletzten gestellt werden muss, wird es in der Praxis selten zu einem Strafverfahren kommen. ■

431   Die Kundgabe kann auch **durch Unterlassen** erfolgen, wenn das Unterlassen einen Erklärungswert hat und die Voraussetzungen des § 13, insbesondere also eine Garantenstellung des Unterlassenden, gegeben sind.[20]

> **Beispiel**   A schreibt in sein Tagebuch, dass sein Sohn B ein „dummes Arschloch" sei. Als B eines Tages bei A zu Besuch ist und das Tagebuch entdeckt, unternimmt A nichts, um zu verhindern, dass B die entsprechenden Sätze liest.
>
> Hier könnte also durchaus an eine Beleidigung durch Unterlassen gedacht werden. Eine Garantenstellung würde hier aus rechtlich fundierter, natürlicher Verbundenheit folgen. ■

III. Subjektiver Tatbestand

432   Im subjektiven Tatbestand verlangt § 185 **Vorsatz** in Bezug auf alle objektiven Tatbestandselemente. Der Täter muss mithin die Bedeutung der Kundgabe als Miss- oder Nichtachtung und deren Wahrnehmung durch den Äußerungsempfänger erkennen und in seinen – zumindest bedingten – Vorsatz aufnehmen.

Besonderheiten gelten bei der Tathandlungsalternative, die die Behauptung ehrenrühriger Tatsachen gegenüber den Betroffenen selbst erfasst. Da – wie oben dargestellt – in diesem Falle nur unwahre Tatsachenbehauptungen tatbestandlich im Sinne des § 185 sein können, muss sich der Vorsatz des Täters **auch auf die Unwahrheit der behaupteten Tatsache** beziehen.[21]

IV. Rechtswidrigkeit

433   War der Betroffene damit einverstanden, dass der Täter die ehrverletzenden Äußerungen ihm gegenüber kundtut, so liegt nach Auffassung der Rechtsprechung eine **rechtfertigende Einwilligung** vor.[22] Darüber hinaus ist der Rechtfertigungsgrund des § 193 zu beachten (dazu mehr unter Rn. 466 ff.).

---

18 *BGHSt* 9, 17; Schönke/Schröder-*Lenckner* § 185 Rn. 16.
19 *Wessels/Hettinger/Engländer* Strafrecht BT 1 Rn. 543.
20 *OLG Köln* NJW 1996, 2878.
21 *Joecks/Jäger/Jäger* § 185 Rn. 22.
22 *BGHSt* 11, 67; *BGHSt* 23, 1.

V. Qualifikation der Beleidigung: Tätliche Beleidigung

Die zweite Alternative des § 185 enthält nach h.M. eine **Qualifikation zur normalen Belei-** 434
digung.

Voraussetzung ist, dass die Beleidigung mittels einer Tätlichkeit begangen wird.

> Eine **tätliche Beleidigung** liegt vor, wenn der Täter eine unmittelbar gegen den Körper des
> Opfers gerichtete Einwirkung vornimmt, die nach ihrem objektiven Sinngehalt eine beson-
> dere Missachtung des Geltungswertes des Betroffenen ausdrückt.[23]

Beispiel Das Opfer wird vom Täter geohrfeigt oder angespuckt. ■

Dabei ist es nach **einer Auffassung** nicht erforderlich, dass der Täter den Körper des Opfers
berührt. Demnach können **auch fehlgeschlagene Angriffe** eine tätliche Beleidigung im
Sinne des § 185 Alt. 2 darstellen.[24] Die **herrschende Meinung** jedoch verlangt eine körperliche Berührung, um die einfache Beleidigung hinsichtlich des Unwertgehalts von der qualifizierten Beleidung abgrenzen zu können.[25]

VI. Konkurrenzen

Sofern die Beleidigung mittels einer Tätlichkeit begangen wurde, kommt **Tateinheit** mit den 435
§§ 223 ff. in Betracht. Hinter den §§ 186, 187 tritt § 185 grundsätzlich zurück. **Tateinheit** ist
jedoch möglich, wenn die ehrenrührige Tatsache nach dem Willen des Täters sowohl gegenüber dem Opfer als auch gegenüber dem Dritten kundgetan werden soll.

C. Üble Nachrede, § 186

I. Überblick

§ 186 schützt den **guten Ruf des Opfers**, indem es bestimmte Tatsachenbehauptungen, die 436
Dritten gegenüber aufgestellt werden, unter Strafe stellt. Die **Besonderheit bei § 186** besteht
darin, dass die **Nichterweislichkeit der Wahrheit** im Gegensatz zu den §§ 185 und 187 **zu**
Lasten des Täters geht. Behauptet also der Täter eine Tatsache, bei welcher sich im Nachhinein nicht beweisen lässt, ob sie wahr oder unwahr ist, so hat sich der Täter, sofern er diese
Tatsache gegenüber einem Dritten geäußert hat, nach § 186 strafbar gemacht. Bei den
§§ 185 und 187 hingegen würde die Nichterweislichkeit der Wahrheit nach dem **„in-dubio-**
pro-reo"-Grundsatz zu einer Verneinung des objektiven Tatbestandsmerkmals „Unwahrheit"
der Tatsache und zu einem Freispruch führen.

> **Hinweis**
>
> Damit gilt: „Lästern auf eigene Gefahr!"

---

23 Schönke/Schröder-*Lenckner* § 185 Rn. 18.
24 Schönke/Schröder-*Lenckner* § 185 Rn. 18.
25 *Joecks/Jäger* § 185 Rn. 16; *OLG Karlsruhe* NJW 2003, 1264.

437 Die Nichterweislichkeit der Wahrheit ist nach h.M. eine **objektive Strafbarkeitsbedingung** mit der Folge, dass sich der **Vorsatz nicht** darauf beziehen muss.[26]

Wird die üble Nachrede **öffentlich oder durch Verbreiten von Schriften** im Sinne des § 11 Abs. 3 begangen, so liegt eine **Qualifikation** vor.

438 Der Aufbau des § 186 sieht wie folgt aus:

PRÜFUNGSSCHEMA

Üble Nachrede, § 186

I. Objektiver Tatbestand
1. Beleidigungsfähiges Objekt
2. Tathandlung:
    a) Behaupten oder Verbreiten einer ehrenrührigen Tatsache
    b) In Beziehung auf einen anderen

II. Subjektiver Tatbestand
Vorsatz, dolus eventualis reicht

III. Objektive Bedingung der Strafbarkeit
Tatsache ist nicht erweislich wahr

IV. Rechtswidrigkeit

V. Schuld

II. Objektiver Tatbestand

439 Der objektive Tatbestand des § 186 setzt voraus, dass der Täter in Beziehung auf einen anderen eine Tatsache behauptet oder verbreitet, welche denselben verächtlich zu machen oder in der öffentlichen Meinung herabzuwürdigen geeignet ist.

Taugliche **Tatobjekte** sind wie bei § 185 **einzelne Personen** (auch unter einer Kollektivbezeichnung) oder **Kollektive.**

440 Wie bereits ausgeführt, muss es sich bei der Äußerung des Täters um die **Kundgabe einer Tatsache** handeln. Reine Werturteile sind folglich von § 186 nicht erfasst. Zur Abgrenzung wird auf die obigen Ausführungen Bezug genommen.

Da die Tatsache „in Beziehung auf einen anderen" behauptet oder verbreitet werden muss, dürfen der **Beleidigte und der Empfänger der Mitteilung nicht personenidentisch** sein.[27] Verächtliche Tatsachenbehauptungen gegenüber **dem Beleidigten selbst** werden – wie bereits gelernt – von § 185 erfasst.

441 § 186 ist wie § 185 auch ein Kommunikationsdelikt, so dass erneut die **Schaffung einer kompromittierenden Sachlage** nicht ausreicht.

---

26 *Joecks/Jäger/Jäger* § 186 Rn. 13.
27 LK-*Herdegen* § 186 Rn. 8.

Beispiel A möchte sich an seiner ehemaligen Freundin rächen und gibt im Kölner Stadt-anzeiger eine Anzeige mit folgendem Inhalt auf: „Silvia erfüllt Dir ausgefallene erotische Wünsche, ruf mich unter 0173 45456767 an". S erhält daraufhin unzählige Anrufe mit teil-weise obszönen sexuellen Nachfragen.

Eine üble Nachrede oder Verleumdung scheitert an der Verbreitung „in Beziehung auf einen anderen", da A den Drittbezug gerade verschleiert hat, indem er so getan hat, als ob S die Anzeige aufgegeben habe. Erforderlich für die §§ 186 und 187 ist jedoch ein „Drei-Personen-Verhältnis". Allerdings kommt eine Beleidigung in mittelbarer Täterschaft in Betracht, wobei die anrufenden Freier als unvorsätzlich handelnde Werkzeuge agieren, denen die Unwahrheit der behaupteten Tatsache (Prostitution) nicht bekannt ist.

Wie schon bei § 238 dargestellt, erfüllt das Verhalten des A darüber hinaus den § 238 Abs. 1 Nr. 3. ■

Die Tatsache muss **geeignet** sein, **den anderen verächtlich zu machen oder ihn in der öffentlichen Meinung herabzuwürdigen**. Ein tatsächlicher Unterschied besteht zwischen den beiden Alternativen nicht, vielmehr kommt es in beiden Fällen auf die Kundgabe einer ehrenrührigen Tatsache an.[28] Die Unwahrheit der Tatsache muss im objektiven Tatbestand hingegen nicht festgestellt werden. Es kommt allein auf die Ehrenrührigkeit an. **442**

> Eine Tatsache ist **zur Verächtlichmachung eines anderen geeignet**, wenn sie diesen als eine Person hinstellt, die ihren ethischen, moralischen oder sozialen Pflichten nicht gerecht wird.

Nach dem Gesetzeswortlaut genügt es, dass die Tatsache zur Verächtlichmachung oder Herabwürdigung lediglich **geeignet** ist. Dass eine dieser Folgen eingetreten ist, wird nicht vorausgesetzt.[29]

Die Kundgabe der Tatsache erfolgt bei § 186 durch ein **Behaupten oder Verbreiten**. **443**

> **Behaupten** heißt, etwas als nach eigener Überzeugung richtig hinstellen, auch wenn man es von dritten Personen erfahren hat. Es genügt in diesen Fällen, dass man sich den Tatsachengehalt zueigen macht.[30]

Dabei kann ein Behaupten auch in der bloßen Äußerung eines Verdachts liegen, weiterhin im Stellen von Fragen oder dem Nahelegen einer Schlussfolgerung. **444**

> Unter **Verbreiten** versteht man die Weitergabe einer fremden Äußerung.[31]

Im Gegensatz zum Behaupten macht sich der „Verbreiter" die Tatsache nicht zueigen, er tritt also nicht für die Richtigkeit der Aussage ein, vielmehr gibt er sie als eine fremde Äußerung weiter. In solchen Fällen wird der Täter auch dann nicht entlastet, wenn er sich ausdrücklich von diesen Äußerungen distanziert.[32] **445**

---

28 *Fischer* § 186 Rn. 4.
29 *Fischer* § 186 Rn. 5 mit weiteren Nachweisen.
30 *Joecks/Jäger/Jäger* § 186 Rn. 9.
31 *Joecks/Jäger/Jäger* § 186 Rn. 10.
32 *BGHSt* 18, 182.

Beispiel A erzählt auf dem Campus seinen Kommilitonen, er habe gehört, dass Professor P seine Habilitation „gekauft" habe. Er selbst glaube ja nicht daran, finde aber, dass die anderen das Gerücht kennen sollten.

In diesem Falle hat A eine Tatsache verbreitet, die zu einer Strafbarkeit gemäß § 186 führen kann. Dass er dabei diese Tatsachenäußerung als ein Gerücht bezeichnet und sich davon distanziert hat, kommt ihm nicht zugute. ■

III. Subjektiver Tatbestand

446 Im subjektiven Tatbestand setzt § 186 Vorsatz bezüglich des objektiven Tatbestandes voraus, wobei dolus eventualis ausreicht.

IV. Nichterweislichkeit der Wahrheit der Tatsache

>> Eine solche objektive Bedingung der Strafbarkeit haben Sie bereits bei § 231 kennen gelernt. Wissen Sie noch, worin sie bestand? «

447 Nach dem subjektiven Tatbestand ist nun zu prüfen, ob die vom Täter behauptete Tatsache erwiesenermaßen wahr ist. Es handelt sich – wie bereits eingangs erwähnt – um eine **objektive Bedingung der Strafbarkeit**.

448 Ist die Tatsache erwiesenermaßen wahr, so ist der Täter gem. § 186 straflos. Denkbar ist nur noch eine Strafbarkeit wegen einer **Formalbeleidigung gem. § 192**. Lässt sich die Wahrheit jedoch nicht zweifelsfrei feststellen, so gilt die Tatsache als **nicht erweislich wahr**, mit der Folge, dass der Täter gem. § 186 zu bestrafen ist.

449 Zu beachten ist in diesem Zusammenhang wieder **§ 190**. Ist die behauptete oder verbreitete Tatsache nämlich eine Straftat, so ist der Beweis der Wahrheit als erbracht anzusehen, wenn der Beleidigte wegen dieser Tat rechtskräftig verurteilt worden ist. Dagegen ist der Beweis der Wahrheit ausgeschlossen, wenn der Beleidigte vor der Behauptung oder Verbreitung rechtskräftig freigesprochen worden ist.

V. Öffentliche Begehung der Tat oder Begehung durch Verbreiten von Schriften

450 Wird die üble Nachrede öffentlich oder durch Verbreiten von Schriften im Sinne des § 11 Abs. 3 begangen, so erhöht sich der mögliche Strafrahmen auf Freiheitsstrafe bis zu zwei Jahren.

> Die üble Nachrede ist **öffentlich** erfolgt, wenn sie von einem größeren, nach Zahl und Individualität unbestimmten oder durch nähere Beziehung nicht verbundenen Personenkreis unmittelbar wahrgenommen werden kann.[33]

451 Inwieweit der fragliche Tatort öffentlich zugänglich ist, spielt keine Rolle. Handelt es sich aber um eine **geschlossene Gesellschaft**, so sind die gerade genannten Voraussetzungen der Definition nicht erfüllt.

Beispiel Eine öffentliche Verbreitung kann durch Bereitstellung der Äußerungen im Internet oder durch Äußerungen im Rundfunk oder Fernsehen geschehen.[34] ■

---

33 *RGSt* 38, 207; *RGSt* 42, 112.

34 Vgl. Schönke/Schröder-*Lenckner* § 186 Rn. 19.

Beim **Verbreiten durch Schriften** müssen Sie **§ 11 Abs. 3** beachten, wonach Ton- und Bildträger, Datenspeicher und Abbildungen den Schriften gleichstehen.

VI. Rechtswidrigkeit und Schuld

Zu beachten ist § 193 als besondere Rechtfertigung. Im Übrigen gelten die allgemeinen Grundsätze.　　　　　**452**

D. Verleumdung, § 187

I. Überblick

Auch bei § 187 muss der Täter „in Beziehung auf einen anderen" zunächst eine Tatsache behaupten, so dass erneut ein **Drei-Personen-Verhältnis** erforderlich ist.　　**453**

Im Unterschied zu § 186 ist die **Unwahrheit dieser Tatsache** jedoch hier **objektives Tatbestandsmerkmal**. Bezüglich dieser Unwahrheit muss – im Unterschied wiederum zu § 185 – subjektiv **dolus directus 2. Grades** vorliegen.

Ebenfalls im Unterschied zu § 186 kann die unwahre **Tatsache auch geeignet** sein, den **Kredit eines anderen zu gefährden**.

Grund für die erhöhte Strafandrohung des § 187 ist mithin, dass der Täter den guten Ruf des Opfers „wider besseres Wissen" durch unwahre Tatsachenbehauptungen schädigt.

Der Aufbau des § 186 sieht wie folgt aus:　　　　　　　　　　　　　**454**

Verleumdung, § 187

I. Objektiver Tatbestand
  1. Beleidigungsfähiges Objekt
  2. Tathandlung:
   a) Behaupten oder Verbreiten einer ehrenrührigen oder kreditgefährdenden Tatsache
   b) Unwahrheit der Tatsache
   c) In Beziehung auf einen anderen

II. Subjektiver Tatbestand
   a) dolus directus 2. Grades bezüglich der Unwahrheit,
   b) ansonsten dolus eventualis

III. Rechtswidrigkeit

IV. Schuld

PRÜFUNGSSCHEMA

II. Objektiver Tatbestand

455 Hinsichtlich des Behauptens oder Verbreitens einer Tatsache gegenüber einem anderen wird auf die Ausführungen bei § 186 verwiesen.

Im Gegensatz zu § 186 muss die **Tatsache objektiv unwahr** sein. Dass die Tatsache unwahr ist, muss stets **bewiesen** sein. Lässt sich die Unwahrheit nicht beweisen, gilt erneut der „in-dubio-pro-reo"-Grundsatz. Beachten Sie auch hier die **Beweisregel des § 190**, sofern die behauptete Tatsache eine Straftat darstellt.

Diese Tatsache muss entweder wie bei § 186 **geeignet** sein, den anderen **verächtlich zu machen** oder in der öffentlichen Meinung **herabzuwürdigen**.

456 Darüber hinaus kommt auch eine **Eignung** in Betracht, den **Kredit einer anderen Person zu gefährden**.

> **Kredit** ist das Vertrauen, das jemand hinsichtlich der Erfüllung seiner vermögensrechtlichen Verbindlichkeiten genießt.[35]

457 Nach h.M. soll mit dieser Tatbestandsalternative nicht zuvorderst die Ehre, sondern vielmehr das **Vermögen des Opfers** vor Gefährdungen **geschützt** werden. Von daher ist es irrelevant, ob die vom Täter geäußerte Tatsachenbehauptung ehrverletzend ist.[36] Es genügt, dass die Behauptung geeignet ist, den Eindruck zu erwecken, das Opfer sei zur Erfüllung seiner vermögensrechtlichen Verbindlichkeiten nicht in der Lage. Auch hier genügt die **bloße Eignung** der Tatsache zur Herbeiführung dieser Folgen. Da auch juristische Personen vermögensrechtlichen Schutz genießen, können auch diese Opfer einer Verleumdung sein.[37]

Beispiel Der Vorstandsvorsitzende einer Bank behauptet in der Presse wahrheitswidrig, dass ein wichtiger Kunde aus dem Filmgeschäft, den er namentlich benennt, nicht mehr in der Lage ist, den Kreditverbindlichkeiten bei seiner Bank nachzukommen. Daraufhin verweigern alle anderen Banken die Finanzierung weiterer Projekte, so dass die Firma kurze Zeit später Insolvenz anmelden muss. ■

III. Subjektiver Tatbestand

458 Hinsichtlich der Unwahrheit der Tatsache muss der Täter wider besseres Wissen handeln.

Wider besseres Wissen ist die sichere Kenntnis in Bezug auf die Unwahrheit der behaupteten Tatsache (dolus directus 2. Grades).[38] Es genügt also nicht, dass der Täter es nur für möglich hält, dass es sich bei der behaupteten oder verbreiteten Tatsache um eine unwahre Tatsache handelt. Hinsichtlich der übrigen Voraussetzungen reicht hingegen dolus eventualis.

35 LK-*Herdegen* § 187 Rn. 3.
36 *Wessels/Hettinger/Engländer* Strafrecht BT 1 Rn. 552.
37 *Lackner/Kühl* § 187 Rn. 2; *Fischer* § 187 Rn. 3a.
38 *Lackner/Kühl* § 187 Rn. 1.

IV. Öffentliche Begehung der Tat, Begehung in einer Versammlung oder durch Verbreiten von Schriften

§ 187 ist **qualifiziert,** wenn die Verleumdung öffentlich, in einer Versammlung oder durch   **459**
Verbreiten von Schriften begangen wurde.

Hinsichtlich der Öffentlichkeit und der Verbreitung von Schriften wird auf die Ausführungen bei § 186 Bezug genommen. Darüber hinaus kann die Verleumdung in einer **Versammlung** erfolgen. Wann eines solche Versammlung vorliegt, bestimmt sich nach dem **öffentlichen Recht**.

V. Rechtswidrigkeit und Schuld

§ 193 wird in der Klausur **nicht als Rechtfertigungsgrund** in Betracht kommen. Nach über-   **460**
wiegender Auffassung ist es grundsätzlich nicht zulässig, auch noch so berechtigte Interessen mittels einer Lüge zu verfolgen.[39]

E. Üble Nachrede und Verleumdung gegen Personen des politischen Lebens, § 188

§ 188 ist eine **Qualifikation** zu den §§ 186, 187, bei welcher eine üble Nachrede bzw. Ver-   **461**
leumdung gegen **Personen des politischen Lebens** unter eine erhöhte Strafandrohung gestellt wird.

Bei dem Beleidigungsopfer muss es sich um eine Person handeln, die im politischen Leben steht. Es genügt also nicht, dass sie das öffentliche Leben auf dem Gebiet der Weltanschauung, Wirtschaft, Wissenschaft oder der Kunst maßgeblich beeinflusst oder aus sonstigen Gründen als „prominent" empfunden wird.

Beispiel   Wer also Dieter Bohlen ein „chauvinistisches Arschloch" nennt, macht sich nicht gemäß § 188, wohl aber nach § 185 strafbar. ◼

Neben den **Berufspolitikern** unterfallen auch die **Richter des Bundesverfassungsgerichts** dieser Norm.

Die **Tathandlung** kann eine üble Nachrede gemäß § 186 oder eine Verleumdung gemäß   **462**
§ 187 sein, eine Beleidigung nach § 185 unterfällt hingegen nicht dieser Norm.

Die Tathandlung muss die Stellung des Beleidigten im öffentlichen Leben betreffen, wobei die Ziele des Täters nicht politischer Art sein müssen.[40] Es genügt also auch, wenn eine Zeitung lediglich Sensationsmeldungen verbreiten möchte, um höhere Absatzzahlen zu erzielen. Sie muss also **geeignet** sein, **das öffentliche Wirken des Verletzten durch Untergrabung des Vertrauens in ihn erheblich zu erschweren**, z.B. durch Beeinträchtigung seiner Glaubwürdigkeit oder Lauterkeit. Dabei kommt es entscheidend auf den Inhalt der Behauptung an, nicht dagegen auf die Größe der Versammlung oder der Bedeutung des Redners.[41]

---

39 Schönke/Schröder-*Lenckner* § 193 Rn. 3.
40 *Fischer* § 188 Rn. 3.
41 *BGH* NJW 1954, 649.

F. Verunglimpfung des Andenkens Verstorbener, § 189

463   Von geringer Examensrelevanz ist die Vorschrift des § 189, wonach die Verunglimpfung des Andenkens Verstorbener unter Strafe gestellt wird. Diese Vorschrift schützt das **Pietätsempfinden der Angehörigen** und die über den Tod fortwirkende **Menschenwürde**.[42]

G. Beleidigung trotz Wahrheitsbeweises, § 192

464   Wie bereits oben dargestellt, schließt der Beweis der Wahrheit der behaupteten oder verbreiteten Tatsache eine Bestrafung gemäß. §§ 185 ff. grundsätzlich aus. Der Täter kann sich jedoch in diesen Fällen der **Formalbeleidigung gem. § 192** strafbar machen, wenn das Vorhandensein einer Beleidigung aus der Form der Behauptung oder Verbreitung oder aus den Umständen, unter welchen sie geschah, hervorgeht.

465   Eine **beleidigende Form** der Kundgabe liegt etwa dann vor, wenn der Täter seine Aussagen mit einem gehässigen oder sonst herabwürdigendem Ton tätigt. **Beleidigende Umstände** liegen dann vor, wenn der Zeitpunkt der Bekanntgabe oder die Form der Veröffentlichung kompromittierend ist und sich deshalb zur Verletzung der Ehre des Betroffenen eignet. Insbesondere sog. „Publikationsexzesse", d.h. Veröffentlichungen, an denen kein öffentliches Interesse besteht, fallen nach h.M. unter den Tatbestand des § 192.[43]

Beispiel   Auf einer Hochzeitsfeier tritt plötzlich der Ex-Freund der Braut ans Mikrofon und teilt der Hochzeitsgesellschaft wahrheitsgemäß mit, dass die Braut zu sadistischen Sexualspielen neige und er sich für den Bräutigam deswegen ganz besonders freue. ▪

Subjektiv muss sich der Vorsatz des Täters darauf erstrecken, dass Form und Umstände der Kundgabe trotz des Wahrheitsbeweises ehrverletzend sind.[44]

H. Wahrnehmung berechtigter Interessen, § 193

466   § 193 ist ein besonderer **Rechtfertigungsgrund**, der neben den allgemeinen Rechtfertigungsgründen Anwendung findet. Gerechtfertigt sind allerdings **nur Beleidigungen und üble Nachreden gem. den §§ 185, 186**. Im Falle einer Verleumdung, bei welcher der Täter die Unwahrheit der verbreiteten Tatsache kennt, oder der Verunglimpfung des Andenkens Verstorbener ist eine Rechtfertigung gem. § 193 nicht möglich.

467   Bei § 193 geht es im Wesentlichen um eine **Güter- und Interessenabwägung** im Falle einer Interessenkollision. Die Handlung des Täters muss bei Abwägung der widerstreitenden Interessen und unter dem Blickwinkel der tangierten Grundrechte das angemessene Mittel zur Erreichung eines berechtigten Zwecks sein.[45]

---

42 BT-Drucks. 10, 3358, S. 4.
43 *Fischer* § 192 Rn. 2 m.w.N.
44 *Fischer* § 192 Rn. 4.
45 *BVerfGE* 24, 278.

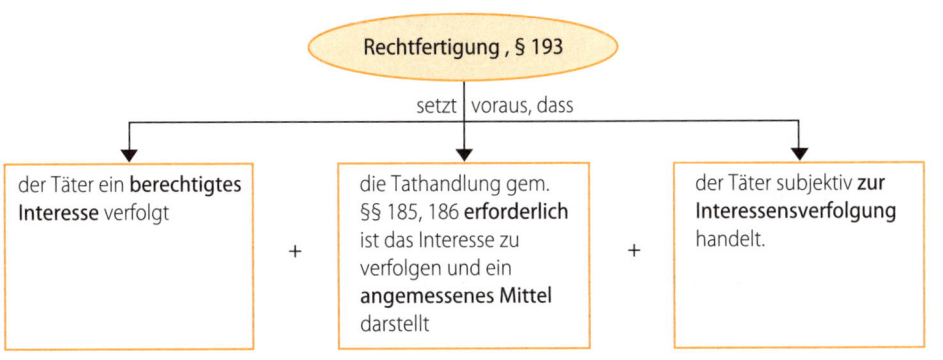

468 ❯❯ Die Voraussetzungen der Erforderlichkeit und Angemessenheit sollten Ihnen von § 34 bekannt sein. Wenn nicht, wiederholen Sie die Rechtfertigungsgründe des StGB, dargestellt im Skript „Strafrecht AT I". Dabei werden Sie auch auf den Streit stoßen, ob ein subjektives Rechtfertigungselement erforderlich ist und wie es sich auswirkt, wenn der Täter zwar objektiv gerechtfertigt ist, subjektiv davon aber keine Kenntnis hat! ❮❮

Es kommt insoweit **jedes öffentliche oder private, ideelle oder vermögensrechtliche Interesse** in Frage, soweit es von der Rechtsordnung als schutzwürdig anerkannt ist.[46]

469 **Berechtigt** ist das Interesse, wenn es unmittelbares oder mittelbares **eigenes Interesse des Täters** ist. Es ist ausreichend, dass ihm diese Belange so nahe gehen, dass er sich nach vernünftigem Ermessen zu ihrem Verfechter aufwerfen darf.[47]

470 **Interessen der Allgemeinheit**, wie z.B. das Interesse an einer Strafverfolgung, berühren jeden Bürger. § 193 greift dann zugunsten des Täters, wenn es Anhaltspunkte für das Vorliegen einer Straftat gibt, ohne dass der Anzeigende hiervon voll überzeugt sein muss. Die Aufklärung des Vorliegens der Straftat ist sodann Aufgabe der zuständigen Behörden.[48]

Beispiel　A hat B nachts aus dem Haus des für drei Wochen verreisten X kommen und ihn mit dem neuen Sportwagen des X wegfahren sehen. Er geht davon aus, soeben Zeuge eines Diebstahls geworden zu sein und erstattet bei der Polizei Strafanzeige gegen B. Im Ermittlungsverfahren lässt sich nicht sicher feststellen, ob X dem B die Schlüssel für das Haus und den Wagen überlassen hatte.

Hier liegt der Tatbestand des § 186 vor. Allerdings war das Handeln des A gem. § 193 gerechtfertigt. ◼

Des Weiteren muss die Tathandlung gem. §§ 185 oder 186 erforderlich und angemessen sein.[49]

471 **Erforderlich** ist die Ehrverletzung, wenn sie geeignet ist, die Interessen wahrzunehmen und das mildeste Mittel darstellt. Bei **Tatsachenbehauptungen** besteht für den Täter grundsätzlich eine Informationspflicht, dies gilt insbesondere für die Presse. Wird diese Pflicht verletzt, fehlt es an der Erforderlichkeit. **Angemessen** ist sie, wenn bei Abwägung der konkreten Umstände, das Interesse an der beleidigenden Äußerung das Interesse des verletzten Ehrträgers überwiegt.[50]

46　*Lackner/Kühl* § 193 Rn. 5.
47　*RGSt* 63, 231.
48　*OLG Köln* NJW 1997, 1247.
49　*Joecks/Jäger* § 193 Rn. 8 ff.
50　*Fischer* § 193 Rn. 9.

Beispiel   Im politischen Meinungskampf sind übertreibende sowie drastische Formulierungen in der Regel gem. § 193 gerechtfertigt.[51] Bei jeglicher Form der „Schmähkritik", die nicht durch die Sache gerechtfertigt ist, sondern ausschließlich die Person selbst diffamieren soll, ist die Angemessenheit jedoch zu verneinen. ◼

JURIQ-Klausurtipp

In der Klausur wird es an dieser Stelle darauf ankommen, dass Sie eine **gut argumentierte** und damit **nachvollziehbare Interessenabwägung** zwischen der Meinungsfreiheit, Kunstfreiheit etc. und dem durch die §§ 185, 186 geschützten Persönlichkeitsrecht des Ehrträgers vornehmen. Im Ergebnis ist vieles vertretbar.

Online-Wissens-Check

Warum kann die richtige Behauptung „A schlägt seine Frau" trotzdem strafbar sein?

Überprüfen Sie jetzt online Ihr Wissen zu den in diesem Abschnitt erarbeiteten Themen. Unter **www.juracademy.de/skripte/login** steht Ihnen ein Online-Wissens-Check speziell zu diesem Skript zur Verfügung, den Sie kostenlos nutzen können. Den Zugangscode hierzu finden Sie auf der Codeseite.

---

51 *BVerfG* NJW 1992, 2815.

I. Übungsfall Nr. 4

„Boldo in Rage"

472

Lucca Boldo (B), Stürmer des 1. FC Bavaria, hat am Samstagabend beim Spiel gegen den Erzfeind Wanne 04 kein Glück und entsprechend schlechte Laune. Nach einem Foul an einem Mitspieler bekommt er von Schiedsrichter S die rote Karte. Um seinem Missfallen Ausdruck zu verleihen, spuckt B den Schiedsrichter an, der sich jedoch rechtzeitig bücken kann, so dass es den hinter ihm stehenden Mannschaftskollegen M trifft.

Der vom Platz geschickte B tobt danach in der Kabine und schimpft wüst über die Ungerechtigkeit in der Welt. U.a. erklärt er seinen Mannschaftskollegen, dass der Beruf des Schiedsrichters doch wohl „voll für den Arsch" sei. Wie man ja soeben habe sehen können, würden nur „Schwachsinnige" diesen Job ausüben.

Auch zuhause hat B sich noch nicht beruhigt. Er wohnt in einer Studenten-WG, in der seit kurzem auch der X lebt. Auf Nachfrage, wie das Spiel gelaufen sei, erklärt B wutschnaubend, dass S ein „totales Arschloch" sei.

Später geht er mit X in seine an diesem Abend überfüllte Stammkneipe und erzählt dort jedem der Anwesenden, dass S aufpassen müsse, da er selbst demnächst wegen „Körperverletzung dran" sei. B wisse nämlich, dass S seine Ehefrau regelmäßig schlage und dass diese Anzeige erstattet habe. Tatsächlich gibt es ein entsprechendes Strafverfahren. Allerdings wurde S rechtskräftig freigesprochen, weil die immer wieder von ihm verprügelte Ehefrau ihre Aussage widerrufen hat.

Staatsanwalt X erfährt von den Äußerungen des B und leitet ein Ermittlungsverfahren ein. Wie hat B sich strafbar gemacht (evtl. erforderliche Anträge sind gestellt)?

Lösung

473

Erster Handlungsabschnitt: Auf dem Spielfeld

I. Strafbarkeit gemäß §§ 223, 22, 23

B könnte sich wegen versuchter Körperverletzung gem. §§ 223, 22, 23 strafbar gemacht haben, indem er in Richtung des Schiedsrichters S spuckte.

1. Vorprüfung

Da S sich rechtzeitig ducken konnte, kam es nicht zu einem Körperverletzungserfolg. Die versuchte Körperverletzung ist gem. § 223 Abs. 2 strafbar.

2. Tatentschluss

Der Tatentschluss des B müsste auf eine körperliche Misshandlung oder Gesundheitsschädigung gerichtet gewesen sein. Vorliegend kommt eine körperliche Misshandlung in Betracht. Darunter ist jede üble, unangemessene Behandlung zu verstehen, die das körperliche Wohlbefinden mehr als nur unerheblich beeinträchtigt.

Nach der Vorstellung des B sollte Schiedsrichter S angespuckt werden. Dieses Anspucken hätte eine üble und unangemessene Behandlung dargestellt, da sie bei S Ekelgefühle ausgelöst hätte. Fraglich ist jedoch, ob die Grenze der Erheblichkeit überschritten gewesen wäre.

Vergleicht man die bei S ausgelösten Ekelgefühle mit den Gefühlen, die ausgelöst werden, wenn einem Opfer eine schallende Ohrfeige verpasst wird, so gelangt man zu dem Schluss, dass die Erheblichkeitsgrenze nicht überschritten ist.[52] (Eine a.A. ist selbstverständlich vertretbar.)

Der Tatentschluss war mithin nicht auf das Hervorrufen einer körperlichen Misshandlung gerichtet. Eine Strafbarkeit wegen Versuchs scheidet somit aus.

II. Strafbarkeit gemäß § 185 Alt. 2

B könnte sich jedoch wegen Beleidigung gem. § 185 Alt. 2 strafbar gemacht haben, indem er in Richtung des S spuckte.

1. Objektiver Tatbestand

In Betracht kommt eine Beleidigung durch einen tätlichen Angriff. Eine Beleidigung liegt in jeder Kundgabe der Miss- bzw. Nichtachtung einer Person. Die Beleidigung mittels einer Tätlichkeit ist eine Qualifikation zum Grundtatbestand der einfachen Beleidigung. Von einer Tätlichkeit spricht man bei einer unmittelbar gegen den Körper gerichteten Einwirkung, die nach ihrem objektiven Sinn eine besondere Missachtung des Geltungswertes des Betroffenen ausdrückt.[53]

Durch das Spucken hat B gegenüber S zum Ausdruck gebracht, dass er der Auffassung sei, S sei ein „in der Rangordnung unter ihm stehendes Geschöpf", welches er durch diesen Akt demütigen möchte. Er hat damit seine Missachtung zum Ausdruck gebracht. Problematisch könnte sein, dass B sein Ziel verfehlt hat. Einer Auffassung zufolge ist in diesem Fall eine tätliche Beleidigung zu verneinen. Es verbliebe bei der einfachen Beleidigung gemäß § 185 Alt. 1.[54] Eine andere Auffassung verlangt einen derartigen „Beleidigungserfolg" nicht. Begründet wird dies damit, dass die Beleidigung nicht den Eingriff in die körperliche Integrität, sondern nur die Kundgabe einer besonders demütigenden

Missachtung pönalisiere.[55] Da der tätliche Angriff eine Qualifikation zur einfachen Beleidigung mit einer entsprechend erhöhten Mindeststrafe darstellt, muss der Ansicht gefolgt werden, die einen „Beleidigungserfolg" verlangt. Andernfalls könnte die tätliche Beleidigung nur schwer von der einfachen Beleidigung gemäß § 185 Alt. 1 abgegrenzt werden (a.A. selbstverständlich vertretbar).

B hat sich mithin nicht gemäß § 185 Alt. 2 strafbar gemacht.

Es liegt jedoch der objektive Tatbestand des § 185 Alt. 1 vor. B hat durch das Spucken konkludent seine Meinung über die Geringwertigkeit des Schiedsrichters S zum Ausdruck gebracht und damit ein Werturteil kundgegeben.

2. Subjektiver Tatbestand

B tat dies mit dolus directus jedenfalls 2. Grades, so dass der Vorsatz zu bejahen ist.

3. Rechtswidrigkeit und Schuld

Rechtfertigungs- und Entschuldigungsgründe sind nicht ersichtlich. Auch eine Rechtfertigung nach § 193 kommt nicht in Betracht.

B hat sich damit gemäß § 185 Alt. 1 strafbar gemacht.

III. Strafbarkeit gemäß § 185 Alt. 2 gegenüber M

Eine Strafbarkeit wegen Beleidigung gemäß § 185 Alt. 2 gegenüber M kommt nicht in Betracht, da es insoweit bei B am Vorsatz fehlte.

Hinweis

Es handelt sich vorliegend um einen Fall der aberratio ictus. Eine Strafbarkeit wegen fahrlässiger Beleidigung kommt vorliegend nicht in Betracht, da die Beleidigung nur vorsätzlich verwirklicht werden kann.

---

52 So auch das *OLG Zweibrücken* NJW 91, 240.
53 Schönke/Schröder-*Lenckner* § 185 Rn. 18.
54 *Ioecks/Jäger* § 185 Rn. 16; *OLG Karlsruhe* NJW 2003, 1264.

---

55 Schönke/Schröder-*Lenckner* § 185 Rn. 18.

IV. Zwischenergebnis

B hat sich durch Anspucken gem. § 185 Alt. 1 strafbar gemacht.

Zweiter Handlungsabschnitt: In der Kabine

I. Strafbarkeit gemäß § 185 Alt. 1

B könnte sich gemäß § 185 Alt. 1 strafbar gemacht haben, als er in der Kabine über den Beruf des Schiedsrichters herzog.

1. Objektiver Tatbestand

Dann müsste er seine Miss- bzw. Nichtachtung gegenüber einer Person kundgegeben haben. Fraglich ist hier, ob B, indem er erklärte, dass der Beruf des Schiedsrichters doch wohl „voll für den Arsch" sei und – wie man gesehen habe – „nur Schwachsinnige" diesen Job ausüben würden, eine individualisierbare Person bzw. einen individualisierbaren Personenkreis beleidigen wollte. In Betracht kommt, dass er sämtliche Schiedsrichter auf diese Art beleidigen wollte. Die Beleidigung einer Personengesamtheit ist jedoch nur dann möglich, wenn diese überschaubar ist, eine soziale Funktion hat und zu einer einheitlichen Willensbildung fähig ist, was bei Schiedsrichtern nicht der Fall ist. Insofern kommt lediglich eine Individualbeleidigung in Betracht. Vorliegend hat B sich vordergründig über den Beruf des Schiedsrichters negativ geäußert. Allerdings kann aufgrund des Sachzusammenhangs – Platzverweis und Rote Karte durch Schiedsrichter S und Bezugnahme auf das soeben Geschehene – davon ausgegangen werden, dass B mit seinen Äußerungen konkludent auch Schiedsrichter S getroffen hat. Schiedsrichter S würde jedenfalls, wenn er die Äußerung hörte, selbige auf sich beziehen. Insofern kann angenommen werden, dass B durch seine Äußerungen erneut seine Nichtachtung gegenüber S zum Ausdruck gebracht hat, indem er konkludent erklärt hat, dass es sich bei ihm um einen „Schwachsinnigen" handle, der einen Job ausübe, den sonst niemand ausüben würde (a.A. selbstverständlich vertretbar).

Diese Missachtung wurde auch gegenüber den Mannschaftskollegen kundgegeben. Da es sich um ein Werturteil handelt, ist es unerheb-

lich, ob B dieses Werturteil gegenüber dem Beleidigten selbst oder gegenüber Dritten kundtat.

Der objektive Tatbestand ist damit verwirklicht.

2. Subjektiver Tatbestand

B handelte mit Wissen und Wollen und damit vorsätzlich.

3. Rechtswidrigkeit und Schuld

Da Rechtfertigungs- und Entschuldigungsgründe nicht ersichtlich sind, handelte B auch rechtswidrig und schuldhaft.

B hat sich damit gem. § 185 Alt. 1 strafbar gemacht.

II. Zwischenergebnis

B hat sich durch seine Äußerungen in der Kabine gem. § 185 Alt. 1 haftbar gemacht.

Dritter Handlungsabschnitt: Zu Hause

I. Strafbarkeit gemäß § 185 Alt. 1

B könnte sich des Weiteren erneut wegen Beleidigung gemäß § 185 Alt. 1 strafbar gemacht haben, indem er zu Hause gegenüber seinem Mitbewohner X erklärte, dass S ein „totales Arschloch" sei.

1. Objektiver Tatbestand

Dann müsste B seine Miss- bzw. Nichtachtung durch Kundgabe eines Werturteils oder unrichtiger Tatsachenbehauptung zum Ausdruck gebracht haben. Die Erklärung, S sei ein „totales Arschloch" stellt ein Werturteil dar. Mit diesem Werturteil hat B auch die Nichtachtung gegenüber S zum Ausdruck gebracht. Fraglich ist allerdings, ob man vorliegend von einer Kundgabe sprechen kann.

Es ist anerkannt, dass es eine Privatsphäre geben muss, innerhalb derer man sich frei von strafrechtlicher Verfolgung äußern darf. Eine Kundgabe wird in diesen Fällen abgelehnt, wenn das Verhältnis, im Rahmen dessen die Kundgabe erfolgt, geprägt ist von Vertraulichkeit, so dass davon ausgegangen werden darf, dass die unflätigen Äußerungen den „Raum des engsten Kreises" nicht verlassen.[56]

---

56 *Jäger* Strafrecht BT, Rn. 147.

Eine solche Privatsphäre ist anerkannt für den engen Familienkreis,[57] kann aber auch angenommen werden für eheähnliche Lebensgemeinschaften und ähnliche Gemeinschaften. Vorliegend lag jedoch nur eine Studenten-WG vor, in welcher X seit kurzem lebt. Typisch für Studenten-WGs ist die häufige Fluktuation der jeweiligen Mitbewohner, so dass diese nicht mit einer eheähnlichen Lebensgemeinschaft verglichen werden können. Infolge dessen wird man vorliegend eine Kundgabe der Missachtung durch B bejahen können.

Der objektive Tatbestand ist damit verwirklicht.

2. Subjektiver Tatbestand

B handelte mit Wissen und Wollen und damit vorsätzlich.

3. Rechtswidrigkeit und Schuld

Da weder Entschuldigungs- noch Rechtfertigungsgründe vorliegen, hat B auch rechtswidrig und schuldhaft gehandelt.

B hat sich damit erneut wegen Beleidigung gemäß § 185 Alt. 1 strafbar gemacht.

II. Zwischenergebnis

B hat sich durch seine Äußerung gegenüber seinem Mitbewohner gem. § 185 Alt. 1 strafbar gemacht.

Vierter Handlungsabschnitt: In der Kneipe

I. Strafbarkeit gemäß § 187

B könnte sich wegen Verleumdung nach § 187 strafbar gemacht haben, indem er erklärte, S habe sich wegen Körperverletzung strafbar gemacht und werde deswegen verurteilt.

1. Objektiver Tatbestand

Voraussetzung dafür ist zunächst, dass B eine Tatsache behauptet oder verbreitet hat, welche geeignet ist, den von der Beleidigung Betroffenen verächtlich zu machen.

Bei der Aussage, S habe eine Körperverletzung begangen und werde demnächst entsprechend verurteilt, handelt es sich um ein

Geschehen der Vergangenheit, welches dem Beweis zugänglich ist. Es liegt mithin eine Tatsachenbehauptung vor.

Des Weiteren müsste diese Tatsachenbehauptung unwahr sein. Da S tatsächlich seine Frau verprügelt hat, könnte es an der Unwahrheit fehlen. Allerdings ist in diesem Zusammenhang § 190 zu berücksichtigen. Danach ist, sofern es sich bei der behaupteten Tatsache um eine Straftat handelt, der Beweis der Wahrheit ausgeschlossen, wenn der Beleidigte rechtskräftig freigesprochen wurde, was vorliegend der Fall ist. Dass das Urteil nur deswegen zustande kam, weil die verprügelte Ehefrau ihre Aussage widerrufen hat und andere Beweismittel wohl nicht zur Verfügung standen, ist in diesem Zusammenhang irrelevant.

Die von B behauptete Tatsache ist damit unwahr.

Sie ist auch geeignet, den S in der Öffentlichkeit verächtlich zu machen, da jemand, der seine Ehefrau schlägt, eine Person ist, die ihren sittlichen und moralischen Verpflichtungen nicht nachkommt.

Der objektive Tatbestand ist damit verwirklicht.

2. Subjektiver Tatbestand

B müsste vorsätzlich gehandelt haben. Hinsichtlich der Unwahrheit der von ihm verbreiteten Tatsache müsste sogar dolus directus 2. Grades vorgelegen haben. Es ist nicht ersichtlich, dass B den Freispruch kannte. Er war mithin davon überzeugt, eine richtige Tatsache zu behaupten. Infolge dessen fehlt es an dem für § 187 erforderlichen dolus directus 2. Grades.

B hat sich nicht gemäß § 187 strafbar gemacht.

II. Strafbarkeit gemäß § 186 Alt. 1 i.V.m. § 186 Alt. 2

B könnte sich jedoch wegen öffentlich begangener übler Nachrede strafbar gemacht haben, indem er in der Kneipe erklärte, S verprügele seine Ehefrau.

---

57 *BVerfG* NJW 1992, 2815.

1. Objektiver Tatbestand

Wie bereits oben festgestellt, hat B mit dieser Äußerung eine Tatsache behauptet, die geeignet ist, den S in der Öffentlichkeit verächtlich zu machen.

Der objektive Tatbestand ist damit verwirklicht.

> **Hinweis**
>
> Beachten Sie, dass die Unwahrheit der Tatsache nicht Gegenstand des objektiven Tatbestandes ist. Diese ist eine **objektive Bedingung der Strafbarkeit** und wird **nach dem Vorsatz** geprüft. Dementsprechend braucht sich der Vorsatz auch nicht auf die Unwahrheit zu beziehen.

Diese üble Nachrede könnte öffentlich erfolgt sein und damit den objektiven Tatbestand der Qualifikation erfüllen. Eine öffentliche, üble Nachrede liegt vor, wenn sie unabhängig von der Öffentlichkeit des fraglichen Orts von einem größeren, nach Zahl und Individualität unbestimmten oder durch nähere Beziehungen nicht verbundenen Personenkreis unmittelbar wahrgenommen werden kann.[58] B tätigte seine Äußerung in seiner an diesem Abend überfüllten Stammkneipe. In dieser Stammkneipe werden sich eine Vielzahl von Personen aufgehalten haben, die nicht durch nähere Beziehungen miteinander verbunden sind. Es kann mithin von einem

öffentlichen Raum gesprochen werden, so dass auch der objektive Tatbestand der Qualifikation erfüllt ist.

2. Subjektiver Tatbestand

B müsste vorsätzlich gehandelt haben. B kannte sämtliche Tatumstände, die den objektiven Tatbestand ausmachen und nahm diese zumindest billigend in Kauf, so dass Vorsatz vorliegt.

3. Objektive Bedingung der Strafbarkeit

Die von B behauptete Tatsache müsste des Weiteren nicht erweislich wahr sein. Wie bereits oben festgestellt, wirkt sich hier zu Lasten des B § 190 aus. Da S rechtskräftig von dem Vorwurf der Körperverletzung freigesprochen wurde, ist der Beweis der Wahrheit gemäß § 190 ausgeschlossen.

Die Voraussetzungen der objektiven Bedingungen der Strafbarkeit liegen mithin vor.

4. Rechtswidrigkeit und Schuld

Entschuldigungs- und Rechtfertigungsgründe sind nicht ersichtlich. B hat insofern auch rechtswidrig und schuldhaft gehandelt.

B hat sich damit wegen übler Nachrede gem. § 186 Alt. 1 i.V.m. § 186 Alt. 2 strafbar gemacht.

Gesamtergebnis:

B hat sich wegen 3-facher Beleidigung gem. § 185 strafbar gemacht. Die drei Taten stehen zueinander in Tatmehrheit. Ebenfalls in Tatmehrheit dazu hat sich B wegen übler Nachrede gem. § 186 Alt. 1, Alt. 2 strafbar gemacht.

---

58 Schönke/Schröder-*Lenckner* § 186 Rn. 19.

Sachverzeichnis

Die Zahlen verweisen auf die Randnummern.

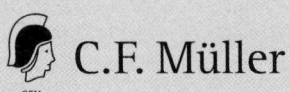